Rahel Dreyer

Eingewöhnung und Beziehungsaufbau in Krippe und Kita

Rahel Dreyer

Eingewöhnung und Beziehungsaufbau in Krippe und Kita

Modelle und Rahmenbedingungen für einen gelungenen Start

HERDER

FREIBURG · BASEL · WIEN

MIX
Paper from responsible sources
FSC® C010798

Hermann-Herder-Str. 4, 79104 Freiburg

www.herder.de

Bei Fragen zur Produktsicherheit:
produktsicherheit@herder.de

Umschlagkonzeption und -gestaltung:
Schwarzwaldmädel, Simonswald
Fotos auf Seiten 9, 38, 64, 76: Hartmut W. Schmidt, Freiburg
alle anderen Fotos: Rahel Dreyer, Berlin
Layout, Satz und Gestaltung:
Hauptsatz Susanne Lomer, Freiburg
Herstellung: Graspo, Zlín
Printed in the Czech Republic

ISBN Print 978-3-451-32544-1
ISBN E-Book (PDF) 978-3-451-81026-8

Inhalt

4. Die Eingewöhnung – Modelle und Rahmenbedingungen im Überblick

Einleitung

Kinder bauen von Geburt an Bindungsbeziehungen zu den Menschen auf, die sie pflegen und umgeben. Meistens sind dies zunächst die Eltern, Großeltern oder andere Personen, die sie fortwährend betreuen. Mit der Aufnahme in eine Kindertageseinrichtung oder Kindertagespflege verlassen die Kinder ihr vertrautes Umfeld. Für viele Familien ist dies die erste längerfristige Trennungserfahrung. Die Eltern fragen sich, wie ihr Kind und auch sie selbst den Übergang bewältigen werden. Die Kinder stehen nun vor der Herausforderung, sich in einer unbekannten Umgebung mit zunächst fremden Personen zurechtzufinden und dem Rhythmus eines bestimmten Tagesablaufes anzupassen.

Besonders kleine Kinder brauchen einige Zeit, bis sie sich sicher fühlen, wieder ihrem Entdeckerdrang folgen und ihre Umgebung erkunden. Dazu benötigen sie pädagogische Fachkräfte, die ihnen Sicherheit geben und zu denen sie eine Bindungsbeziehung aufbauen können. Nur wenn die Kinder sich sicher und wohlfühlen, können sie von den Bildungsangeboten in einer Kita tatsächlich profitieren. Ebenso wichtig ist die anfängliche Begleitung durch eine vertraute Person im Eingewöhnungsprozess. Der Einbezug der Eltern sowie die Kooperation aller Beteiligten sind für eine erfolgreiche Eingewöhnung unerlässlich.

Dieses Handbuch verfolgt das Anliegen, pädagogische Fachkräfte bei der Konzeption der Eingewöhnungsphase zu unterstützen. Es gibt einen Überblick über die verschiedenen Möglichkeiten, die Eingewöhnungsphase in der Kindertageseinrichtung oder Kindertagespflege zu gestalten. Und es soll dazu beitragen, dass die Eingewöhnung von kleinen Kindern als besonders verantwortungsvolle Aufgabe wahrgenommen wird, die von den Pädagoginnen und Pädagogen hohes Engagement, Organisationstalent und die Bereitschaft verlangt, sich immer wieder auf neue intensive Beziehungen einzulassen. Es geht darum, ein Bewusstsein dafür zu schaffen, dass die Eingewöhnung, wenn sie erfolgreich bewältigt wird, die Grundlage für jeden kindlichen Entwicklungs- und Bildungsprozess darstellt.

In **Kapitel 1** wird zunächst ein Überblick über die Bindungstheorie gegeben und erläutert, wie sich Bindungsbeziehungen aufbauen, worin sie sich unterscheiden und wie sie organisiert sind. Die Bedeutung der frühen Bindungsmuster und Arbeitsmodelle für die Entwicklung und Persönlichkeit des Kindes weit über das Kindesalter hinaus ist ein weiterer Bestandteil dieses Kapitels.

Kapitel 2 erläutert, wie und unter welchen Einflussfaktoren Fachkraft-Kind-Bindungen entstehen. Es legt dar, welchen Anforderungen sich pädagogische Fachkräfte stellen müssen, um zu einer sicheren Bindungsperson für die ihnen anvertrauten Kinder zu werden. Auch die Wirkung von Fachkraft-Kind-Bindungen auf die kindliche Entwicklung wird thematisiert.

Kapitel 3 widmet sich den Auswirkungen früher außerfamiliärer Betreuung auf die Bindungsbeziehung und kindliche Entwicklung. Dabei wird ein kurzer Überblick über die zentralen Ergebnisse verschiedener Untersuchungen, wie zum Beispiel der NICHD-Studie, gegeben und hervorgehoben, welche Rahmenbedingungen und Voraussetzungen in Einrichtungen gegeben sein müssen, damit positive Entwicklungs- und Bildungsprozesse bei Kindern gelingen können.

Mit anschaulichen Beispielen, diversen Checklisten und vielen Praxistipps, die sowohl die Situation der pädagogischen Fachkräfte als auch die Situation der Eltern sowie die Perspektive der einzugewöhnenden Kinder in den Fokus nehmen, veranschaulicht Kapitel 4, wie eine gelingende Eingewöhnung ablaufen kann. Dabei werden die Grundannahmen sowie die praktische Umsetzung zwei zentraler Eingewöhnungsmodelle exemplarisch dargestellt: zum einen das Berliner Eingewöhnungsmodell von infans sowie zum anderen das Münchener Eingewöhnungsmodell von Anna Winner und Elisabeth Erndt-Doll. Auch die interne Übergangsgestaltung vom Krippen- in den Elementarbereich bzw. vom Nest in die offene Arbeit ist Gegenstand dieses Kapitels.

Darüber hinaus enthält Kapitel 4 vielfältige Hinweise und Tipps, wie das individuelle Ankommen einer Familie in einer Kindertageseinrichtung sowie die Zusammenarbeit mit den Eltern gestaltet werden können. Des Weiteren wird erläutert, wie mit einer bedachten Alltagsgestaltung die Anfangsphase für die einzugewöhnenden Kinder erleichtert werden kann. Dazu gehören auch Informationen, was bei der Raumgestaltung sowie der jeweiligen Einrichtungs- und Gruppenstruktur bedacht werden sollte. Die besondere Bedeutung von Beobachtung und Dokumentation in der Eingewöhnungszeit und auch im weiteren Prozess des Miteinandervertrautwerdens ist ebenso Gegenstand des Kapitels. Weitere Hinweise veranschaulichen, welche Aspekte der Eingewöhnung in der Konzeption angesprochen werden sollten und wie diese gemeinsam im Team entwickelt werden können.

1.

Die Bindungstheorie

In diesem Kapitel erfahren Sie

- wie sich Bindungsbeziehungen aufbauen
- wie sie organisiert sind und worin sie sich unterscheiden
- welche Bedeutung die frühen Bindunsgmuster für die weitere kindliche Entwicklung haben

Die Bindungstheorie wurde in Deutschland vor allem durch das Ehepaar Klaus und Karin Grossmann bekannt (vgl. Grossmann & Grossmann 2012). Sie versucht zu erklären, wie sich die frühen Erfahrungen in den ersten Bindungsbeziehungen auf die weitere sozio-emotionale Entwicklung über den Lebenslauf sowie auf das aktuelle psychische Wohlbefinden auswirken. Auch gibt sie Hinweise darauf, wie die ersten Bindungserfahrungen mit den Eltern auf die spätere Fachkraft-Kind-Bindung vorbereiten.

Grossmann u. a. (2003, S. 223) definieren **Bindung** als »besondere Beziehung eines Kindes zu seinen Eltern oder Personen, die es ständig betreuen. Sie ist im Gefühl verankert und verbindet das Individuum mit der anderen, besonderen Person über Raum und Zeit hinweg (Ainsworth 1973)«.

Die Personen, mit denen das Kind eine solche Bindung eingeht, werden als **Bindungspersonen** bezeichnet. Bindungspersonen können neben den Eltern zum Beispiel auch Geschwister, Großeltern, Erzieherinnen und Erzieher, Kindheitspädagoginnen und -pädagogen oder Tagespflegepersonen sein.

1.1 Wurzeln, Konzepte und Einflüsse der Bindungstheorie

Die Bindungstheorie wurde von dem englischen Psychoanalytiker John Bowlby (1907–1990) formuliert und ist in dem dreibändigen Werk »Bindung« (1969), »Trennung« (1973) und »Verlust« (1980) zusammengefasst. Bowlby war ein britischer Kinderarzt, Kinderpsychiater sowie Psychoanalytiker und gilt als Pionier der Bindungsforschung.

Im Rahmen seiner Arbeit mit straffällig gewordenen Jugendlichen in den 1930er Jahren stellte er fest, dass viele von ihnen über längere Zeit von ihren Müttern getrennt gewesen waren oder als Waisen gelebt hatten. Während des Zweiten Weltkrieges beobachtete er außerdem das Verhalten von Kleinkindern in Krankenhäusern und Heimen. Formen der Trauer und der Apathie deutete er als die sichtbaren Reaktionen der Kinder auf die Trennung von ihren Eltern. In einer eigenen Abteilung für Kinderpsychiatrie in der Tavistock Clinic in England behandelte er später stark traumatisierte Kinder.

Alle seine Beobachtungen und Untersuchungen führten ihn schließlich zu der Erkenntnis, dass die frühen (Trennungs-)Erfahrungen einen entscheidenden Einfluss auf die kindliche Entwicklung haben und das kindliche Verhalten in einem direkten Zusammenhang mit diesen frühen Erlebnissen steht. Zur damaligen Zeit war dies noch eine gewagte These und widersprach der vorherrschenden Lehrmeinung (vgl. Bowlby 2008, S. 16ff.; Bowlby 2010, S. 11ff.).

Die spätere Bindungstheorie ist im ethologischen Denken der 1960er Jahre entstanden und verbindet traditionell entwicklungspsychologisches und klinisch-psychoanalytisches Denken mit evolutionsbiologischem Denken:

- Die **Evolutionsbiologie** geht davon aus, dass auch beim Menschen aufgrund von stammesgeschichtlichen Selektionsbedingungen eine angeborene Bereitschaft und Notwendigkeit zur Bindung besteht.
- Die **Psychologie** untersucht, wie sich unterschiedliche Bindungserfahrungen des Kindes zu Beginn seines Lebens auf den Umgang mit Gefühlen im Laufe des Lebens auswirken.
- Die **klinische Betrachtungsweise** geht der Frage nach, wie sich Bindungserfahrungen auf sogenannte »zielkorrigierte« Beziehungen zu anderen Menschen auswirken. Sie analysiert also, ob angemessen auf die Motive, Gefühle und Interessen der anderen Menschen eingegangen wird.

Als ihr zentrales Thema untersucht die Bindungstheorie die Bedingungen, die zu Unterschieden in der Organisation der Gefühle führen, und wie diese wiederum Auswirkungen auf den Lebenslauf haben.

Bindungsverhalten und Fürsorgeverhalten

Nach Bowlby (1969/2006a) ist jeder Mensch mit mehreren Verhaltenssystemen ausgestattet, die das Überleben sichern. So entwickelt das Kind das System des **Bindungsverhaltens** (attachment), das beim Erwachsenen **Fürsorgeverhalten** (bonding) auslöst. Es sorgt dafür, dass die Bezugsperson in der Nähe bleibt und dem Kind Schutz vor Gefahren sowie Hilfe bei der Adaption gibt.

Das Bindungsverhalten ist ethologisch und funktional zweckgerichtet, das heißt, es wird nur in Alarmsituationen ausgelöst (z. B., wenn die Bezugsperson fortgeht und beim Kind

Verunsicherung und Angst auftreten). Beim Kind können eine Reihe von Verhaltensmustern beobachtet werden, die Ausdruck für seine Bindung an eine bestimmte Person sind.

Beim **Bindungsverhalten** in der frühen Kindheit unterscheidet Bowlby (1969/2006a, S. 336ff.) zwischen:

- **Signalverhalten** wie zum Beispiel Schreien, Lächeln und Arme ausstrecken, das bewirkt, dass die Bezugsperson zum Kind kommt – und
- **Annäherungsverhalten** wie der Bezugsperson nachfolgen, sich anklammern, das bewirkt, dass sich das Kind der Bezugsperson nähert.

Der Erwachsene trägt mit seinem ebenso biologisch determinierten **Pflegeverhalten** zum Aufbau der Bindungsbeziehung bei, indem er die Signale des Kindes beantwortet. Die Eltern besitzen ein **intuitives Verhaltensprogramm** zur Pflege ihrer Kinder. Das heißt, sie sind in der Lage, die Äußerungen ihrer Kinder »automatisch« richtig zu interpretieren und darauf angemessen zu reagieren. Das Ehepaar Papoušek spricht in diesem Zusammenhang vom »intuitiven elterlichen Verhaltensrepertoire«, welches den Eltern ermöglicht, »genauestens die individuellen Besonderheiten, den aktuellen Entwicklungsstand und die bisherigen Erfahrungen des Kindes zu erfassen, und die Anregungen entsprechend seiner momentanen Befindlichkeit und Bedürfnisse zu dosieren« (Papoušek, Papoušek & Wiese 1986, S. 62).

Beispiele für intuitives elterliches Verhalten

- Die Stimmlage des Erwachsenen erhöht sich sofort mit Beginn der Interaktion mit dem Kind.
- Die elterliche Sprache wird einfacher, rhythmischer, melodischer und wiederholungsreich.
- Die Laute werden langsam und kontrastreich gesprochen.
- Gleichzeitig begleiten die Eltern das eigene Vokalisieren mit einer überbetonten, verlangsamten und vereinfachten Mimik.
- Die Eltern reden in der sogenannten Ammensprache, die überall auf der Welt den gleichen Regeln folgt.

Das **Bindungsverhaltenssystem** und das elterliche **Pflegeverhaltenssystem** sind präadaptiv aufeinander angepasst und bilden die Grundlage zur Ausbildung einer **sozio-emotionalen Beziehung** (affectionate systems).

Die **Bindungsbeziehung** hat die Funktion, die Balance des Kindes zwischen Nähe bzw. Sicherheits-Suchen sowie Exploration und Untersuchung der Umwelt zu steuern. Wenn sich das Kind bindungssicher fühlt, wagt es sich in den Raum und erkundet Personen und Gegenstände. In diesem Fall dominiert das **Erkundungssystem.** Fühlt sich das Kind bedroht und befindet es sich in einer Belastungssituation, dann herrscht das **Bindungsverhaltenssystem** vor.

Das Zusammenspiel zwischen den Systemen des Bindungs- und Erkundungsverhaltens ist komplementär gekoppelt. Das heißt, dass immer nur eines der beiden Verhaltenssysteme aktiviert sein kann. Ohne innere emotionale Stabilität ist ein Entdecken seiner Umwelt, auch wenn diese noch so interessant und anregend gestaltet ist, für das Kind nicht möglich. **Bildung und Lernen** sind nur mit einem **inneren Gefühl der Sicherheit** möglich.

Nach Ainsworth (1967) benutzt das Kind die **Bindungsperson** bei seinen **Explorationen** als **sichere Basis,** bei der es sich mit Blicken rückversichert und zu der es bei Angst und Gefahr immer wieder zurückkehrt.

Die **Bindungsbeziehung** hat also darüber hinaus die Funktion, dem Kind ein Gefühl von Sicherheit und Vertrauen zu vermitteln, wenn es aufgrund emotionaler Belastung und/oder erschöpfter eigener Ressourcen auf die Unterstützung der Hauptbindungsperson angewiesen ist (vgl. Grossman u.a. 2003, S. 230).

Während der Ursprung von **Bindung** in der frühen Kindheit liegt und sich auf der Grundlage von »Bezugsperson-Kind-Interaktionen« entwickelt, beschränken sich **Bindungsverhalten** und **emotionale Bindungsbeziehungen** nicht nur auf die Kindheit, sondern bleiben während des gesamten Lebenszyklus erhalten und aktiv (vgl. Hédervári-Heller 2008, S. 65).

1.2 Phasen im Aufbau von Bindung

Bowlby unterscheidet in Abhängigkeit vom Entwicklungsstand des Kindes vier Phasen im Aufbau von Bindungsbeziehungen (vgl. Bowlby 1969/2006a; Ainsworth u. a. 1978):

Vier Phasen im Aufbau von Bindungsbeziehungen

1. **Phase der unspezifischen sozialen Reaktionen (0–3 Monate)**
   - Der Säugling ist ohne Unterscheidung der Personen allgemein ansprechbar und noch nicht an eine spezifische Person gebunden.
   - Er richtet seine Signale ohne Unterschied an die Umwelt, auch wenn das gesunde Neugeborene bereits den Geruch und die Stimme seiner Mutter von denen anderer unterscheiden kann.
   - Er orientiert sich zunächst an vielen Personen, indem er Bindungssignale (z. B. Lächeln, Anschauen, Anklammern, Schreien) aussendet.
2. **Phase der personenunterscheidenden Ansprechbarkeit (3–6 Monate)**
   - Der Säugling lernt Personen zu unterscheiden und richtet seine Signale auf eine oder mehrere besondere Personen.
   - Er reagiert auf seine Hauptbezugsperson(en) schneller und differenzierter als auf andere Personen.
   - Vertraute Personen können nun das Kind zum Beispiel eher zum Lachen und Lautieren bringen und es besser trösten als Fremde.
   - Diese Phase mündet langsam in die Entwicklung von stabilen Bindungen an die vertrauten Personen.
3. **Phase des aktiven und initiierten zielkorrigierten Bindungsverhaltens (7/8 Monate–3 Jahre)**
   - Wird mit dem motorischen Entwicklungsschritt der **Lokomotion** (ab etwa 7/8 Monate) und dem kognitiven Entwicklungsschritt der **Objekt- und Personenpermanenz** eingeleitet.
   - Das heißt, der Säugling kann sich aktiv in die Nähe der Bezugsperson bringen (Lokomotion) und vermisst diese bei Abwesenheit (Objekt- und Personenpermanenz).
   - Er lernt immer besser, die Reaktion der Bezugspersonen auf eigene Bedürfnisäußerungen vorherzusagen und das eigene Verhalten entsprechend anzupassen. Das Kind steuert also zunehmend sein Verhalten gegenüber seinen Bindungspersonen. So weint es zum Beispiel in Trennungssituationen oder eben nicht, je nachdem, wie die Bezugspersonen in ähnlichen Situationen zuvor reagiert haben.
   - Außerdem kann das Kind sein Bindungsverhalten nicht nur auf eine Person (Ziel) hin orientieren, sondern sein Ziel dabei auch der Bindungsperson anpassen, es also »korrigieren« (Grossmann & Grossmann 2012, S. 77). Das ist zum Beispiel der Fall, wenn die Mutter inzwischen ihren Aufenthaltsort gewechselt hat.

- Um den **achten Lebensmonat** beginnt die Phase des sogenannten **Fremdelns,** das heißt, fremde Personen werden nun auch als fremd wahrgenommen.
- Die **Bezugspersonen** sind nun der **sichere Hafen,** von dem aus das Kind zu seinen Entdeckungsreisen aufbricht und zu denen es auch wieder zurückkehrt, wenn es sich zum Beispiel ängstlich fühlt oder müde ist.
- Aufgrund der entstandenen Bindung zeigt das Kind **Trauer und körperliche Stressreaktionen bei Trennungen** von seinen Hauptbezugspersonen. Insbesondere, wenn die Trennungen unvermittelt und länger sind, können sie zu einer Reihe von körperlichen Reaktionen und Stresssymptomen in den Bereichen Essen, Schlafen, Unruhe und Immunschwäche führen.

4. **Phase der zielkorrigierten Partnerschaft (ab 3. Lebensjahr)**
   - Mit wachsenden kognitiven Fähigkeiten gewinnt das Kind durch Beobachtung und Erfahrung Einblick in die Motive, Gefühle und Interessen der Bindungsperson.
   - Das Kind bemerkt nun, dass nicht alle anderen Menschen die gleichen Interessen haben wie es selbst, und beginnt darüber nachzudenken, was andere denken. In der Entwicklungspsychologie spricht man in diesem Kontext auch von der **Theory of Mind** (Sodian & Thoermer 2006).
   - Es berücksichtigt diese zunehmend bei der Verwirklichung der eigenen Pläne und Absichten, weshalb man von einer »zielkorrigierten Partnerschaft« (Grossmann & Grossmann 2012, S. 79) spricht.
   - Das heißt, das Kind versucht, je nach Situation das Verhalten der Bindungsperson und von anderen Personen zu beeinflussen.

1.3 Innere Arbeitsmodelle

Innere Arbeitsmodelle als Verdichtung vielfach gesammelter Erfahrungen

Die Erfahrungen, die ein Säugling mit jeder einzelnen Bezugspersonen macht, führen bereits im Laufe seines ersten Lebensjahres zu Vorstellungen darüber, ob sie für ihn verfügbar ist und wie sie wohl auf seine Bedürfnisäußerungen reagieren wird. Zuerst sind dies relativ einfache Erwartungen im Hinblick darauf, ob die Bezugsperson zum Beispiel Entspannung bringen und sein Leid beseitigen kann. Der Säugling unterscheidet dabei durchaus zwischen unterschiedlichen Bindungspersonen, weil sich nicht alle ihm gegenüber gleich verhalten.

Gegen Ende des ersten Lebensjahres entwickeln sich aus diesen fortlaufend gesammelten Erfahrungen generelle Erwartungshaltungen. Bowlby nannte sie **innere Arbeits-**

modelle (internal working models) (vgl. Bowlby 1969/2006a; Bowlby 1973/2006b). Diese inneren Arbeitsmodelle bildet das Kind schrittweise im Hinblick auf seine Umwelt, seine Bindungspersonen und später auch in Bezug auf sich selbst aus. Diese ersten unbewussten (Welt-)Bilder – sogenannte mentale Repräsentationen des Selbst, des Anderen und der Welt – helfen dem Kind vorauszusagen, wie die anderen sich verhalten werden und was mit ihm geschehen wird.

Bowlby (1973/2006b) unterscheidet zwei Arten von Arbeitsmodellen:

- **Arbeitsmodell von der Welt** als Vorstellung darüber, wer seine Bindungspersonen sind, wo das Kind sie finden kann und wie sie wahrscheinlich reagieren
- **Arbeitsmodell vom Selbst** als Vorstellung, wie akzeptabel oder inakzeptabel es in den Augen seiner Bezugsperson ist

Das Bild von sich selbst und der Welt steuert zunehmend das Denken und das Handeln bis ins hohe Erwachsenenalter und hat einen erheblichen Einfluss auf die Gestaltung von Beziehungen, auf die Frustrationstoleranz und die Lebenszufriedenheit.

Bethke, Braukhane und Knobeloch (2009, S. 16) beschreiben das Funktionieren des inneren Arbeitsmodells zutreffend mit einer Brille, durch die das Kind in die Welt schaut. »Je nach Färbung der Gläser sieht es die Welt anders und steuert entsprechend auch sein Verhalten unterschiedlich. Es braucht dieses ›Werkzeug‹, um die Handlungen der Umwelt und das, was wahrscheinlich mit ihm geschehen wird, abschätzen zu können. Das Kind simuliert praktisch vorher in seinem Kopf, wie Situationen ablaufen werden, und ist so in der Lage, sein Verhalten optimal an seine Umgebung anzupassen.«

Grossmann und Grossmann (2012, S. 82) beschreiben ein **wünschenswertes inneres Arbeitsmodell** wie folgt: »Ein Kind bzw. eine Person hat eine Vorstellung, ein Internales Arbeitsmodell von seinen Bindungspersonen, wonach sie prinzipiell verfügbar und bereit, zu reagieren und zu helfen, sind, wenn es gewünscht wird, und es bzw. sie hat eine entsprechende komplementäre Vorstellung von sich als einer im Grunde liebenswerten und wertvollen Person, die es verdient, dass man ihr hilft, wenn sie Hilfe braucht.«

Innere Arbeitsmodelle sind stabil, aber veränderbar

Innere Arbeitsmodelle (vergleichbar mit »self-fulfilling prophecies«) existieren zum Teil außerhalb des Bewusstseins und sind relativ stabil. Dennoch können sie sich auch durch neue Erfahrungen verändern.

Mit ansteigendem Alter und der Menge der gemachten Erfahrungen wird eine Veränderung jedoch immer schwerer, da sich das innere Arbeitsmodell mehr und mehr stabilisiert. So werden viel Kraft und Energie benötigt, um das innere Arbeitsmodell eines

Erwachsenen zu ändern, und meistens gelingt dies nur mit professioneller Unterstützung. Im Laufe ihres Lebens geben die meisten Erwachsenen dann ihre »Weltsicht« an ihre eigenen und/oder die zu betreuenden Kinder weiter (vgl. auch Bethke, Braukhane & Knobeloch 2009, S. 17).

1.4 Bindungsqualitäten

Mary Ainsworth (1913–1999), eine Schülerin und später enge Mitarbeiterin von John Bowlby, suchte nach empirischen Belegen für dessen Thesen und legte den Fokus ihrer Betrachtung nicht mehr allein auf die Verhaltenssysteme, die für die Entstehung von Bindung verantwortlich sind, sondern auch auf deren Resultate, also die **Qualität** bzw. die **Sicherheit der Bindung.**

Sie hat durch eine Vielzahl von Untersuchungen gezeigt, dass Bindungen zwischen Kindern und ihren Bezugspersonen sich qualitativ unterscheiden können. Während für die Entstehung einer Bindung ein bestimmtes Ausmaß an Interaktion zwischen dem Kind und einer Bezugsperson notwendig ist, hängt die Bindungsqualität vor allem von der Qualität der Interaktionen ab, die das Kind erfährt.

Diese unterschiedlichen **Bindungsqualitäten,** die sich aus einer bestimmten Art und Weise des Umgangs der Bindungsperson mit dem Kind ergeben, haben wiederum eine Auswirkung auf das **Verhalten des Kindes** und die **Entwicklung des inneren Arbeitsmodells.**

Um die Qualität von Bindung wissenschaftlich feststellen zu können, entwickelte Mary Ainsworth ein standardisiertes Beobachtungsverfahren, das **Fremde-Situations-Test (FST)** (strange situation) genannt wird. Mithilfe dieses Instruments soll die **Qualität der Bindung** zwischen einem 12 bis 18 Monate alten Kind und seiner Mutter – oder einer anderen Bezugsperson – erfasst werden.

Die Fremde Situation basiert auf acht aufeinanderfolgenden dreiminütigen Episoden, die zwei kurze Trennungen von der Mutter beinhalten. In einem für das Kind fremden (Beobachtungs-)Raum wird zu Beginn das Erkundungsverhalten provoziert. Durch die kurze Anwesenheit einer fremden Person und die zweimalige Trennung von der Mutter wird das Kind zunehmend Stress ausgesetzt, wodurch sein Bindungsverhalten aktiviert wird.

Die Fremde Situation

In einem durch Einwegscheiben beobachtbaren Raum mit Spielzeug auf einer Matte im Zentrum und zwei Stühlen an der Seite finden nacheinander die folgenden acht dreiminütigen Episoden statt:

Tab. 1: Episoden des Fremde-Situations-Tests

Episode	Situation
1	Mutter und Kind werden vom Beobachter in den Raum geführt. Mutter setzt Kind auf den Boden.
2	Mutter und Kind sind allein. Mutter liest Zeitschrift. Kind kann die Umgebung und die Spielzeuge erkunden.
3	Eine freundliche Fremde tritt ein, setzt sich, unterhält sich mit der Mutter eine Minute lang und beschäftigt sich dann auch mit dem Kind.
4	Die Mutter verlässt unauffällig den Raum, hinterlässt aber ihre Tasche. Die Fremde bleibt mit dem Kind allein. Sie beschäftigt sich mit ihm und tröstet es, wenn notwendig.
5	Die Mutter kommt zurück, während die Fremde geht. Mutter und Kind sind allein. Die Mutter beschäftigt sich mit dem Kind und versucht, es wieder für das Spielzeug zu interessieren.
6	Die Mutter verlässt mit deutlichem Abschiedsgruß den Raum und lässt das Kind allein.
7	Die Fremde tritt ein. Sie versucht, wenn notwendig, das Kind zu trösten.
8	Die Mutter kommt wieder, die Fremde verlässt gleichzeitig den Raum.

Quelle: Rauh 2008, S. 215

Die Szenen (4), (6) und (7) können notfalls verkürzt werden. Die Mutter kann das Geschehen durch die Einwegscheibe beobachten und über die Dauer der Trennungen entscheiden.

Die **Auswertung des Verhaltens des Kindes** in der Fremden Situation erfolgte vor allem bei den **Szenen 5 und 8.** Bei der Analyse des Verhaltens der Kinder nach dem Trennungsstress, der das Bindungssystem des Kindes aktiviert, wird beurteilt und betrachtet, ob und auf welche Weise das Kind bei der Bindungsperson Beruhigung sucht. Das in dieser Situation beobachtete Verhalten wird mit dem Verhaltensmuster des Kindes gegenüber der fremden Person verglichen, der gegenüber es »unvoreingenommen« ist, weil es mit dieser keine Beziehung hat (vgl. Grossmann & Grossmann 2012, S. 140).

Dabei zeigten die Kinder vier Strategien der Nähe-Distanz- und Emotionsregulation: a) Nähesuchen, b) Kontakthalten, c) Widerstand gegen Körperkontakt und d) Vermeidungsverhalten.

Ainsworth identifizierte anhand einer differenzierten Videoanalyse insgesamt **drei Klassen gut unterscheidbarer kindlicher Verhaltensmuster** während der Trennungs- und Wiedervereinigungsphasen. Später entdeckte die amerikanische Psychologin Mary Main bei ihren eigenen Untersuchungen noch ein **viertes Muster.**

Jede der vier Gruppen der beobachteten kindlichen Reaktionen wurde einer bestimmten Qualität von Bindung zugeordnet. Diese charakterisiert die Art und Weise der Bindung zwischen der Bindungsperson und dem Kind.

Die unsicher-vermeidende Bindung (A)

In den meisten Untersuchungen zeigen 30 Prozent der Kinder in der Fremden Situation eine unsicher-vermeidende Bindung, nur in der Bielefelder Langzeitstudie weist etwa die Hälfte der Kinder dieses Bindungsmuster auf (vgl. Grossmann u.a. 1985). Die unsicher-vermeidende Bindung zeichnet sich dadurch aus, dass die Kinder wenig oder gar keine aktiven Reaktionen auf Trennungen zeigen und auch bei den Wiedervereinigungen passiv sind. Das Kind weint kaum oder lässt sich von der fremden Person trösten. Gegenüber Fremden verhält sich das Kind oft distanzlos und agiert manchmal vertraulicher als mit der eigenen Mutter. Es sucht nicht oder kaum Kontakt zur Mutter, manchmal wendet es sich sogar bewusst von seiner Bindungsperson ab. In allen Sequenzen überwiegt insgesamt das kindliche Erkundungsverhalten, das Kind wirkt selbstständig und unabhängig.

Es wurde zunächst davon ausgegangen, dass diese Kinder emotional besonders stark und dadurch anderen Kindern in der Verarbeitung von Trennungssituationen überlegen sind. Deshalb erhielt dieser Bindungstyp auch die Abkürzung »A«. Spätere Studien haben jedoch anhand der Messung des Herzschlages und des Stresshormons Kortisol im Speichel gezeigt, dass diese Kinder unter massivem Stress leiden, auch wenn sie ihn nicht zeigen.

In späteren Längsschnittstudien konnte aufgezeigt werden, dass unsicher-vermeidend gebundene Kinder nur wenig sensitive Fürsorge erfahren und ihre Bezugspersonen sie häufig bei der Äußerung ihrer Bedürfnisse zurückgewiesen haben. Dadurch haben die Kinder gelernt, diese Bedürfnisse nicht allzu stark zu zeigen.

Bei der vermeidenden Strategie drückt das Kind, entsprechend seinen Erfahrungen, seine Belastung nicht mehr aus. Es sucht nicht bei der Bezugsperson nach körperlicher Nähe und Trost und hat dadurch keine Möglichkeit, aktiv bei ihr Entlastung zu finden.

Dadurch, dass diese **A-Kinder** kaum Unterstützung in Belastungssituationen erhalten haben und mit dem Gefühl aufwachsen, sich auf niemanden verlassen zu können, entwickelt sich dementsprechend auch ihr **inneres Arbeitsmodell:**

- Sie versuchen nicht, sich Hilfe zu holen, da sie nicht erwarten, Unterstützung zu erhalten. Dadurch »verbauen« sie sich auch die Möglichkeit, andere positive Erfahrungen zu machen.
- Aufgrund ihrer negativen Erfahrungen neigen unsicher-vermeidend gebundene Kinder entweder zu einem stark idealisierten oder aber zu einem sehr negativen Selbstbild (vgl. Main, Kapplan & Cassidy 1985).
- Sie haben Schwierigkeiten, ihre Emotionen angemessen zu zeigen und können schwer mit Niederlagen und Frustrationen umgehen.

Die sichere Bindung (B)

Kulturvergleichende Untersuchungen zeigen, dass das sichere Bindungsmuster in allen Gesellschaften am häufigsten zu finden ist (vgl. Dreyer 2008a, S. 8). Sicher gebundene Kinder erkunden im Fremde-Situations-Test zunächst »sorglos« die Umgebung und spielen selbstständig und interessiert, wenn die Bezugsperson anwesend ist. Gleichzeitig äußern sie, ihr zugewandt, offen ihren Unmut, wenn ihnen etwas Angst macht oder sie ärgert, finden aber durch sie auch Unterstützung, wenn sie neugierig ihre Umgebung erkunden wollen.

Wenn sie in der Fremden Situation alleingelassen werden, reagieren diese Kinder mit deutlichem **Bindungsverhalten** und zeigen in der Regel intensiv und direkt ihren Kummer (z. B. durch Schreien, Weinen und Suchen nach der Mutter), da sie erfahren haben, dass die Bindungsperson immer zuverlässig, zugewandt, prompt und angemessen darauf reagiert.

Sogenannte **B-Kinder** haben die Erfahrung gemacht, dass sie sich auf ihre Bezugsperson verlassen können. Die Bezugsperson wird als sichere Basis empfunden, von der aus das Kind seine Umgebung entdecken kann und bei der es in schwierigen Situationen Zuflucht und Trost erfährt. Es existieren also ein tiefes Vertrauen in die Verfügbarkeit der Bezugsperson und eine ausgewogene Balance zwischen Bindungs- und Erkundungsverhalten.

Bei der Rückkehr der Bindungsperson (besonders nach der zweiten Trennung) suchen diese Kinder häufig Nähe und können sich nach kurzem Körperkontakt wieder lösen, um erneut zu spielen, wobei sie oft Blickkontakt aufnehmen. Oder sie grüßen ihre Bindungsperson freundlich und ergreifen Initiative zur Interaktion, wenn die Trennung nicht so schlimm war.

Interessanterweise erhöht sich bei den sicher gebundenen Kindern das Stresshormon Kortisol nicht, obwohl die Kinder durch ihr Verhalten und ihren emotionalen Ausdruck (Schreien, Weinen etc.) zunächst deutliche Stresssymptome zeigen. Ihre Verhaltensstrategie, ihre Belastung durch den Körperkontakt mit der Bezugsperson abzubauen, und die Beruhigung, die sie durch diesen Kontakt erfahren, sind offensichtlich so effektiv, dass es zu keinem Kortisolanstieg kommt (vgl. Spangler, Grossmann & Schieche 2002; Grossmann & Grossmann 2012, S. 150).

Die Erfahrung von sicher gebundenen Kindern, sich auf ihre Bezugsperson verlassen zu können und in Belastungssituationen sofortige Hilfe zu erfahren, führt auch zu einem entsprechenden **inneren Arbeitsmodell:**

- Die Kinder haben Vertrauen in die Welt und in ihre Interaktionspartner.
- Sie besitzen ein gesundes Selbstwertgefühl und eine recht hohe Frustrationstoleranz.
- Im Alter von zwei Jahren greifen sie beim Lösen von Problemen eher auf ihre sozialen Netzwerke zurück als unsicher-gebundene Kinder.
- Sie besitzen soziale Kompetenzen im Umgang mit anderen sowie vielfältigere und differenziertere Kommunikationsmöglichkeiten.

- Außerdem sind sie weniger von der pädagogischen Fachkraft abhängig (vgl. Ainsworth & Bell 1974).
- In der Kita spielen diese B-Kinder konzentrierter und sind weniger aggressiv gegenüber anderen Kindern (vgl. Suess, Grossmann & Sroufe 1992).

Eine **sichere Bindungsbeziehung** ist die Voraussetzung für Autonomie und Kompetenz, die nach Becker-Stoll neben Sicherheit zu den psychologischen Grundbedürfnissen eines Kindes gehören: »In ihr lernt das Kind sozio-emotionale Kompetenzen, es lernt Beziehungsfähigkeit, den Umgang mit Gefühlen und von da aus die Erkundung der Umwelt. Durch die Möglichkeit, in schwierigen überfordernden Situationen zur sicheren Basis der Eltern zurückkehren zu können, kann das Kind auch die eigenen Grenzen erproben und seine Fähigkeiten nach und nach ausbauen, und es erfährt dabei die nötige Unterstützung durch seine Eltern« (Becker-Stoll 2007, S. 30).

Die unsicher-ambivalente Bindung (C)

Etwa 10 bis 20 Prozent der Kinder sind unsicher-ambivalent gebunden. Sie zeigen schon zu Beginn der Fremden Situation so viel ängstliches Verhalten, dass sie sich kaum von der Mutter lösen können. Auf den Eintritt bzw. die Annäherung der Fremden reagieren sie empfindlich. Ebenso wie sicher gebundene Kinder lassen sie sich nicht von der fremden Person trösten oder ablenken. Nach der Trennungssituation zeigen sie ein widersprüchliches Verhalten: Einerseits äußern sie den Wunsch nach Nähe und Kontakt, andererseits widersetzen sie sich trotzig und wütend sowie auch verzweifelt den Kontakt- und Interaktionsversuchen und lassen sich nur schwer beruhigen, besonders bei der zweiten Rückkehr. So wollen diese Kinder zum Beispiel bei der Wiederkehr der Bezugsperson sofort auf ihren Arm, dann aber gleich wieder herunter (vgl. Grossmann & Grossmann 2012, S. 154).

Nach Ainsworth erleben die **C-Kinder** ihre Bezugsperson als unberechenbar: Mal verhält sie sich überschwänglich, herzlich und zugeneigt, mal ignorant, abweisend oder vernachlässigend. Ihr Verhalten ist daher nicht klar voraussagbar.

Die Konsequenz dieser Ambivalenz ist die permanente Aktivierung des kindlichen Bindungssystems. Unsicher-ambivalent gebundene Kinder klammern schnell und weinen häufig. Selbst in vertrauter Umgebung explorieren sie nur schwer. Häufig übertreiben sie auch ihren Kummer, damit dieser auch wirklich wahrgenommen wird. Gleichzeitig mischt sich in ihre Gefühle häufig Ärger über die mangelnde Reaktion der Bindungsperson. Ihr energisches und laut vernehmbares Bindungsverhalten ist allerdings nicht ein Zeichen von »starker« Bindung, sondern auf Angst zurückzuführen. Einige klinische Bindungsforscher sprechen bei der unsicher-ambivalenten Bindung auch von »Angst-Bindung« (vgl. ebd.z. B. Sroufe u. a. 2005).

In Japan und Israel zeigte ein Drittel der Kinder dieses C-Muster. Die kulturellen Unterschiede ließen sich nicht mit einer regional unterschiedlichen Temperamentsverteilung erklären. In Israel hatten die Mütter der unsicher-ambivalent gebundenen Kinder ein niedrigeres Bildungsniveau als die der sicher und unsicher-vermeidend gebundenen Kinder. Außerdem hatten sie sehr lange Arbeitstage, mussten ihre Kinder folglich lange institutionell betreuen lassen und waren in ihrer Elternaufgabe sehr belastet. In Japan hatten Kinder mit unsicher-ambivalentem Bindungsstatus hingegen keinerlei Krippenerfahrung, und ihre Mütter und Großmütter umsorgten sie ständig. Jede kleine Frustration wurde von ihnen ferngehalten. In beiden Ländern schien es den Müttern jedoch nicht zu gelingen, die emotionale Not ihres Kindes erfolgreich zu lindern. Entweder sie waren in kritischen Situationen für ihre Kinder nicht erreichbar (Israel) oder sie reagierten nicht auf Aufmerksamkeitsbestrebungen ihres Kindes (Japan). Da sie sowieso die ganze Zeit anwesend waren, glaubten sie zu wissen, wann ihr Kind welche Zuwendung braucht (vgl. van IJzendoorn & Kroonenburg 1988). Durch überzogene Trennungszeiten bei den Tests ist allerdings eine Verfälschung der Ergebnisse nicht auszuschließen. Bei einer Re-Analyse der Kinder aus Japan in der Fremden Situation zeigte sich unter Berücksichtigung der längeren Trennungszeiten ein Anteil von über 90 Prozent an sicher gebundenen Kindern (vgl. Grossmann u.a. 2003, S.66).

Andere Studien wie zum Beispiel von Hans u.a. (2000) und Crittenden (2000) führten wiederum eine hohe Quote an unsicher-ambivalent gebundenen Kindern in Japan und Russland auf das Unvermögen der Mütter zurück, die Emotionen ihrer Kinder zu regulieren, auch wenn sie mit ihnen mitlitten (vgl. Rauh 2002, S.200).

Die unsicher-desorganisierte bzw. desorientierte Bindung (D)

Main und Solomon (1990) klassifizierten schließlich noch einen weiteren Bindungstyp. Bei Kindern mit einer desorganisierten Bindung kommt es in Trennungssituationen zu einem Zusammenbruch der Verhaltens- und Aufmerksamkeitsstrategien. Dies kann sich in stereotypem Verhalten (Hin- und Herschaukeln), in Bewegungsstarren, in ziellosem Umherwandeln bei gleichzeitigen Anzeichen von Angst oder in tranceähnlichen Zuständen äußern.

Die Kinder scheinen sich in einem Konflikt zwischen Annährung und Angst zu befinden, zu dem sie kein Verhaltensprogramm haben. Dieses bizarre Verhalten wird häufig auf überdauernde Schwierigkeiten der Verhaltensregulation, auf vorübergehende Beunruhigungen und auf Übergänge in neue Strategien oder auf anhaltende ängstigende Erfahrungen zurückgeführt und hat meist traumatische Erlebnisse bei den Eltern und/oder dem Kind zur Ursache (z.B. durch den Tod eines nahen Angehörigen, Misshandlung, sexuellen Missbrauch, Krankheit, Unfall).

Über das innere Arbeitsmodell eines unsicher-desorganisiert gebundenen Kindes liegen bisher kaum Erkenntnisse vor. Diese **D-Kinder** scheinen besonders gefährdet zu sein, Verhaltensprobleme zu entwickeln (vgl. Rauh 2008, S.217).

Tab. 2: Bindungsqualität bei Kindern zwischen 12 und 20 Monaten in der Fremden Situation

Sicher (B)	• Ausgewogene Balance zwischen Bindungs- und Explorationsverhalten • Offene Kommunikation auch negativer Gefühle gegenüber der Bindungsperson • Sicherheitsgewinn aus der Nähe zur Bindungsperson; das Kind findet genügend Sicherheit, um wieder explorieren zu können
Unsicher-vermeidend (A)	• Überwiegen des Explorationsverhaltens auf Kosten des Bindungsverhaltens • Verbergen oder Unterdrücken negativer Gefühle gegenüber der Bindungsperson • Distanz zur Bindungsperson bei Leid aus Furcht vor Zurückweisung • Der Sicherheitsgewinn aus der Nähe zur Bindungsperson wird über Umwege erreicht
Unsicher-ambivalent (C)	• Überwiegen des Bindungsverhaltens auf Kosten des Explorationsverhaltens • Unbeherrschte Mischung aus Angst und Ärger, weil das Kind die Zuwendung der Bindungsperson nicht steuern kann • Untröstbare Verzweiflung bei Trennung, aber auch kaum Beruhigung und kein Sicherheitsgewinn durch Wiedervereinigung

Unsicher-desorganisiert / desorientiert (D)	• Bestehende Bindungsstrategien werden durch bizarre Verhaltensweisen unterbrochen und / oder überlagert, z. B. durch:
	  • Widersprüchliche Verhaltensweisen (Nähe suchen und gleichzeitig vermeiden)
	  • Anzeichen von Angst vor der Bindungsperson
	  • Erstarren, Einfrieren von Bewegungen
	  • Anzeichen von Dersorganisation (zielloses Umherwandern)
	  • Stereotypien (Hin-und-her-Schaukeln)

Quelle: Becker-Stoll 2007, S. 23

Neben dem Fremde-Situations-Test gibt es weitere Instrumente zur Erfassung der Bindungsqualität über die Lebensspanne, die hier tabellarisch vorgestellt werden:

Tab. 3: Erfassungsmöglichkeiten der Bindungsqualität über die Lebensspanne

Kleinkindalter	Fremde-Situations-Test (FST)
Kindergartenalter	Separation-Anxiety-Test (SAT) Attachment Story Completion Task (ASCT) Geschichtenergänzungsverfahren zur Bindung (GEV-B)
Grundschulalter	SAT, ASCT, Child Attachment Interview (CAI)
Jugendalter	Adaptierte Version des Adult Attachment Interviews
Erwachsenenalter	Adult Attachment Interview (AAI)

Quelle: Eigene Darstellung

1.5 Elterliche Feinfühligkeit und ihr Einfluss auf die Bindungsentwicklung

Als Ursache für die Ausprägung unterschiedlicher Bindungsqualitäten hat sich in besonderem Maße die elterliche Feinfühligkeit als wichtigster Einflussfaktor herausgestellt. Der Zusammenhang zwischen einer hohen elterlichen Sensitivität und einer sicheren Bindung beim Kind konnte in zahlreichen Studien nachgewiesen werden (vgl. Grossmann & Grossmann 2012, S. 164ff.).

Nach Ainsworth (1974/2003) ist die **mütterliche Feinfühligkeit** für die Kommunikation des Babys durch vier Merkmale gekennzeichnet:

1. **Die Wahrnehmung des Befindens des Säuglings:** Die Mutter muss das Kind aufmerksam »im Blick« haben und wahrnehmen, wenn es ihr gerade etwas Wichtiges mitteilt.
2. **Die richtige Interpretation der Äußerung des Säuglings:** Dazu muss sie sich in die Lage des Säuglings versetzen können und nicht ihre eigenen Bedürfnisse als Verständnisgrundlage heranziehen. Nur dann erfährt das Kind Selbstwirksamkeit.
3. **Die prompte Reaktion:** Es ist wichtig, dass die Mutter direkt auf die Signale des Kindes reagiert. Nur so lernt das Kind, dass es mit seinem Verhalten eine bestimmte Reaktion bei der Mutter herbeiführen kann. Damit entsteht ein Gefühl der Effektivität im Gegensatz zu Hilflosigkeit.
4. **Die Angemessenheit der Reaktion:** Die Mutter/die Eltern sollen entsprechend der Entwicklung des Kindes angemessen auf seine Bedürfnisse reagieren, das heißt ihm geben, was es aktuell braucht. Dadurch lernt das Kind, seine Signale differenziert einzusetzen.

Feinfühligkeit beinhaltet eine Förderung der kindlichen Kommunikationsfähigkeit auch im vorsprachlichen Alter, sodass das behutsame Eingehen auf kindliches Weinen nicht als Verwöhnen, sondern als Antworten auf die Mitteilung negativer Gefühle gesehen wird.

Ainsworth (1971a/2003, 1971b/2003) spezifizierte in diesem Zusammenhang noch zwei weitere Konzepte:

- Annahme des Kindes in seiner individuellen Eigenart versus Ablehnung des Kindes
- Die mütterliche Fähigkeit, mit dem Baby zu kooperieren, das heißt, die eigenen Pläne mit den Bedürfnissen des Kindes in Einklang zu bringen versus einmischendes oder gar rücksichtsloses Durchsetzen der eigenen Pläne auf Kosten des Säuglings.

Beide Konzepte hängen stark mit mütterlicher Feinfühligkeit zusammen, erfassen aber auch weitere Aspekte mütterlichen Verhaltens.

Feinfühligkeit ist jedoch von Überbehütung abzugrenzen. Das heißt, es ist darauf zu achten, ob die Reaktion entwicklungsfördernd ist und man dem Kind nichts abnimmt, was es selbst tun könnte. Feinfühliges Verhalten bedeutet daher also auch, die **Autonomie des Kindes,** sein Bedürfnis nach Selbstregulation und Selbstbestimmung, zu respektieren.

Eine große Herausforderung besteht darin, dass **Feinfühligkeit** nicht für jede **Altersstufe** und die mit ihr verbundenen **Entwicklungsthemen** das Gleiche bedeutet:

- Während im **ersten Lebensjahr** die Feinfühligkeit der Bezugsperson vor allem in deren Fähigkeit erkennbar wird, die kindlichen Signale wahrzunehmen, richtig zu interpretieren und angemessen sowie prompt zu reagieren (vgl. Ainsworth u.a. 1974), reagiert eine Bezugsperson im **zweiten und dritten Lebensjahr** des Kindes dann angemessen feinfühlig, »wenn sie – auf der Grundlage einer haltgebenden und verlässlichen Interaktionsstruktur – die Explorations- und Autonomiebestrebungen des Kindes, die nun sein zentrales Thema sind, unterstützt und ihm dabei als ›sichere Basis‹ dient« (Viernickel u.a. 2011, S. 47).
- Im **zweiten** und vor allem im **dritten Lebensjahr** gewinnen andere Kinder, sogenannte Peers, eine hohe Bedeutung beim Herausfordern und Anregen. In ko-konstruktiven Prozessen mit Spielpartnern, die sich auf einer ähnlichen Entwicklungsstufe befinden, treiben die Kinder ihren Bildungsprozess eigenaktiv wirksam voran. Aus diesem Grund sollten die erwachsenen Bezugspersonen den Peer-Interaktionen ausreichend Zeit und Raum zur Verfügung stellen und diese immer wieder aufmerksam beobachten, um daran dann im gemeinsamen Handeln und Gespräch anknüpfen zu können (vgl. Viernickel u.a. 2011, S. 47; Nentwig-Gesemann u.a. 2011, S. 26).

Des Weiteren ist es wichtig, dass sich die Erwachsenen in ihren Interaktionen mit dem Kind stets am **aktuellen Kompetenzniveau** des Kindes orientieren und ihm so viel **Assistenz** anbieten, dass die »Zone der proximalen (nächstmöglichen) Entwicklung« (Wygotski 1978) angesprochen wird. Das bedeutet, dass Kinder zwar zum einen zur Exploration angeregt, aber zum anderen nicht überfordert werden sollen (vgl. Viernickel u.a. 2011, S. 47; Nentwig-Gesemann u.a. 2011, S. 26).

Aktuelle Untersuchungen zur Rolle des Vaters und zur **väterlichen Feinfühligkeit** zeigen auf, dass diese für die **sichere Exploration** für das Kind einen ebenso bedeutenden Einfluss hat wie die **mütterliche Feinfühligkeit** für eine **sichere Bindungsorganisation** (vgl. Kindler & Grossmann 2004). Das Konzept der »feinfühligen Herausforderung im Spiel« verfolgt die Annahme, dass der erwachsene Spielpartner in seiner Interaktion mit dem Kind nicht nur feinfühlig auf dessen Bindungsbedürfnisse eingeht, sondern ebenso die Neugier, Exploration und die Initiative des Kindes unterstützt und fördert (vgl. Becker-Stoll 2007, S. 20).

Kindler und Grossmann (2008, S. 248) haben in Untersuchungen aufgezeigt, dass die feinfühlige Unterstützung kindlicher Exploration der Bereich ist, von dem aus sich väterliche Einflüsse auf zentrale Aspekte der sozial-emotionalen und Bindungsentwicklung über Zeiträume bis zum 22. Lebensjahr entfalten.

> »Eine gesunde Entwicklung über den Lebenslauf braucht sowohl die Sicherheit der Exploration als auch die Sicherheit der Bindung. Feinfühliges Verhalten gegenüber einem Kind fördert somit die Befriedigung der drei psychischen Grundbedürfnisse nach Bindung, Kompetenz und Autonomie« (Becker-Stoll 2007, S. 21).

Becker-Stoll macht außerdem deutlich, dass **feinfühlige Eltern** in ihrer eigenen Kindheit in der Regel **selbst eine sichere Bindungsbeziehung** erfahren haben. »In mehreren Studien konnte ein deutlicher Zusammenhang zwischen Bindungsrepräsentation, Feinfühligkeit der Eltern und Bindungsqualität des Kindes nachgewiesen werden: Eltern, die sich gut an ihre eigenen Kindheitserfahrungen erinnern können und erkennen, wie diese eigenen Bindungserfahrungen die Beziehung zu ihrem Kind beeinflussen, haben eine sichere Bindungsrepräsentation. Diesen Eltern fällt es leicht, die Bedürfnisse ihrer Kinder wahrzunehmen und angemessen darauf zu reagieren. Erwachsene mit sicherer Bindungsrepräsentation zeigen also mehr Feinfühligkeit ihren Kindern gegenüber und diese sind weitaus häufiger sicher als unsicher an sie gebunden (Grossmann, Fremmer-Bombik, Rudolph & Grossmann 1988; van IJzendoorn 1996). Dieser Zusammenhang konnte auch gefunden werden, wenn die Bindungsrepräsentation der Eltern bereits während der Schwangerschaft erhoben wurde (Fonagy, Steele & Steele 1991)« (ebd., S. 29f.).

Auswirkungen von feinfühligem Verhalten auf die Entwicklung des Gehirns

Braun u. a. (2002) haben außerdem festgestellt, dass feinfühlige Interaktionen einer Bindungsperson mit dem Kind sich auf die funktionelle Entwicklung des Gehirns auswirken und zu neuen sensorischen, motorischen und limbischen Schaltungen führen, die wiederum eine optimale Leistungsfähigkeit und Anpassung an die Umwelt ermöglichen. Umgekehrt entwickeln sich diese hochkomplexen Strukturen im Gehirn nur ungenügend und hemmen die Anpassung an die Herausforderungen alterstypischer Entwicklungsaufgaben, wenn eine entsprechende Stimulation zum Beispiel aufgrund von Vernachlässigung, Isolation oder fehlender Anregung fehlt.

Auch Becker-Stoll (ebd., S. 26) hebt hervor, wie stark die Qualität des emotionalen Umfeldes und der Grad der frühkindlichen, geistigen Förderung die späteren intellektuellen und sozio-emotionalen Fähigkeiten des Kindes beeinflussen.

Programme und Interventionen zur Förderung feinfühligen Verhaltens

Mit relativ wenig Aufwand kann man feinfühliges Verhalten – sogar gegenüber Kindern mit sehr schwierigem Temperament – auch trainieren. Eines der bedeutendsten Trainings hat die Forscherin **Dymphna van den Boom** (1994) durchgeführt. Durch verschiedene Interventionen konnte sie die Feinfühligkeit von Müttern mit leicht irritierbaren Säuglingen trainieren und erzielte damit eine Verdopplung der Anzahl sicherer Bindungsbeziehungen (vgl. Becker-Stoll 2007; van den Boom 1994).

Auch das videogestützte **Beratungs- und Frühinterventionsprogramm STEEP** trägt dazu bei, die beginnende Bindungsentwicklung zwischen Eltern und Kind optimal zu fördern. STEEP™ steht für **S**teps **T**oward **E**ffective **E**njoyable **P**arenting (Schritte hin zu gelingender und Freude bereitender Elternschaft) und wurde in den USA von Martha Erickson und Byron Egeland von der University of Minnesota / Center for early education and development entwickelt. Dieses Programm basiert auf der Bindungstheorie und verfolgt das Ziel, besonders Eltern in Krisen- und Belastungssituationen beim Aufbau einer gelingenden Eltern-Kind-Beziehung zu unterstützen. Aus diesem Grund beginnt das STEEP™-Programm bereits in der Schwangerschaft und wird bis ins dritte Lebensjahr angewandt. Eingesetzt werden dabei sowohl Einzelkontakte (Hausbesuche) mit videogestützter Beratung als auch Eltern-Kind-Gruppen und Familienaktionen (vgl. Erickson & Egeland 2014, S. 62ff., 80ff.).

Objektive Methoden zur Einschätzung der Interaktionsqualität (z. B. Feinfühligkeitsskala) dienen in der Prozessbegleitung als Interventionsgrundlage. Durch einen kritisch-reflexiven Umgang mit dem eigenen Erziehungsverhalten und der eigenen Biografie sollen die Eltern erlernen, ausreichend gut mit ihren Kindern umzugehen. Dieses komplexe Frühinterventionsprogramm, das auf Resilienzförderung und Verhinderung von Kindeswohlgefährdung bei psychosozial hochbelasteten Familien ausgerichtet ist, setzt auf unterschiedlichen Ebenen an (vgl. ebd.):

- **Verhaltensebene:** Der Umgang mit dem Kind wird über das gemeinsame Betrachten von Videoaufnahmen mit den betroffenen Eltern zum Gegenstand der Intervention (Seeing is believing: Was man sehen kann, das glaubt man auch).
- **Repräsentationsebene:** Die meist aus ihrer eigenen Kindheit stammenden und die Beziehung zu ihren Kindern steuernden Bindungsmuster der Eltern werden in ihrer Aus-

wirkung auf den konkreten Umgang mit dem Kind aufgespürt und zum Thema der Intervention (Looking back, moving forward: Rückschau, um vorwärtszukommen).

- **Helfende Beziehung:** Da sich eigene Bindungsmuster besonders in bedeutsamen Beziehungen verändern, kommt der Gestaltung der helfenden Beziehung eine zentrale Bedeutung zu. Ziel ist es, eine Balance zwischen einer stimmigen Natürlichkeit und Zuwendung sowie der gebotenen Distanz und Reflexion herzustellen.
- **Soziale Unterstützung:** Durch Gruppenangebote (mit anderen Müttern/Eltern) und weitere Hilfsangebote im sozialen Umfeld soll den Eltern soziale Unterstützung nicht nur von professionellen Helfern gegeben werden.

Ein weiteres Feinfühligkeitstraining mit Videofeedback ist die **Entwicklungspsychologische Beratung für junge Eltern** von Ziegenhain u. a. (2006). Es handelt sich hierbei um eine lösungsorientierte Kurzintervention von rund drei Monaten, die sich an die Hochrisikogruppe jugendlicher, alleinerziehender Mütter, psychosozial belastete Familien sowie Familien mit behinderten oder biologisch vorbelasteten Kindern wie zum Beispiel Frühgeborenen richtet. Dieses Programm basiert auf Erkenntnissen der interdisziplinären Säuglings- und der entwicklungspsychologischen Bindungsforschung und integriert auch systemisch-lösungsorientierte Beratungsansätze und Therapiekonzepte für das Säuglings- und Kleinkindalter (vgl. Kriz 1999; von Schlippe & Schweitzer 2016). Der Entwicklungspsychologische Beratungsansatz und das Videointeraktionstraining lassen sich flexibel in unterschiedliche Praxisfelder integrieren und mit anderen Angeboten der Kinder- und Jugendhilfe kombinieren.

Das **Hausbesuchsprogramm des Modellprojekts »Pro Kind«** basiert auf dem evidenzbasierten NFP (Nurse-Family-Partnership)-Programm (vgl. Olds u. a. 1999; Olds u. a. 2004) und stützt sich neben der Bindungstheorie Bowlbys auch auf Erkenntnisse und Hypothesen der Ökologischen Theorie Bronfenbrenners sowie der Selbstwirksamkeitstheorie Banduras. Während sich das Programm in den USA an Frauen in Armut richtet, müssen die Frauen, die bei »Pro Kind« in Deutschland aufgenommen werden, mehrfach oder hoch risikobelastet sein (vgl. Jungmann, Adamaszek & Kolanowski 2008; Jungmann, Kurtz & Brand 2008). Ähnlich wie bei STEEP beginnt das Programm bereits in der Schwangerschaft und endet mit dem zweiten Geburtstag des Kindes. In den USA unterstützen »Nurses« und in Deutschland Hebammen und Sozialpädagoginnen als sogenannte »Familienbegleiterinnen« die Frauen darin, ihre eigenen Stärken zu entdecken sowie sich Lebensautonomie und Selbstbestimmung anzueignen. Sie arbeiten strukturiert und theoriegeleitet nach den drei NFP-Handbüchern für die Schwangerschaft, die Säuglingszeit und die frühe Kindheit sowie dem PIPE (**P**artners **i**n **P**arenting **E**ducation)-Curriculum zur Verbesserung der Eltern-Kind-Interaktion.

Im Gegensatz zu allen anderen bereits dargestellten Programmen richtet sich das **SAFE (Sichere Ausbildung für Eltern)**-Programm nicht ausschließlich an Hochrisikogruppen, sondern an alle werdenden Mütter und Väter, die sich bereits während der Schwangerschaft in ihren elterlichen Kompetenzen und Fähigkeiten durch Seminare und mediale

Methoden wie zum Beispiel Videofeedback schulen und für die Bedürfnisse ihres Kindes sensibilisieren möchten (vgl. Brisch 2015). Regelmäßig stattfindende Elterngruppen, ein Feinfühligkeitstraining mit Videounterstützung, eine individuelle Traumapsychotherapie sowie eine Hotline sollen Eltern in ihren Erziehungs- und Beziehungskompetenzen fördern. Das SAFE-Programm basiert auf der Bindungstheorie und klinischen Erfahrungen mit Bindungsstörungen und hat zum Ziel, eine sichere Bindungsentwicklung zwischen Eltern und Kind zu fördern. Gleichzeitig soll verhindert werden, dass Bindungsstörungen durch traumatische Beziehungserfahrungen von einer Generation an die nächste weitergegeben werden. Alle Berufsgruppen, die mit Schwangeren, Eltern und Säuglingen arbeiten, können sich zum SAFE®-Mentor ausbilden lassen. Das SAFE®-Training umfasst vier Trainingstage, die sowohl aus theoretischen als auch aus praktischen Elementen bestehen. Schwerpunkt bei den praktischen Übungen ist die Arbeit mit Video-Feedback im Sinne eines Feinfühligkeitstrainings (vgl. SAFE 2016).

Tab. 4: Beziehungsorientierte elternzentrierte Programme

	STEEP	**Entwicklungspsychologische Beratung für junge Eltern**
Zielgruppe	Hochrisikogruppe psychosozial stark belasteter Familien mit behinderten oder biologisch vorbelasteten Kindern (z. B. Frühgeborene), ursprünglich nur Erstgebärende	Hochrisikogruppe jugendlicher, alleinerziehender Mütter, psychosozial belastete Familien, Familien mit behinderten oder biologisch vorbelasteten Kindern (z. B. Frühgeborene)
Altersbereich	Säuglings- und Kleinkindalter	Säuglings- und Kleinkindalter
Teilnehmer	Eltern bzw. Mütter und ihre Säuglinge bzw. Kleinkinder	Eltern bzw. Mütter und ihre Säuglinge bzw. Kleinkinder
Dauer	Letztes Schwangerschaftsdrittel bis mindestens zum ersten, höchstens zum zweiten Geburtstag des Kindes	Lösungsorientierte Kurzintervention (ca. 3 Monate)
Methoden	Hausbesuche und Elterngruppen im 14-tägigen Wechsel	Feinfühligkeitstraining mit Videofeedback
Besonderheiten	Strukturiertes Arbeiten nach dem STEEP™-Handbuch, therapeutische Beziehung (therapeutic alliance) zwischen der STEEP-Beraterin und der Mutter, videogestütztes Feinfühligkeitstrainig »Seeing is believing™«-Ansatz	Information über die allgemeine Entwicklung von Säuglingen und Kleinkindern, Übernahme der Perspektive des Kindes, Eltern beobachten und verstehen die Fähigkeiten ihres Kindes, Eltern werden in ihrer Elternrolle bestärkt

	Pro Kind	SAFE®
Zielgruppe	Erstgebärende in biopsychosozial schwierigen Lebenssituationen, Aufnahme in der 12. bis 28. Schwangerschaftswoche	Alle werdenden Eltern, die bereit sind, sich auf die Entwicklung ihres Kindes einzulassen und hierfür ein unterstützendes Präventionsprogramm in Anspruch zu nehmen
Altersbereich	Säuglings- und Kleinkindalter	Säuglingsalter
Teilnehmer	Eltern bzw. Mütter und ihre Säuglinge bzw. Kleinkinder	Eltern und ihre Säuglinge
Dauer	12. bis 28. Schwangerschaftswoche bis mindestens zum zweiten, höchstens zum dritten Geburtstag des Kindes	20. Schwangerschaftswoche bis zum ersten Geburtstag
Methoden	Regelmäßige Hausbesuche durch Familienbegleiterinnen (unmittelbar nach der Aufnahme in das Modellprojekt und nach der Geburt des Kindes jeweils für einen Monat wöchentlich, danach vierzehntägig)	Regelmäßige Elterngruppen (zunächst im monatlichen, später im vierteljährlichen Rhythmus), Feinfühligkeitstraining mit Videounterstützung, individuelle Traumapsychotherapie, Hotline
Besonderheiten	Strukturiertes, theoriegeleitetes Arbeiten nach den drei NFP-Handbüchern für die Schwangerschaft, die Säuglingszeit und die frühe Kindheit; PIPE-Modul (Partners in Parenting Education) zur Verbesserung der Eltern-Kind-Interaktion	Klinisch fundiertes primäres Programm (Bindungsstörungen) zur universellen Prävention; Kombination aus Gruppen- und Individualangeboten; Inanspruchnahme der Traumapsychotherapie richtet sich nach den Ergebnissen des AAI (Adult Attachment Interview); SAFE®-Mentorenausbildung u. a. für pädagogische Fachkräfte

Quelle: Jungmann & Reichenbach 2009

1.6 Organisation von Bindungsbeziehungen

Die meisten Kinder haben mehr als eine, aber nicht viele Bindungspersonen. Neben den Eltern sind dies zum Beispiel Großeltern, Verwandte, ältere Geschwister oder pädagogische Fachkräfte (vgl. Rauh 2002, S. 201).

Hédervári-Heller (2008) macht deutlich, dass die verschiedenen Bindungsbeziehungen, die im frühen Kindesalter gleichzeitig nebeneinander bestehen, unabhängig voneinander organisiert und ab circa dem Ende des ersten Lebensjahres hierarchisch geordnet werden.

> »An oberster Stelle der Hierarchie steht hier die Person, die die meiste Zeit mit dem Kind verbringt und mit der das Kind die häufigsten, aber nicht unbedingt die qualitativ ›besseren‹ interaktiven Erfahrungen macht. Diese Person muss nicht unbedingt die leibliche Mutter sein, es kann auch der Vater oder eine andere erwachsene Person sein« (Hédervári-Heller 2008, S. 72).

Bowlby (1951/1973) war der erste, der von einer Hierarchisierung von Bindungspersonen eines Kindes gesprochen hat. Er zeigte außerdem auf, dass Kinder auch andere Bindungspersonen akzeptieren, wenn die primäre Bindungsperson nicht verfügbar ist, und die anderen sogar bevorzugen, wenn das Erkundungssystem vorherrscht, die Kinder also zum Beispiel lernen und spielen wollen.

Für die Qualität der Bindung ist hingegen nicht die Quantität, sondern die Art und Qualität der interaktiven Erfahrung des Kindes mit der Bindungsperson entscheidend. Aus diesem Grund kann ein Kind **verschiedene Bindungsqualitäten zu verschiedenen Bindungspersonen** haben (vgl. Grossmann u. a. 2003, S. 64).

1.7 Bedeutung des emotionalen Familienklimas für die Bindungsbeziehung

Auch das emotionale Klima innerhalb einer Familie, das vor allem durch die **Beziehung zwischen den Eltern** bestimmt wird, hat Auswirkungen auf die Bindung zum Kind. Familienforscher stellten fest, dass Mütter und Väter, die sich bereits vor der Geburt gegenseitig unterstützen, es einfacher haben, sich mit ihrer neuen Rolle als Eltern zurechtzufinden und angemessener mit ihrem Säugling umgehen. Unzufriedenheit in der Ehe war ein Merkmal, dass man häufig sowohl in unsicheren Mutter-Kind-Bindungen als auch in schlechten Beziehungen zum Kind fand. Grossmann und Grossmann (2012) führen diese Ergebnisse darauf zurück, dass bereits Einjährige Streit und Spannungen zwischen den Eltern spüren. Je häufiger sie Konflikte zwischen ihren Eltern mitbekamen, desto unglücklicher waren sie.

Rhoades (2008) und Davis u.a. (2008) zeigten des Weiteren auf, dass Kinder im Vorschulalter auf elterliche Spannungen mit physiologischen Stresssymptomen, einer dysfunktionalen Regulation ihrer Gefühle, ihres Verhaltens und ihrer physiologischen Systeme sowie mit Apathie und aggressivem Verhalten gegenüber anderen Kindern reagieren.

Grossmann und Grossmann (2012, S. 256) ziehen folgendes Fazit: »Eine gute, liebevolle Partnerschaft zwischen den Eltern ›färbt ab‹ auf die Kooperationsbereitschaft und das Wohlbefinden des Kindes.« Außerdem machen sie deutlich, »dass sowohl die mütterliche als auch die väterliche Feinfühligkeit im Spiel mit dem Zweijährigen, die offenbar auch aus der Qualität der Ehe schöpft, über 20 Jahre hinweg einen deutlich nachweisbaren Einfluss auf die Vorstellung von Partnerschaft der erwachsenen Kinder hat« (ebd.) (siehe dazu auch Kapitel 1.5).

1.8 Geschlechtsunterschiede in der Bindungsentwicklung

Während des Säuglingsalters zeigte sich bisher noch in keiner Studie ein Einfluss des Geschlechts von Kindern oder Eltern auf die Verteilung der Bindungsqualitäten. Ab dem zweiten Lebensjahr wurde jedoch beobachtet, dass sich Mütter unterschiedlich feinfühlig gegenüber Mädchen und Jungen verhalten.

Fagot und Kavanagh (1993) fanden Unterschiede in der elterlichen Anleitung des Erkundungsverhaltens sowie Geschlechtsunterschiede in Abhängigkeit von der Bindungsklassifikation:

- Jungen, die unsicher an ihre Mutter gebunden waren, erhielten von beiden Elternteilen am wenigsten Instruktion und Hinweise.
- Bei den Mädchen zeigte sich dieser Unterschied nicht.

Geschlechtsunterschiede in der Bindungsentwicklung fand auch Turner (1991) bei vierjährigen Kindern in der Vorschule:

- Jungen mit unsicherer Mutterbindung verhielten sich häufig aggressiv, waren wenig hilfsbereit, erhielten seitens der Erzieherinnen auch selten Hilfe, Anleitung und Lob.
- Unsicher gebundene Mädchen waren zurückhaltend, wenig durchsetzungsfähig und erhielten von den Erzieherinnen viel Schutz und die meiste Hilfe.
- Sicher gebundene Mädchen und Jungen unterschieden sich in ihrem sozial-kompetenten Verhalten nur wenig.

Mädchen und Jungen mit unsicherem Bindungshintergrund entwickeln sich eher geschlechtsstereotyp; das heißt, dass unsicher gebundene Jungen häufiger einen männlich-aggressiven und unsicher gebundene Mädchen vermehrt einen weiblich-braven Verhaltensstil pflegen.

Bindungssichere Mädchen und Jungen können hingegen »selbstvertrauend und der Unterstützung der Mutter gewiss ein breites Verhaltensspektrum aufbauen« (Grossmann u. a. 2003, S. 266f.).

1.9 Auswirkung der Bindungserfahrungen auf die weitere kindliche Entwicklung

Nach dem Konzept von Ainsworth, Bowlby sowie Main und Solomon bilden die frühen sozialen und emotionalen Interaktionserfahrungen ein »Arbeitsmodell« für zukünftige Beziehungen zu möglichen Vertrauenspersonen. Auch verschiedene Längsschnittstudien betonen die Bedeutung der frühen Bindungsmuster für die Entwicklung und Persönlichkeit des Kindes bis ins Schul- und Jugendalter (Grossmann u. a. 2003, S. 245ff.).

Auswirkungen in der frühen Kindheit

Kinder mit sicherer Mutter-Kind-Bindung weisen höhere soziale Kompetenzen und ein als effektiver erlebtes soziales Verhalten auf als Kinder mit einer unsicheren Mutter-Kind-Bindung. Außerdem verfügen sie bereits am Ende ihres ersten Lebensjahres über vielfältigere Kommunikationsfähigkeiten und können mit zwei Jahren in Problemlösesituationen eher auf soziale Ressourcen, wie zum Beispiel die Hilfe der Mutter, zurückgreifen (vgl. Ainsworth & Bell 1974; Becker-Stoll 2007, S. 27; Grossmann & Grossmann 1991).

Auswirkungen im Vorschulalter

Es wurde festgestellt, dass sich Kinder, die im Alter von einem Jahr als sicher gebunden klassifiziert worden sind, im Kindergarten und in der Grundschule besser zurechtfanden, in konflikthaften Situationen kompetenter und weniger feindselig waren und auch insgesamt weniger Verhaltensprobleme aufwiesen als Kinder mit unsicherem Bindungsmuster in der frühen Kindheit. Außerdem zeigten sie sich konzentrierter im Spiel (vgl. Bohlin u. a. 2000; Park & Waters 1989; Suess, Grossmann & Sroufe 1992; Rauh 2002, S. 201f.).

Auswirkungen im Schul- und Jugendalter

Auch im Schul- und Jugendalter lassen sich sicher gebundene Kinder durch eine positive soziale Wahrnehmung, eine hohe soziale Kompetenz, ein beziehungsorientiertes Verhalten sowie bessere Freundschaftsbeziehungen mit Gleichaltrigen und Vertrauens- und Liebesbeziehungen charakterisieren (vgl. Becker-Stoll 2007, S. 27). Längsschnittliche Studien von Grossmann und Grossmann (2001) zur Bindung des Jugend- und Erwachsenenalters ergaben, dass die Bindung zur Mutter mit einem Jahr (allerdings nicht die zum Vater) eine hohe Stabilität zur Bindungsklassifikation mit sechs Jahren aufweist, und die mit sechs Jahren zu der mit 16 Jahren. Dies konnte festgestellt werden, wenn das Verhalten der Kinder und Jugendlichen mit ihren Bezugspersonen beobachtet wurde – und zwar bei Sechsjährigen nach einstündiger Trennung, bei 16-Jährigen in einem Konfliktgespräch (vgl. auch Rauh 2002).

Bedingungen für Instabilität

In mehreren Studien konnten auch Wechsel von sicherer zu unsicherer Bindungsqualität nachgewiesen werden, die mit schwerwiegenden Lebensereignissen, wie zum Beispiel Trennung der Eltern, in Zusammenhang gebracht wurden (Weinfield u. a. 2000; Zimmermann u. a. 2000).

Wechsel von unsicherer zu sicherer Bindung konnten jedoch weniger eindeutig mit äußeren Faktoren in Verbindung gebracht werden. Eine mögliche Erklärung besteht darin, dass die Identitätsentwicklung im Jugendalter eine Gelegenheit darstellt, ein stabiles balanciertes Arbeitsmodell aufzubauen.

Im Rahmen des Krippenausbaus wird häufig diskutiert, ob sich ein früher Krippenbesuch negativ auf die Mutter-Kind-Bindung auswirken kann, sich also durch die Trennungserfahrung eine sichere Mutter-Kind-Bindung in eine unsichere Mutter-Kind-Bindung wandeln kann. Rauh u. a. (1995) haben in ihrer Berliner Längsschnittstudie gezeigt, dass weder die Tatsache des Krippenbesuchs noch der Zeitpunkt des Krippeneintritts (vor oder nach 12 Monaten bzw. bereits mit 6 Monaten) die Qualität der Beziehung zur Mutter beeinflusste.

Allerdings schien die **Art der Eingewöhnung in die Krippe** eine **Auswirkung auf die Bindungsbeziehungen** zu haben. Dazu schreibt Rauh (1998, S. 244, Herv. i. O.): »Sofern die Kinder bereits um die 12 Monate alt waren *und* sehr abrupt eingewöhnt wurden, verunsicherte sich ihre Bindungsbeziehung. Weiterhin war die Qualität der Bindungsbeziehung mit 12 Monaten ein guter Prädiktor für das Verhalten der Kinder in der Eingewöhnungsphase, wie die vorausgegangene Untersuchung von Rottmann und Ziegenhain aufgewiesen hat und sich in der Berliner Längsschnittstudie bestätigt: B-Kinder sind eingangs unglücklich und lassen sich von der Erzieherin kaum trösten; im Verlaufe von vier Wochen leben sie sich aber ein und sind dann eher aufgeschlossen für Kontakte mit anderen Kindern. Unsicher gebundene Kinder dagegen scheinen anfangs den Krippenbesuch als anregend und interessant zu erleben; nach vier Wochen wirken sie aber belasteter und sind weniger kompetent im Spiel mit den Gleichaltrigen und weniger freundlich.«

Wie die Eingewöhnung orientiert an den individuellen Bedürfnissen des Kindes professionell gestaltet werden kann, wird in Kapitel 4 ausführlich beschrieben.

1.10 Zentrale Grundbegriffe der Bindungstheorie

Zum Abschluss dieses Kapitels werden hier nun noch einmal zentrale Begriffe der Bindungstheorie zusammengefasst:

Tab. 5: Grundbegriffe der Bindungstheorie

Grundbedürfnis	Notwendigkeit, soziale Bindungen aufzubauen und zu erhalten, um Sicherheit zu erlangen und gegen seelischen Zusammenbruch zu schützen; Bindungen haben Überlebenswert
Grundlage seelischer Gesundheit	Kontinuierliches und feinfühliges Umsorgen in der frühen Kindheit; offene, kohärente, realitätsnahe Kommunikation über das Erleben des Kindes
Bindung	Imaginäres Band, das in den Gefühlen einer Person verankert ist und sie über Raum und Zeit hinweg an eine andere Person, die als stärker und weiser empfunden wird, bindet
Bindungsperson(en)	Primäre Bezugsperson = Person, mit der das Kind die häufigsten sozialen Interaktionen hat; unfreiwillige längere Trennungen lösen Leid und physiologische Stressreaktionen aus
Bindungsbeziehung	Besondere, spezifische Beziehung, die vor allem zur Angstminderung dient, aber auch andere Funktionen hat, zum Beispiel Wertevermittlung
Bindungsverhalten	Verhalten mit dem Ziel, Nähe zur Bindungsperson zu erlangen, um das Gefühl von Sicherheit zu gewinnen; dazu gehören a) Kommunikationsverhalten, das die Distanz zur Bindungsperson verringern soll (Schreien und Rufen) b) Verhalten, das die Bindungsperson in der Nähe hält bzw. eine Trennung verhindern soll (Festhalten, Anklammern, Trennungsprotest) c) unmittelbares Nähesuchen (Nachfolgen, Suchen)
Bindungsverhaltenssystem	Motivgeleiteter, zielorientierter Steuerungsmechanismus für die Verhaltensweisen, die Nähe zur Bindungsperson herstellen
Explorationsverhaltenssystem	Motivgeleiteter, zielorientierter Steuerungsmechanismus für die Verhaltensweisen, die der Erkundung der Umwelt zur Optimierung der Anpassung dienen

Verhaltensstrategien der Bindungsorganisation	Spezifische Art und Abfolge, in der Bindungs- und Explorationsverhaltensweisen je nach Belastungsgrad gezeigt werden: Unterschiede ergeben sich sowohl interindividuell als auch intraindividuell gegenüber verschiedenen Bindungspersonen und in verschiedenen Situationen in Abhängigkeit von spezifischen Erfahrungen mit der jeweiligen Bindungsperson (z. B. Feinfühligkeit) (...)
Bindungsqualität	Ausmaß, mit der eine Bindungsbeziehung Sicherheit aus der Sicht des »Schwächeren« der Beziehung vermittelt; dies ist auch in den spezifischen Verhaltensstrategien gegenüber den jeweiligen Bindungspersonen definier- und beobachtbar; die Hauptbindungsqualitäten sind: sicher (B), unsicher-vermeidend (A), unsicher-ambivalent (C) (...)
Bindungsorganisation: Desorganisiertheit	Fehlen bzw. Unterbrechung einer eindeutigen Organisation des Bindungsverhaltens (D). Kann jede Bindungsstrategie überlagern (D / B, D / A, D / C) (...)
Internale Arbeitsmodelle	Gefühle, Wissen und Vorstellungen über sich und die Bindungsperson inklusive der Erwartungen, wie die Bindungsperson auf die eigenen Bindungs- und Explorationswünsche reagieren wird; Konstrukt zur Erklärung der Steuerung des Bindungs- und Explorationsverhaltenssystems und von Verhalten, Kognition und Emotion in emotional belastenden Situationen (...)
Wünschenswertes Internales Arbeitsmodell	Die Bindungsperson ist prinzipiell verfügbar und bereit, zu reagieren und zu helfen, wenn es gewünscht wird, und – komplementär – man ist selbst eine im Grunde liebenswerte und wertvolle Person, die es verdient, dass man ihr hilft
Bindungsrepräsentation	Organisation bindungsrelevanter Erinnerungen und Bewertungen der Erfahrungen mit den Bindungspersonen; wichtiges Kriterium: Kohärenz der sprachlichen Darstellung, erfasst in Bindungsinterviews (z. B. Adult Attachment Interview); Hauptorganisationen: sicher-autonom, unsicher-distanziert, unsicher-verstrickt, unsicher mit unverarbeitetem Bindungstrauma (...)

Quelle: Grossmann & Grossmann 2012, S. 75f.

2.

Die Fachkraft-Kind-Beziehung

In diesem Kapitel erfahren Sie

- wie Fachkraft-Kind-Bindungen entstehen
- unter welchen Voraussetzungen pädagogische Fachkräfte zu einer sicheren Bindungsperson für die Kinder werden können
- welche Wirkung Fachkraft-Kind-Bindungen auf die kindliche Entwicklung haben

In Kapitel 1 wurde bereits erläutert, dass ein Kind mehrere Bindungspersonen haben kann, auch wenn diese hierarchisch geordnet sind und sich die Bindungsqualitäten zu den einzelnen Personen voneinander unterscheiden können. Während die Eltern in der Regel die primären Bindungspersonen darstellen, baut das Kind spätestens mit dem Eintritt in die Kita oder die Kindertagespflege weitere Beziehungen zu erwachsenen Betreuungspersonen auf.

Doch wann spricht man von einer Fachkraft-Kind-Bindung und worin unterscheidet sich diese von der Mutter-Kind-Bindung? Wie kann diese Bindung unter den Einflüssen, die sich zum einen aus den pädagogischen Leitlinien, zum anderen aber auch aus einer Dynamik ergeben, welche durch die Alters- und Geschlechterzusammensetzung entsteht und das Verhalten der Kinder einer Gruppe beeinflusst, beschrieben werden? Was für Kriterien gibt es für eine gute Fachkraft-Kind-Beziehung und wie wirkt sich die Bindung zu einer Fachkraft auf die kindliche Entwicklung aus? Diese Fragen sollen im Folgenden beantwortet werden.

2.1 Beschreibung und Herausbildung von Fachkraft-Kind-Bindungen

Beschreibung von Fachkraft-Kind-Bindungen

Auch Fachkraft-Kind-Beziehungen werden bindungsähnliche Eigenschaften zugesprochen. In einer Studie von Cummings u. a. wurde festgestellt, dass Kinder, die morgens in die Kita gebracht wurden, mehr positive Emotionen zeigten und weniger ihren Müttern hinterherlaufen wollten, wenn sie von den pädagogischen Fachkräften empfangen wurden, die sie bisher stabil betreut hatten. Auch während des Tages wendeten sich die Kinder häufiger diesen Erzieherinnen und Erziehern zu, als denjenigen, die nur gelegentlich in der Gruppe arbeiteten. Ebenso weinten die Kinder weniger und ließen sich schneller trösten, wenn eine stabil betreuende Fachkraft anwesend war (vgl. Cummings 1980; Barnas & Cummings 1994).

Daraus wurde der Schluss gezogen, dass stabil betreuende Fachkräfte tatsächlich zu einer Bindungsperson zu werden scheinen, deren Nähe und Schutz vom Kind eingefordert werden. Aus diesem Grund kann das Bindungskonzept auch auf Erzieherinnen und Erzieher angewendet werden, deren Beziehungen zu den Kindern durchaus als Bindungsbeziehungen zu werten sind.

Ahnert (2008) weist jedoch darauf hin, dass nicht jede Beziehung zwischen Fachkraft und Kind eine Bindungsfunktion erfüllt. Das sei häufig dann nicht der Fall, wenn der Schwerpunkt der Betreuung in der bloßen Beaufsichtigung der Kinder liege. Außerdem macht Ahnert deutlich, dass das Bindungsmuster eines Kindes zu seiner Bezugserzieherin bzw. seinem Bezugserzieher vor allem vom Erzieherverhalten und den Fachkraft-Kind-Interaktionen bestimmt wird (vgl. Ahnert 2008, S. 265, 267).

Im Gegensatz zur Mutter-Kind-Bindung weist die **Fachkraft-Kind-Bindung** eine Reihe von **Besonderheiten** auf: Im Unterschied zu einer meist ungeteilten mütterlichen Aufmerksamkeit bei der Betreuung des Kindes, steht eine pädagogische Fachkraft vor der Herausforderung, eine ganze Gruppe regulieren zu müssen, innerhalb derer sie dann auch individuelle Beziehungen entwickelt. Folglich wird die Beziehung zu einem Kind völlig anders aufgebaut und aufrechterhalten als im familiären Kontext.

Die Beziehungen zwischen dem Kind und der pädagogischen Fachkraft werden durch fünf Eigenschaften beschrieben, die neben zuwendenden, sicherheitsgebenden und stressreduzierenden Aspekten auch Unterstützung und Hilfen beim kindlichen Erkunden und Erwerb von Wissen einschließen (vgl. Ahnert 2007, S. 33).

Tab. 6: Bindungseigenschaften von pädagogischen Fachkräften in Kindertageseinrichtungen

Zuwendung	Grundlage der Bindungsbeziehung ist eine liebevolle und emotional warme Kommunikation, bei der das Kind und die pädagogische Fachkraft Freude an einer gemeinsamen Interaktion haben.
Sicherheit	Die zentrale Funktion einer sicheren Bindungsbeziehung ist es, dem Kind ein Gefühl der Sicherheit zu geben. Kinder spielen intensiver und erkunden ihre Umgebung aufgeschlossener, wenn die pädagogische Fachkraft bei diesen eigenaktiven Tätigkeiten des Kindes verfügbar bleibt.

Stressreduktion	Befindet sich das Kind in einer Belastungssituation, sucht es nach Trost und Unterstützung. Mit dem Ziel, Stress zu reduzieren, hilft die pädagogische Fachkraft dem Kind vor allem, seine negativen Gefühle zu regulieren, Irritationen und Ängste zu bewältigen und zu einer positiven emotionalen Stimmungslage zurückzufinden.
Explorationsunterstützung	Das eigenständige Erkunden kann sich besonders dann entwickeln, wenn das Kind bei Unsicherheiten und Angst zu der Fachkraft zurückkehren oder sich bei dieser rückversichern kann. Sie wird in besonderer Weise dieser Aufgabe gerecht, wenn sie das Kind auch gleichzeitig zu neuem Erkunden ermutigt.
Assistenz	Wenn das Kind bei schwierigen Aufgaben an die Grenzen seiner Handlungsfähigkeit gelangt, benötigt es zusätzliche Informationen und Unterstützung. Bei einer sicheren Fachkraft-Kind-Bindung wird das Kind diese Hilfen vorrangig bei dieser Bindungsperson suchen und von ihr auch akzeptieren.

Quelle: Ahnert 2007, S. 33f.

Ahnert macht deutlich, dass diese einzelnen Eigenschaften in jeder Fachkraft-Kind-Bindung in unterschiedlichem Umfang ausgeprägt sind. »Sie bestimmen die individuellen Besonderheiten in einer jeden Beziehung und damit auch die Ausprägung einer sicheren Erzieherin-Kind-Bindung« (ebd., S. 34).

Herausbildung von Fachkraft-Kind-Bindungen

Nun stellt sich die Frage: Unter welchen Voraussetzungen kann eine pädagogische Fachkraft in einer Kindertageseinrichtung zu einer Bindungsperson werden? Und ist dies im Rahmen einer Gruppenbetreuung überhaupt möglich?

Bezogen auf die Erkenntnisse der Bindungstheorie nahm man lange Zeit an, dass auch die Bindungssicherheit eines Kindes zu seiner Erzieherin – ähnlich wie bei seinen Eltern – davon abhängt, wie feinfühlig sie ihm gegenüber ist. Es wurde also davon ausgegangen, dass sich bei stets prompten und angemessenen Reaktionen der Fachkraft auf nach Möglichkeit alle Signale des Kindes, verbunden mit positiven sozial-emotionalen Erfahrungen des Kindes in den Fachkraft-Kind-Interaktionen, eine sichere Bindungsbeziehung aufbaut.

In verschiedenen Studien, wie zum Beispiel von Sagi u.a. (1995), wurde allerdings festgestellt, dass die Kinder aus derselben Kindergruppe zu allen in dieser Gruppe tätigen Fachkräften ein jeweils ähnliches Bindungsmuster aufwiesen. Das bedeutet, dass die Bindungsqualität der Kinder eher von der Gruppenzugehörigkeit als von der Bindungsperson abhing. Howes u.a. (1998) zeigten darüber hinaus auf, dass sich die Bindungsqualität der jeweiligen Fachkraft-Kind-Beziehungen selbst dann kaum änderte, wenn eine bestimmte Fachkraft in einer Gruppe ausgewechselt wurde.

Aufgrund dieser Ergebnisse entstand die These, dass sich die Fachkraft-Kind-Bindungen weniger durch ein kindzentriertes, sondern vielmehr durch ein gruppenorientiertes Erzieherverhalten entwickeln. In einer Analyse von Ahnert u. a. (2006) wurde dies schließlich bestätigt:

> »Sichere Erzieherinnen-Kind-Bindungen entstehen nach dieser Analyse in jenen Kindergruppen, in denen die Gruppenatmosphäre durch ein empathisches Erzieherverhalten bestimmt wird, das gruppenbezogen ausgerichtet ist und die Dynamik in dieser Gruppe reguliert. Die wichtigsten sozialen Bedürfnisse eines jeden einzelnen Kindes müssen dabei unter der Einbeziehung der Anforderungen der Gruppe zum richtigen Zeitpunkt bedient werden« (Ahnert 2007, S. 35).

2.2 Einflussfaktoren auf Fachkraft-Kind-Bindungen

In der pädagogischen Arbeit muss die Balance zwischen der Betreuung einer Kindergruppe mit Blick auf die Erfordernisse der gesamten Gruppe und dem individuellen Eingehen auf die Bedürfnisse jedes einzelnen Kindes stets neu bestimmt werden. Dieser Prozess wird durch verschiedene Faktoren beeinflusst und geprägt (vgl. Ahnert 2007; Ahnert 2008):

- Pädagogische Konzepte
- Größe von Kindergruppen
- Geschlechterzusammensetzung der Gruppe
- Altersabhängigkeiten im Betreuungsprozess.

Pädagogische Konzepte

In vergleichenden Analysen, die während der Reform des ostdeutschen Kinderbetreuungssystems im Zuge der Wende entstanden sind, konnte dargestellt werden, in welcher Weise sich pädagogische Konzepte vor und nach der Wende auf die Bildung sicherer Fachkraft-Kind-Bindungen auswirken können. Ahnert zeigte in mehreren Untersuchungen auf, dass der Betreuungsauftrag einer Erzieherin vor der Wende vor allem darin bestand, »eine anregungsreiche Tagesgestaltung zu organisieren und dabei insbesondere die Beziehungen innerhalb der Kindergruppe, nicht aber persönliche Beziehungsmuster zwischen Erzieherin und Kind zu entwickeln« (Ahnert 2008, S. 269).

Das System der Kindertagesbetreuung in der DDR stellte die erste Stufe des sozialistischen Bildungssystems dar und fokussierte eine kollektive Einordnung in das System von Bildung und Arbeit. Die Erzieherin hatte eine lehrende und gruppenregulierende Funktion, die in besonderem Maße auf das Sozialverhalten im »Kollektiv«, das heißt im Gruppenkontext achten sollte und die Aufgabe hatte, nach verbindlichen pädagogischen Programmen Kompetenzen der Kinder in verschiedenen Bereichen zu definieren. Aus diesem Grund wurde eine auf das individuelle Kind ausgerichtete Betreuung als ungeeignet angesehen, und die Erzieherin hatte sich kaum als Bindungsperson wahrgenommen (vgl. Ahnert 1998).

Nach der Wende sind die pädagogischen Orientierungen in den Reformprogrammen hingegen kindzentriert ausgerichtet und orientieren sich vor allem auf die Befriedigung der emotionalen Bedürfnisse der einzelnen Kinder. Dementsprechend ging man davon aus, dass sich die Bindungssicherheit des Kindes zu einer Erzieherin besser entwickeln kann. Diese Hypothese konnte in der Tat anhand eines Vor-Nach-Wende-Vergleichs der Bindungsqualitäten der Fachkraft-Kind-Beziehungen bestätigt werden, denn es zeigte sich, dass sichere Fachkraft-Kind-Bindungen nach der Wende signifikant häufiger waren (vgl. Ahnert 2003b).

Beachtenswert war dabei, dass die Erzieherinnen und Erzieher nach der Wende nicht engagierter in ihrer pädagogischen Arbeit oder interessierter im Umgang mit den Kindern waren als noch zu DDR-Zeiten. Ebenso zeigten sie keine Unterschiede bei der Gestaltung einer positiv emotionalen Gruppenatmosphäre. Aufgrund der veränderten Programmatik verhielten sie sich allerdings »deutlich sensitiver und einfühlender und damit sowohl besser auf das einzelne Kind und dessen Bedürfnisse orientiert als auch besser darauf eingestellt, die individuellen Bedürfnisse des Kindes im Gruppenkontext zu erfüllen« (Ahnert 2008, S. 270).

Gruppengröße

Zunächst wurde davon ausgegangen, dass sich sichere Fachkraft-Kind-Bindungen vor allem in kleinen Kindergruppen, wie zum Beispiel bei Tagespflegepersonen, entwickeln, die eine individuelle Betreuung jedes einzelnen Kindes ermöglichen. Dann hat man allerdings erkannt, dass bei größeren Gruppen, in denen die Bindungssicherheit von der gruppenbezogenen Empathie der Fachkräfte abhängt, gruppendynamische Aspekte, die auch das Verhalten jedes einzelnen Kindes beeinflussen, relevant sind. So wurde zum Beispiel festgestellt, dass eine bestimmte Alters- und Geschlechtszusammensetzung der Kindergruppe sichere Fachkraft-Kind-Bindungen entscheidend fördern oder beeinträchtigen kann, denn diese gewähren unterschiedliche Bedingungen für die Bindungsentwicklung eines jeden Kindes (vgl. Ahnert 2007, S. 37).

Geschlechterzusammensetzung

Die Kinder entwickeln neben den Fachkraft-Kind-Beziehungen nämlich auch Beziehungen zu Gleichaltrigen ihrer Gruppe, die einen bedeutenden Einfluss auf die Entwicklung der Identität ausüben können (vgl. Ahnert 2003a). Peer-Erfahrungen in Kitas werden außerdem in besonderem Maße über das Geschlecht bestimmt.

Ahnert (2008, S. 271) verweist in diesem Zusammenhang auf mehrere Studien wie zum Beispiel von Hannover (2000), Maccoby (1998) sowie Ruble und Martin (1998), die aufzeigen, dass Kinder sich in ihrem Verhalten zunehmend von »geschlechtsangemessenen« Vorstellungen leiten lassen und gleichgeschlechtliche Verhaltensmuster bevorzugter als gegengeschlechtliche nachahmen.

Viernickel (2000) stellte fest, dass Kinder im Kontext der Kindertagesbetreuung eher mit gleichgeschlechtlichen Spielpartnern interagieren und meistens dort auch Freunde des gleichen Geschlechts haben. Ahnert (2007) hebt wiederum hervor, dass in den gleichgeschlechtlichen Subgruppen auch gleichgeschlechtliche Subkulturen entstehen: »Die Jungen zeichnen sich dabei durch hierarchische Strukturen mit erhöhten Aktivitäten und Dominanzverhalten aus, während Mädchen egalitäre Strukturen bilden, Aktivitätsniveaus besser regulieren können und prosozialer sind« (Ahnert 2007, S. 38).

Lange Zeit war man davon ausgegangen, dass Kitas im Vergleich zur Familie Kindern ein breites Spektrum an Sozialisationsbedingungen für ihre Identitäts- und Kompetenzentwicklung ermöglichen, da sie kaum geschlechtsdifferenzierend ausgerichtet seien. Stattdessen zeigte sich, dass das Erziehungsverhalten der meist weiblichen Betreuungspersonen geschlechtsstereotypisch und von eigenen, geschlechtsspezifischen Leitbildern geprägt ist. So wird kindliches Verhalten häufig dann als optimal empfunden, wenn es »prosozial ausgerichtet, emotional ausgeglichen und motorisch reguliert ist, wie es vor allem in Mädchengruppen beobachtet werden kann« (Ahnert 2008, S. 272). Daher ist es nicht überraschend, dass Bindungsbeziehungen von Kindern zu ihrer Erzieherin häufig geschlechtsabhängig abgebildet werden. Es wurde nachgewiesen, dass Erzieherinnen-Mädchen-Beziehungen leichter herzustellen und ausgeprägter sind als Erzieherinnen-Jungen-Beziehungen (vgl. auch Ahnert u. a. 2006).

Zu dieser Thematik sind weitere Forschungen erforderlich, und es sind präventive Ansätze in der Frühpädagogik gefragt, die diesen Asymmetrien entgegenwirken (vgl. Ahnert 2008, S. 277).

Altersabhängigkeiten im Betreuungsprozess

Verschiedene Untersuchungen haben auch belegt, dass sich die Beziehungsmerkmale altersabhängig ändern. Das wichtigste Merkmal für kindliches Wohlbefinden im Kleinkindalter ist aus bindungstheoretischer Sicht, ob kleine Kinder während ihrer Tagesbetreuung »eine beständige Person haben, die für sie Orientierungszentrum, Zuflucht und

Sicherheitsbasis ist, und ob diese bereit und verfügbar ist, um das kleine, noch sehr impulsgesteuerte Kind bei Leid und Unsicherheit prompt und nachhaltig beruhigen und entlasten zu können. Das Wohlbefinden zeigt sich dann in Kooperationsbereitschaft, konzentriertem Spiel, Neugier, Einwilligungsbereitschaft bezüglich der Erzieherin und angemessener Frustrationstoleranz auch später zu Hause« (Grossmann & Grossmann 2012, S. 260f.).

Je älter Kinder werden, desto mehr eigene Sicherheits- und Stressreduktionsstrategien haben sie in der Regel entwickelt, sodass sie immer selbstständiger und unabhängiger von den direkten Hilfestellungen der pädagogischen Fachkräfte werden.

Zuwendung, Assistenz und Explorationsunterstützung haben vom Kleinkind- bis zum Vorschulalter einen hohen Stellenwert in der Fachkraft-Kind-Bindung, auch wenn diese Beziehungseigenschaften dann entsprechend des Alters des Kindes angepasst werden müssen.

> »Stehen im Kleinst- und Kleinkindalter noch sicherheitsgebende und stressreduzierende Aspekte im Vordergrund der Beziehungsgestaltung, so sind es im Vorschulalter die erzieherischen Unterstützungen beim kindlichen Erkunden und beim Erwerb von Wissen, die eine sichere Bindungsbeziehung ausmachen« Ahnert 2007, S. 39).

Diese Auffassung vertritt auch Schäfer (2011). Die Kernkompetenz pädagogischer Fachkräfte besteht nach seinem Verständnis darin, das Kind entwicklungsförderlich bei der Bearbeitung und Bewältigung seiner Aufgaben zu begleiten. Das Kind in seinen Selbstbildungspotenzialen zu unterstützen und ihm zugleich auf einer interaktiven-kommunikativen, sachlichen und strukturellen Ebene Erfahrungshorizonte anzubieten, sieht er daher als zentrale Aufgabe einer pädagogischen Fachkraft. Wichtig sei es, dem Kind in zwischenmenschlichen Beziehungen Sicherheit zu geben und Vertrauen in seine Fähigkeiten zu ermöglichen: »Ein Kind braucht die Gewissheit, dass für seine Grundbedürfnisse gesorgt ist, damit es sich aufmerksam den Dingen zuwenden kann, für die es sich interessiert. Es wird dabei unterstützt, wenn es Menschen gibt, die ihm zutrauen, dass es sich selbstständig auf den Weg macht. Und wenn sich kein Erfolg einstellt oder Irrtümer die Lern- und Bildungswege beschwerlich erscheinen lassen, hilft es ihnen, wieder Mut zu fassen, wenn sie bei vertrauten Menschen – unabhängig von unmittelbaren Erfolgen – Rückhalt und Trost finden« (Schäfer 2011, S. 267).

2.3 Merkmale einer guten Fachkraft-Kind-Beziehung

Eine gute Fachkraft-Kind-Beziehung, die sich durch die Interaktion zwischen der Fachkraft und dem Kind aufbaut, ist ein grundlegendes Merkmal für eine gute Betreuungsqualität. »Je häufiger Kontakte stattfinden, die wertschätzend, anteilnehmend, lobend und liebevoll sind, desto besser wird auch die Qualität der Betreuung gewertet« (Bethke, Braukhane & Knobeloch 2009, S. 39).

Mittlerweile gibt es eine Vielzahl an Verfahren, mithilfe derer man die pädagogische Qualität in Kitas feststellen kann. In allen diesen Verfahren spielt auch die Fachkraft-Kind-Interaktion eine entscheidende Rolle. Exemplarisch sollen hier drei Verfahren mit ihren Aussagen über die Interaktionen zwischen Fachkraft und Kind(ern) vorgestellt werden:

Ein in Deutschland etabliertes Verfahren zur Feststellung pädagogischer Qualität in Kitas ist der **Nationale Kriterienkatalog (NKK),** der insgesamt 20 Qualitätsbereiche definiert. In jedem dieser Qualitätsbereiche kommt der Leitgesichtspunkt »Fachkraft-Kind-Interaktion« vor. Im Qualitätsbereich »Eingewöhnung« wird der Leitgesichtspunkt Fachkraft-Kind-Interaktion mit den Begriffen Beobachtung, Dialog- und Beteiligungsbereitschaft sowie Impuls beschrieben. Am Beispiel der Dialog- und Beteiligungsbereitschaft sollen hier die aufgeführten Qualitätskriterien vorgestellt werden:

Tab. 7: Begriff Dialog und Beteiligungsbereitschaft im Leitgesichtspunkt Fachkraft-Kind-Interaktion im Qualitätsbereich Eingewöhnung des NKK

Dialog- und Beteiligungsbereitschaft	
2.8	Die pädagogische Fachkraft ist jedem neuen Kind gegenüber besonders zugewandt und nimmt aktiv Kontakt mit ihm auf. Dabei nimmt sie wahr, wenn das Kind Distanz wahren möchte und respektiert dies.
2.9	Sie reagiert sofort, angemessen und einfühlsam, wenn das Kind zeigt, dass es Kontakt zu ihr sucht.
2.10	Die pädagogische Fachkraft geht in feinfühliger Weise darauf ein, wenn das Kind Kummer, Schmerz oder Wut als Reaktion auf die Trennung von der Bezugsperson zeigt.
2.11	Die pädagogische Fachkraft vermittelt Kleinstkindern und jüngeren Kindern durch besondere körperliche und sprachliche Zuwendung Verständnis und Trost (sie nimmt es z. B. auf den Arm oder beruhigt es mit Worten).
2.12	Die pädagogische Fachkraft spricht einfühlsam und verständnisvoll mit den Eltern bzw. Bezugspersonen über Gefühle, die die Trennung von ihrem Kind bei ihnen auslöst bzw. auslösen kann, wie Ängste und Trauer.

2.13	Durch Gespräche mit den Eltern vor und während der Eingewöhnung erwirbt die pädagogische Fachkraft Kenntnisse über die Lebenssituation des Kindes, sein Temperament und seine Vorlieben. Sie zeigt ihm, dass es willkommen ist, indem es beispielsweise seinen Namen häufig nennt oder darüber spricht, was das Kind gerne tut.
2.14	Die pädagogische Fachkraft spricht vor und während der Eingewöhnungsphase mit den Kindern darüber, wie sie das neue Kind in Aktivitäten einbeziehen können und macht dazu bei Bedarf Vorschläge und Angebote.
2.15	Die pädagogische Fachkraft bereitet die anderen Kinder darauf vor, wenn ein Kleinstkind oder jüngeres Kind aufgenommen wird. Sie erklärt ihnen beispielsweise, dass das neue Kind einen individuellen Rhythmus von Aktivitäts- und Ruhephasen oder andere Essenszeiten hat.

Quelle: Tietze & Viernickel 2016, S. 220

Eines der international bekanntesten Verfahren ist die **Kindergarten-Skala (KES-R)**, die Teil einer Skalenfamilie ist, zu der auch die **Krippen-Skala (KRIPS-R)** zählt. Auch in KRIPS-R gibt es ein Merkmal, das sich der Fachkraft-Kind-Interaktion widmet. Als Kriterien für eine gute und ausgezeichnete Qualität werden unter anderem genannt:

- »Häufige positive Interaktionen zwischen Erzieherinnen und Kindern während des gesamten Tages (z. B. Erzieherin initiiert Sprach- und Bewegungsspiele; reagiert, wenn ein Kind Interaktionen beginnt; zeigt Freude an den Aktivitäten der Kinder).
- Erzieherin und Kinder sind üblicherweise entspannt, Stimmen sind freundlich, häufiges Lächeln.
- Während des ganzen Tages zeigt die Erzieherin Zuwendung (z. B. nimmt Kinder in den Arm, streichelt sie und zeigt körperliche Wärme).
- Interaktionen entsprechen den ganzen Tag individuellen Stimmungen und Bedürfnissen der Kinder.
- Erzieherin ist üblicherweise feinfühlig gegenüber den Gefühlen und Reaktionen der Kinder (z. B. vermeidet plötzliche Unterbrechungen, signalisiert ihre Absicht, bevor sie ein Kind hochhebt)« (Tietze u. a. 2007, S. 50).

Die **Caregiver Interaction Scale** von Arnett (1989) überprüft anhand von 26 Items die Qualität der Fachkraft-Kind-Interaktion. In der deutschen Fassung von Tietze (1998) werden unter anderem folgende Merkmale erfasst:
Die pädagogische Fachkraft

- spricht warmherzig mit den Kindern
- hört den Kindern aufmerksam zu, wenn sie etwas erzählen
- scheint begeistert über Aktivitäten und Bemühungen der Kinder

- geht auf die Individualität der Kinder ein
- spricht zu den Kindern auf einer Ebene, die sie verstehen können
- kniet sich hin, beugt sich herab oder setzt sich hin, wenn sie zu den Kindern spricht, um besseren Blickkontakt zu haben.

Die **Qualität einer guten Fachkraft-Kind-Beziehung** zeigt sich auch **physiologisch**. So konnte festgestellt werden, dass sich bei vielen Konflikten mit bestimmten Kindern der Kortisolspiegel der Kinder während des Tages erhöhte (vgl. Lisonbee u.a. 2008). Zum anderen ergab eine holländische Studie, dass gestresste Fachkräfte, die morgens einen hohen Kortisolspiegel hatten, unfeinfühlig mit den Kindern umgingen. Als Stressoren wurden von den Fachkräften mehr Arbeitsstunden, hoher körperlicher Einsatz und mehr Kinder unter zwei Jahren in ihrer Gruppe genannt. Die jüngeren Fachkräfte empfanden dabei mehr Stress als die älteren (vgl. De Schipper u. a. 2009).

Feinfühligkeit der Bezugsperson ist die Basis für einen verlässlichen und emotional positiven Kontakt, der wiederum die Voraussetzung für die Bildung einer sicheren Fachkraft-Kind-Bindung darstellt. Feinfühligkeit kann sich allerdings nur dann entwickeln, wenn dafür auch die notwendige Zeit und innere Ruhe zur Verfügung stehen. Besonders in der Eingewöhnung kann sich die pädagogische Fachkraft nur dann auf das neue, einzugewöhnende Kind einlassen, wenn sie vorübergehend in ihrer Arbeit entlastet wird und dadurch innerlich frei werden kann. Um angemessen und prompt auf die Signale des Kindes wie zum Beispiel Rufen oder Weinen reagieren zu können, sollte die eingewöhnende Fachkraft mindestens eine weitere Kollegin als Unterstützung haben, die sich in dieser Zeit um die anderen Kinder kümmert. Auch wenn die Eingewöhnung primär von der eingewöhnenden Fachkraft vorgenommen wird, ist die Eingewöhnung so eine verantwortungsvolle Aufgabe des gesamten Teams.

Generell sind eine gute Arbeitsatmosphäre und Teamkultur in der Kita, die eine ruhige und entspannte Stimmung unter den Kolleginnen und Kollegen ermöglichen, Voraussetzung für einen feinfühligen Umgang mit den Kindern. Um möglichst viel Zeit für ein einzugewöhnendes Kind aufbringen zu können, sollten nicht zwei oder drei Kinder gleichzeitig eingewöhnt werden. Hat eine Fachkraft gleichzeitig mehrere Kinder einzugewöhnen und auch noch die Verantwortung für die Gruppe, könnte es passieren, dass nicht schnell, angemessen und feinfühlig auf die Bedürfnisse des einzugewöhnenden Kindes reagiert werden kann. Genau das ist aber für einen guten Kita-Start enorm wichtig. Team und Leitung tragen also eine entscheidende Mitverantwortung für das Gelingen der Eingewöhnung (vgl. Bethke, Braukhane & Knobeloch 2009, S. 47f.).

2.4 Möglichkeiten zum Aufbau einer gelingenden Fachkraft-Kind-Bindung

Das Tempo und Maß des Beziehungsaufbaus zu einer Fachkraft bestimmt immer das Kind selbst. Es sollte daher nicht zu irgendetwas gedrängt oder »bespielt« werden. Wichtig ist, dass die Fachkraft präsent ist und auf das kindliche Verhalten reagiert.

Erkundigen Sie sich im Aufnahmegespräch nach dem Lieblingsspielzeug des Kindes. Dann können Sie ihm von Anfang an Spielangebote mit diesem Material unterbreiten.

Von Bedeutung ist ebenso, die Reaktion des Kindes abzuwarten. Neben sprachlichen zeigt das Kind auch nonverbale Signale, die verdeutlichen, ob es etwas als angenehm oder unangenehm empfindet.

Wendet das Kind seinen Kopf ab oder versteift ihn beim Hochheben und auf den Armnehmen ist das ein Stoppsignal, das zeigt, dass ihm dies unangenehm ist.

Die Art und Weise, das heißt, wie schnell und angemessen die Fachkraft auf die Signale des Kindes reagiert, beeinflusst, was für eine Beziehung das Kind zu ihr aufbaut.

Notieren Sie Beispiele für nonverbale Signale. Das unterstützt Sie dabei, die Signale der Kinder in der Praxis leichter zu erkennen.

Literaturtipps

Lesevorschläge zum besseren Erkennen und Reagieren auf die nonverbalen Signale des Kindes:

Derksen, B. & Lohmann, S. (2013): Babylesen. Die Signale des Säuglings sehen und verstehen (2. aktualisierte Auflage). Stuttgart: Hippokrates.

Doherty-Sneddon, G. (2005): Was will das Kind mir sagen. Die Körpersprache des Kindes verstehen lernen. Bern: Huber.

Figura, U. (2011): Bedürfnisse von Kleinkindern unter drei Jahren erkennen und deuten. Entwicklung und Erprobung eines Instruments für die pädagogische Praxis. Aachen: Shaker.

Übungsfilm für pädagogische Fachkräfte:

Ziegenhain, U., Gebauer, S., Ziesel, B., Künster, A. K. & Fegert, J. M. (2010): Lernprogramm Baby-Lesen. Übungsfilme für Hebammen, Kinderärzte, Kinderkrankenschwestern und Sozialberufe. Stuttgart: Hippokrates.

Wie bei der Mutter-Kind-Bindung ist es bedeutsam, dass die pädagogische Fachkraft für das Kind emotional verfügbar ist. Das Kind muss sich darauf verlassen können, dass es bei ihr, wenn es Trost oder Unterstützung braucht, jederzeit Hilfe erfahren kann. Ebenso ist es wichtig, dass die Fachkraft sich den Kindern gegenüber in ihrem Verhalten und in ihren Reaktionen vorhersagbar verhält. Ungünstig ist es, wenn sie sich zum Beispiel einmal feinfühlig, ein anderes Mal aber abweisend zeigt.

Sensitive Responsivität

In Erweiterung des Feinfühligkeitskonzepts von Ainsworth, das sich auf die mütterliche Feinfühligkeit bezieht (siehe Kapitel 1.5), hat Remsperger eine Definition von **Feinfühligkeit** in der **Interaktion von Fachkräften und Kindern** entworfen. Dazu wurden Kriterien zur Feinfühligkeit aus weiteren Untersuchungen in Ergänzung zu Ainsworths Ausführungen herangezogen und auf dieser Basis sensitiv-responsives Verhalten im Kita-Bereich definiert (vgl. Remsperger 2011, S. 111ff.).

Sensitive Responsivität umfasst zwei Elemente:
1. die Signale des Kindes bemerken
2. sich auf die Signale des Kindes hin angemessen verhalten

Um angemessen auf die Signale des Kindes zu reagieren, sollte die pädagogische Fachkraft die kindlichen Signale wahrnehmen und verstehen sowie dann prompt und angemessen darauf reagieren (ebd., S. 125ff.). Als Grundvoraussetzung für das **Bemerken von kindlichen Signalen** und auch allgemein von Feinfühligkeit nennt Remsperger die Faktoren **Zugänglichkeit** und **Aufmerksamkeit.**

Die Merkmale von **Zugänglichkeit** sind Interesse, Zeit, Ruhe, Muße haben und ausstrahlen. Die pädagogische Fachkraft verhält sich offen und abwartend, das heißt, sie drängt sich nicht auf, überlässt den Kindern die Initiative und lässt sie auf sich zukommen. Außerdem gibt sie ihnen Raum zum Erzählen. **Aufmerksamkeit** zeichnet sich dadurch aus, dass die pädagogische Fachkraft die Aussagen, das Verhalten, die Interessen, Bedürfnisse und Motivationen des Kindes bewusst verfolgt. Ein weiteres Merkmal von Aufmerksamkeit ist ruhiges Zuhören, ohne das Kind zu unterbrechen (ebd., S. 137).

Zugänglichkeit und Aufmerksamkeit kommen auch über die vier Ausdruckskanäle Sprache, Stimme, Gesicht und Körper zum Ausdruck (vgl. ebd., S. 127, 137, 165f.):

Tab. 8: Zugänglichkeit und Aufmerksamkeit in den vier Ausdruckskanälen

	Zugänglichkeit	Aufmerksamkeit
Sprache	prompte Reaktionen, »Ich habe Zeit für dich«, eigene verbale Zurückhaltung	prompte Reaktionen, Spiegeln, Nachfragen
Stimme	ruhig, freundlich	Stimmungen und Äußerungen im Tonfall aufgreifen (lauter, leiser, euphorischer reagieren)
Gesicht / Mimik	Blickkontakt, auf den Kindern ruhender, offener, interessierter Blick	Blickkontakt herstellen und halten, offener und interessierter Blick, Stimmungen und Äußerungen mit Blicken / Mimik aufgreifen
Körper	entspannte und offene Körperhaltung, auf Augenhöhe gehen	auf Augenhöhe, Stimmungen und Äußerungen mit der Körpersprache aufgreifen (sich aufrichten bei steigender Aufregung des Kindes)

Quelle: Remsperger 2011, S. 137

Feinfühligkeit bzw. sensitiv-responsives Verhalten wird also nicht nur sprachlich, sondern auch nonverbal und körperlich zum Ausdruck gebracht. Auch wenn kleine Kinder noch nicht jedes Wort genau verstehen, spüren sie, ob sie verstanden werden oder nicht. Es ist für sie wesentlich leichter, die Stimmlage sowie Mimik und Gestik zu interpretieren als das gesprochene Wort.

> Zeigen Sie dem Kind auch körperlich, dass Sie »dabei sind«, indem Sie sich ihm zuwenden und zum Beispiel in die Hocke auf Augenhöhe des Kindes begeben, es in den Arm nehmen, ihm konzentriert zuhören oder einfach nur den Blickkontakt halten und es anlächeln.

Als Merkmale des zweiten Elements sensitiver Responsivität – der **Angemessenheit** der Reaktionen des erwachsenen Interaktionspartners – nennt Remsperger (2011) neben der Promptheit der Reaktion und der Richtigkeit der Interpretation eine **generelle Haltung**, das Involvement (Beteiligtsein, Sich-Einlassen), das emotionale Klima und Stimulation.

Für angemessenes Verhalten auf die kindlichen Signale ist eine generelle Haltung notwendig, die sich durch Akzeptanz und Wertschätzung, Interesse und Respekt vor der Autonomie des Kindes auszeichnet (vgl. ebd., S. 128, 138).

Einem Kind mit **Akzeptanz und Wertschätzung** zu begegnen bedeutet, seine Persönlichkeit mit seinen Emotionen, Gedanken, Sichtweisen, Absichten, Äußerungen und Handlungen zu akzeptieren sowie ihm Respekt und Wertschätzung entgegenzubringen.

In den vier Ausdruckskanälen kommen Akzeptanz und Wertschätzung wie folgt zum Ausdruck:

Tab. 9: Akzeptanz und Wertschätzung in den vier Ausdruckskanälen

	Akzeptanz und Wertschätzung
Sprache	annehmende Antworten, keine verbalen Abwertungen: »Was redest/machst du denn da?«, keine Ironie, keine Geringschätzung und Zurückweisung, kein Sarkasmus, kein Sprechen mit anderen über das Kind, als ob es nicht da wäre
Stimme	wertschätzender Tonfall
Gesicht/Mimik	Blickkontakt, interessierte, begeisterte, erstaunte (angepasste) Mimik, keine abfälligen Gesichtsausdrücke, kein »Herumgucken«
Körper	zugewandte Körperhaltung

Quelle: Remsperger 2011, S. 138

Interesse an den Bedürfnissen, Äußerungen, Aktivitäten sowie am allgemeinen Verhaltens- und Gemütszustand des Kindes zu zeigen, gehört ebenso zu einer generellen Haltung als Grundlage für angemessenes Antworten auf kindliche Signale. Eine Fachkraft, die Interesse am Kind hat, sollte sich außerdem in seine Gefühle und Bedürfnisse einfühlen und an seine Interessen, Verhaltensweisen, Stimmungen sowie emotionalen und explorativen Zustände anpassen können (vgl. ebd).

Respekt vor der Autonomie des Kindes zu haben, bedeutet für die Fachkraft, die kindliche Eigenständigkeit zu achten und ihm die Möglichkeit zu geben, die Welt zu erkunden sowie eigene Erfahrungen zu sammeln. Sie ermutigt das Kind, Verantwortung für eigene Handlungen und Entscheidungen zu übernehmen sowie Konflikte und Regeln zu verhandeln. Des Weiteren akzeptiert und unterstützt die Fachkraft die Stärken und Bewältigungsformen, die aus dem Kind selbst entstehen, und lässt es zu, dass es eigene Fehler macht (vgl. ebd., S. 129, 138).

Interesse und Respekt vor der Autonomie lassen sich auch an den vier Ausdruckskanälen ablesen:

Tab. 10: Interesse und Respekt vor der Autonomie in den vier Ausdruckskanälen

	Interesse	Respekt vor der Autonomie
Sprache	prompte Reaktionen, Nachfragen, Spiegeln	keine Unterbrechungen, Reduktion von Kommentaren und Verbesserungen, eher verbale Zurückhaltung, stattdessen Imitieren, Loben, kindliches Handeln beschreiben
Stimme	interessiert, wach, angepasst	freundlich, ermutigend
Gesicht / Mimik	Blickkontakt, auf den Kindern ruhender, interessierter Blick (offene Augen), angepasste Mimik (sich öffnender Mund etc.)	keine Einmischung und kein Eingreifen durch Blicke und Gesten, interessierter, beobachtender und ermutigender Blick
Körper	Augenhöhe, interessierte, zugewandte Körperhaltung: nach vorn gebeugt, offen, locker, sich an die Stimmungen anpassend (umarmen, jubeln)	interessierte, offene und entspannte Körperhaltung

Quelle: Remsperger 2011, S. 138f.

Neben der generellen Haltung beschreibt Remsperger (2011) außerdem das **Involvement** der Fachkraft, das heißt »die innere starke Beteiligung und das Sich-Einlassen der Bezugsperson während der Interaktion mit Kindern« als Grundlage für angemessenes Verhalten auf kindliche Signale (ebd., S. 120). Dieses innere Beteiligtsein und Sich-Einlassen zeichnet sich aus durch ein starkes Interesse am Kind, an seinen Aktivitäten und Äußerungen. Außerdem ist die Fachkraft in der Lage, eigene Freude und Begeisterung über Aktivitäten und Fortschritte des Kindes zum Ausdruck zu bringen, und zeigt ein hohes Engagement, die Interaktion mit dem Kind aufrechtzuerhalten (vgl. ebd., S. 139).

Im Ausdruck über Sprache, Stimme, Gesicht und Körper zeigt sich Involvement folgendermaßen:

Tab. 11: Involvement in den vier Ausdruckskanälen

	Involvement
Sprache	prompte Reaktionen, Nachfragen, Spiegeln, Loben, aktives Zugehen auf das Kind, mit eigenen Beiträgen Ausdrucksstärke und Ideenreichtum zu neuen Gedanken anregen, lang anhaltende Gespräche führen
Stimme	wertschätzend, begeistert, enthusiastisch
Gesicht/Mimik	interessierter, engagierter, offener, an die Stimmungen und Äußerungen des Kindes angepasster Blick
Körper	interessierte, engagierte, offene, zugewandte und an die Stimmungen und Äußerungen des Kindes angepasste Körperhaltung (aufrichten, freuen, kein statisches Verharren)

Quelle: Remsperger 2011, S. 139

Außerdem kann ein angemessenes Verhalten Erwachsener auf die kindlichen Signale nur im Rahmen eines guten emotionalen Klimas geschehen. Es zeigt sich zum Beispiel darin, dass die Fachkraft die Emotionen des Kindes empathisch aufgreift und mit ihrem eigenen Verhalten abstimmt. Sie lobt das Kind bei Anstrengungen und ermutigt es zu neuen Leistungen. Des Weiteren ist sie fähig, dem Kind Begeisterung, Freude, Interesse und Stolz mitzuteilen (vgl. ebd.). In den vier Ausdruckskanälen zeigt sich ein gutes emotionales Klima wie folgt:

Tab. 12: Emotionales Klima in den vier Ausdruckskanälen

	Emotionales Klima
Sprache	Emotionen/Bedürfnisse/Signale prompt aufgreifen und wertschätzend spiegeln, Anstrengungen loben, respektvolle Sprache, eigene Emotionen ansprechen, keine verbalen Zurückweisungen/Bloßstellungen, kein »automatisches« Loben, keine Ironie, kein Sarkasmus, kein Sprechen mit anderen Kindern über das Kind, als ob es nicht da wäre, keine Bestrafung ohne Erklärung, keine geringschätzenden, feindseligen Antworten
Stimme	emotional warm, freundlich, liebevoll, den kindlichen Emotionen/Verhaltensweisen angepasst

	Emotionales Klima
Gesicht/Mimik	Blickkontakt herstellen und halten, sehr aufmerksamer Blick, an die Emotionen, Äußerungen und Handlungen des Kindes angepasster Blick, Zeigen eigener Emotionen mit entsprechender Mimik, keine abfälligen Gesichtsausdrücke, kein »Herumgucken«
Körper	Augenhöhe, deutlich zugewandte und interessierte Körperhaltung, Zulassen von Körperkontakten, keine angespannte (steife, verkrampfte) oder teilnahmslose (abgewandt sitzen, starre) Körperhaltung

Quelle: Remsperger 2011, S. 139f.

Unter **Stimulation** versteht Remsperger in Anlehnung an Pascal und Bertram (2003) »die Art und Weise, wie Erwachsene Lernprozesse und -inhalte beeinflussen, d. h. wie sie Aktivitäten einführen, darbieten, Informationen geben, und auch wie sie sich bei laufenden Aktivitäten einbringen, um bei Kindern neue Aktivitäten, Denkprozesse sowie deren Kommunikation anzuregen« (Remsperger 2011, S. 134). Ein erzieherisches Verhalten ist dann stimulierend, »wenn es pädagogische Aktivitäten (...) lustvoll und motivierend präsentiert, entwicklungsangemessen und kulturell sensibel ist, sich den kindlichen Interessen anpasst und diese aufgreift, Kinder zur Benutzung ihrer Sinne ermutigt, Angebote auf das Spiel des Kindes bezieht sowie flexible Tagesroutinen und längere Spielphasen ermöglicht« (ebd.). In den vier Ausdruckskanälen kommt Stimulation folgendermaßen zum Ausdruck:

Tab. 13: Stimulation in den vier Ausdruckskanälen

	Stimulation
Sprache	angeregte und anregende Gespräche, verständliche Erklärungen, Nachfragen, angemessene Abstimmungen, bestätigende, lobende, ermutigende, unterstützende, ausdrucksstarke und anregende Beiträge, keine mangelnden Reaktionen, keine zu starken/schwachen Spiegelungen, nicht zu viele/wenige eigene Beiträge, kein zu starkes Antreiben, keine frühzeitigen Unterbrechungen, keine Unterdrückung kindlichen Sprechens und Denkens
Stimme	freundlich, ermutigend, wertschätzend
Gesicht/Mimik	Blickkontakt, wacher, hoch interessierter Blick, an die Äußerungen und Handlungen des Kindes angepasster Blick, Zeigen eigener Motivation und Begeisterung mit entsprechender Mimik
Körper	Augenhöhe, deutlich zugewandte, hoch interessierte und an die Stimmungen und Äußerungen des Kindes angepasste Körperhaltung (aufrichten, freuen, kein statisches Verharren)

Quelle: Remsperger 2011, S. 140

Zusammenfassend werden die einzelnen Merkmale der beiden Elemente Sensitiver Responsivität noch einmal tabellarisch dargestellt:

Tab. 14: Elemente und Merkmale Sensitiver Responsivität

1. Signale bemerken	Zugänglichkeit und Aufmerksamkeit
2. Sich auf die Signale hin angemessen verhalten	• Promptheit der Reaktionen, Richtigkeit der Interpretation • Generelle Haltung (Akzeptanz / Wertschätzung, Interesse, Respekt vor der Autonomie) • Involvement • Emotionales Klima • Stimulation
Ausdruckskanäle	**Sprache, Stimme, Gesicht / Mimik, Körper**

Quelle: Remsperger 2011, S. 136

Remsperger (2011, S. 135f.) macht in diesem Zusammenhang deutlich, dass die einzelnen Merkmale nicht immer trennscharf sind und sich teilweise auch überlappen. Außerdem bringen die verschiedenen Ausdruckskanäle die unterschiedlichen Merkmale eines feinfühligen Verhaltens höchstens parallel und kongruent zum Ausdruck. Dennoch spielen sie eine entscheidende Rolle, um Sensitive Responsivität in der Fachkraft-Kind-Interaktion zu beobachten.

Folgende **Reflexionsfragen zur Sensitiven Responsivität** sollen dabei helfen, sensitiv-responsives Verhalten von pädagogischen Fachkräften in der Interaktion mit Kindern zu fördern:

Tab. 15: Reflexionsfragen zur Sensitiven Responsivität

Fragen der Kinder	Weiterführende Reflexionsfragen
Kennst du mich und meine Interessen?	• Weiß ich, wofür du dich gerade interessierst und beobachte ich dich ausreichend? • Greife ich deine aktuellen Interessen und Themen auf und spreche ich mit dir darüber? • Überlege ich gemeinsam mit dir, wie und was du lernst? • Dokumentiere ich deine Lernwege gemeinsam mit dir?
Hörst du mir zu und reagierst du auf mich?	• Bin ich zugänglich und wirklich interessiert an dem, was du erzählst, zeigst oder tust? • Habe ich Zeit und Ruhe, dir aufmerksam zuzuhören? • Gebe ich dir ausreichend Raum zum Erzählen? • Spreche ich langsam, deutlich und in angemessenem Ton? • Wie stimme ich mich nonverbal mit dir ab? • Suche und halte ich den Blickkontakt mit dir? • Nehme ich deine verbalen und nonverbalen Signale wahr und verstehe ich sie? • Reagiere ich auf deine Signale und lasse ich mich wirklich auf dich ein? • Frage ich nach und versuche ich, deine Interessen und Bedürfnisse zu verstehen? • Bringe ich mich aktiv in die Interaktion ein? • Fällt mir selbst etwas zu deinen Schilderungen ein und berichte ich davon?
Kann ich dir vertrauen?	• Wie ist meine Beziehung zu dir? • Begegne ich dir mit Offenheit, Wertschätzung, Respekt, Akzeptanz und auf gleicher Augenhöhe? • Wie frage ich dich, wie antworte ich dir? Ist meine Wortwahl wertschätzend? • Wie gehe ich mit deinen »Fehlern« um? Wie berichtige oder lobe ich dich? • Äußerst du dich mir gegenüber ohne Ängste und lässt du mich an deinen Gefühlen teilhaben? • Greife ich deine Gefühle prompt auf? • Befinde ich mich mit dir auf Augenhöhe und lasse ich den Körperkontakt mit dir zu? • Zeige ich Gefühlsregungen und bringe Freude, Begeisterung und Traurigkeit zum Ausdruck?

Fragen der Kinder	Weiterführende Reflexionsfragen
Ermunterst du mich, über Neues nachzudenken und Unbekanntes auszuprobieren?	• Lasse ich mich von deiner Begeisterung anstecken und nehme ich gleichzeitig deine Lernchancen wahr? • Bestärke ich dich in dem, was du tust und sagst? • Greife ich deine Ideen auf und rege ich dich zu neuen Gedanken und Handlungen an? • Wie drücke ich mich im Gespräch verbal aus? • Welche neuen Kommunikationsanlässe schaffe ich für dich? • Lasse ich dir nötige Freiräume, damit du dich selbsttätig und eigenständig erproben kannst?
Unterstützt du mich dabei, ein Teil der Gruppe zu sein?	• Unterstütze ich dich bei der Integration in die Gruppe? • Bestärke ich dich in diesem Integrationsprozess und stärke ich damit dein Selbstbewusstein? • Inwiefern greife ich deine Interessen auf, um sie mit denen anderer Kinder zu verknüpfen und gemeinsame Lernprozesse zu ermöglichen?

Quelle: Remsperger 2011, S. 300ff.

Reflexion

- Schauen Sie sich die Grundvoraussetzungen für ein feinfühliges Antwortverhalten noch einmal an. Diskutieren Sie in Ihrem Team, welche Voraussetzungen gegeben sein müssen, damit diese Aspekte räumlich wie auch in den täglichen Arbeitsabläufen erfüllt werden können.
- Was wäre ein erster, kleiner Veränderungsschritt, um Sensitive Responsivität im Kita-Alltag zu fördern?

Neben der Bereitschaft und Fähigkeit des Erwachsenen, die kindlichen Signale zu bemerken und sich angemessen darauf zu verhalten, ist auch die Fähigkeit des Kindes zum Signalgeben, die durchaus unterschiedlich ausgeprägt sein kann, in die Betrachtung mit einzubeziehen (vgl. Papoušek & Papoušek 1999; Remsperger 2011; Simó u.a. 2000; Stephan 1999).

Im Verhalten des Kindes wird auf jeden Fall deutlich, ob es Vertrauen zur Fachkraft hat und sie als sichere Basis empfindet oder nicht. Fühlt es sich bei ihr sicher, dann erkundet es von ihr aus die Umgebung und kehrt zu ihr zurück, wenn es Trost und emotionale Unterstützung sucht, und lässt sich von ihr trösten. Empfindet das Kind die Fachkraft noch nicht als sichere Basis, wird es bei Leid und Schmerz sein Spiel- und Erkundungsverhalten verringern oder ganz aufgeben. Das zeigt sich zum Beispiel darin, dass das

Kind kein Spielangebot mehr annimmt, sich zurückzieht oder stereotype Spielhandlungen ausführt. Es findet dann an nichts Interesse, aber auch keinen Trost und keine Beruhigung bei der Fachkraft (vgl. ebd., S. 30ff.).

Betrachten Sie es nicht als Anstrengung, sondern als große Anerkennung, wenn Kinder gezielt Körperkontakt suchen und Angebote von Ihnen einfordern. Dies zeigt, dass sie Sie als sichere Basis akzeptiert haben und Sie zum Erhalt bzw. Wiederfinden ihrer inneren Balance benötigen.

Schlüsselsituationen

Entscheidend beim Beziehungsaufbau ist, wie das Kind bestimmte Schlüsselsituationen erlebt. Dabei handelt es sich um Situationen, in denen das Kind sich mit einer bestimmten Erwartungshaltung an die Fachkraft wendet. Je nachdem, wie die Handlung beantwortet wird, gestaltet sich die Beziehung zum Kind in einer bestimmten Art und Weise weiter (vgl. Bethke, Braukhane & Knobeloch 2009, S. 31).

Läuft das Kind freudestrahlend durch den Raum auf die Fachkraft zu, dann will es ihr mitteilen: »Ich freue mich, dich zu sehen! Freue dich auch, mich zu sehen! Gib mir Sicherheit und zeige mir, dass du mich auch magst und mich willkommen heißt.« Von dem Antwortverhalten der Fachkraft auf solche ***Begrüßungshandlungen*** *hängt ab, wie das Kind zukünftig Signale an die Fachkraft richten wird. Begibt sich die Fachkraft – auch körperlich – auf die Augenhöhe des Kindes, indem sie sich zum Beispiel zu ihm hinhockt, es in den Arm nimmt und ihm durch Blickkontakt und Anlächeln auch nonverbal zu verstehen gibt, dass es geliebt und verstanden wird, werden das Vertrauen und die Beziehung zur Fachkraft verstärkt werden.*

Bleiben hingegen die Signale des Kindes unbeantwortet, indem sich die Fachkraft zum Beispiel regungslos oder gar abweisend verhält und auch in Mimik und Gestik keinerlei oder gar negative Emotionen zeigt, wird dem Kind vermittelt: »Du störst mich! Du bist mir nicht wichtig genug, um mich dir zuzuwenden.« Erfährt das Kind mehrere Male ein solches Antwortverhalten, wird es irgendwann seine Signale nicht mehr an die Fachkraft richten, da es merkt, dass dies offensichtlich nicht erwünscht ist.

Das **gemeinsame Wickeln** ist eine weitere besondere Schlüsselsituation. Diese sehr intime Situation ist eine gute Möglichkeit, in einen engen Austausch zu treten. Wenn es der Fachkraft gelingt, dialogisch und feinfühlig mit dem Kind in Kontakt zu kommen, ist dies eine entscheidende Grundlage für die weitere Beziehungsgestaltung. Pflegesituationen sind daher hervorragende Möglichkeiten, mit dem Kind in einen Dialog zu treten und die Beziehung weiter auszubauen.

Bereits **Emmi Pikler** (1902–1984), eine ungarische Kinderärztin, hat die Bedeutung einer beziehungsorientierten Pflege als hervorragende Möglichkeit, dem Säugling und Kleinkind Vertrauen und Geborgenheit zu vermitteln, hervorgehoben. Das Zutrauen in seine Fähigkeiten und die interessierte Anteilnahme in den Pflegesituationen stellen nach Auffassung von Pikler eine wesentliche Grundlage für die soziale Kompetenz des Kindes dar. Auf diese Weise entsteht emotionale Sicherheit, die wiederum die Basis für Eigeninitiative und selbstständige Aktivität ist. Im Vordergrund der Arbeit von Emmi Pikler stehen die Autonomieentwicklung und Beziehungsqualität. Als Aufgaben für die erwachsene Bezugsperson des Kindes nennt sie: Raum-Geben, Vertrauen-Schaffen, Bereitschaft-Zeigen, Beobachten und Führen. Wenn ein Kleinkind nach diesen Prinzipien aufwachsen kann, fördert dies nach Pikler Autonomie und Selbstverantwortung, Beziehungs- und Teamfähigkeit sowie ein positives Körper- und Gesundheitsbewusstsein (vgl. Falk 2013, S. 35ff.; Tardos 2013, S. 82ff.; Vincze 2013, S. 44ff.).

> Der Wickeltisch sollte möglichst einladend und gemütlich gestaltet sein. Warmes, gedämpftes Licht und zum Beispiel ein Mobile helfen dem Kind, sich wohlzufühlen.

Beziehungsdreieck: Fachkraft – Kind – Eltern

Kommt ein Kind erstmals in die Kita, entsteht aus der Mutter-Kind-Dyade ein Beziehungsdreieck. Das bedeutet, dass das Kind im Beisein und durch den Rückhalt der begleitenden Bezugsperson eine neue Beziehung zur Fachkraft entwickelt. Damit das Kind spürt, dass es in Ordnung ist, eine weitere Beziehung aufzubauen, ist eine **offene und gelungene Kommunikation zwischen Fachkraft und eingewöhnender Bezugsperson** sehr wichtig. Spürt das Kind, dass etwas zwischen der Fachkraft und der Mutter nicht stimmt, reagiert es verunsichert und weiß nicht, ob es die neue Bezugsperson annehmen darf oder nicht. Die Kommunikation zwischen der Fachkraft und den Eltern sollte daher von Respekt, Vertrauen und gegenseitiger Wertschätzung geprägt sein. Dazu ist eine **positive Grundhaltung** unabdingbar. Beide Seiten müssen im Sinne einer **Erziehungs- und Bildungspartnerschaft** gut zusammenarbeiten. Das bestätigt auch eine Studie von Chung (2001), die aufzeigt, dass sich die Beziehung der Fachkraft zu den Eltern stärker auf das Verhältnis zum Kind auswirkt als die Qualifikation oder die Berufserfahrung der Fachkraft (vgl. Textor 2007).

Kercher und Höhn (2009) sprechen auch von einem **Beziehungs-Viereck,** da das einzugewöhnende Kind auch Beziehungen zu den anderen Kindern in der Gruppe aufbaut.

Sehr wichtig ist auch, dass die Eltern **Akzeptanz** bzw. eine **positive Einstellung zur Betreuung unterdreijähriger Kinder in der Kita** besitzen, denn mütterliche bzw. väterliche Ängste oder eine innere Ablehnung können sich auf das Kind übertragen (vgl. Bethke, Braukhane & Knobeloch 2009, S. 34f.).

Frau Müller äußert gegenüber der pädagogischen Fachkraft die Angst, dass sich ihr Sohn Luis nicht von ihr lösen könne. Im ersten Moment sieht es auch so aus, als ob Luis Probleme hat, sich von seiner Mutter zu lösen. Beim genauen Hinschauen ist es aber Frau Müller, die ihren Sohn festhält und sich nicht von ihm trennen kann. Sie klammert sich immer wieder an ihn und versichert ihm, dass sie auch wirklich wiederkommt. Bei der vierten Rückversicherung wird Luis langsam unsicher und fängt an zu weinen.

Eine häufig unbewusste, aber sehr wichtige Rolle spielen in mancher Hinsicht die eigenen Kindheitserfahrungen und die Familientraditionen der Eltern.

Reflexionsfragen für Eltern

- Warum möchte ich mein Kind in der Kita anmelden?
- Kann die Kita meinem Kind etwas geben, was ich nicht kann?
- Kann ich es aushalten, dass mein Kind eine enge Beziehung zu einer anderen Bezugsperson aufbaut?
- Wie sind meine Erfahrungen aus meiner eigenen Kita-Zeit?
- Was, glaube ich, erwartet mein familiäres Umfeld von mir?
  (Bethke, Braukhane & Knobeloch 2009, S. 34)

Manche Eltern haben zum Beispiel Angst, den Bezug zum eigenen Kind zu verlieren, wenn es eine Kita besucht. Oder sie befürchten, die Fachkraft könnte die Mutter oder den Vater ersetzen (siehe hierzu auch Kapitel 4.2.1). Wird ein (unbewusster) Widerstand der eingewöhnenden Bezugsperson von der Fachkraft festgestellt, sollte ein offenes und einfühlsames Gespräch geführt werden. Ein ehrlicher Austausch ist unabdingbar, um eine Basis für die künftige Zusammenarbeit herzustellen.

Manchmal kommen die unbewussten Einstellungen und Ängste erst im Gespräch ans Licht und können dann besprochen und bearbeitet werden. So könnte den Eltern zum Beispiel in einem Gespräch erklärt werden, dass der Eintritt in die Kita nicht die bestehenden Beziehungen ersetzt, sondern vielmehr das Beziehungsgefüge des Kindes erweitert. Die Eltern als primäre Bezugspersonen übernehmen die erste lebensnotwendige Versorgung des Kindes. Ihre Beziehung ist deutlich von Gefühlen geprägt und besteht lebenslang. Die pädagogische Fachkraft als sekundäre Bezugsperson ist ebenso eine wichtige, aber zeitlich begrenzte Bezugsperson und steht zu dem Kind vor allem in einem professionellen Bezug (vgl. Ahnert 2010, S. 219; Winner & Erndt-Doll 2009, S. 29ff.; Grossmann & Grossmann 2012, S. 259; Hörmann 2014, S. 6). Verschiedene Studien aus den USA haben außerdem deutlich gemacht, dass Kinder, wenn sie die Wahl haben, mehrheitlich die Eltern vor den Fachkräften bevorzugen (vgl. Cummings 1980; Farran & Ramey 1977; Kagan u. a. 1980; Ragozin 1980). Auch daraus wird deutlich, dass die Eltern die Hauptbindungspersonen bleiben.

Bereits das **Aufnahmegespräch** (siehe Kapitel 4.6.2) kann dazu genutzt werden, um mögliche Ängste zu thematisieren, und auch ein **Info-Elternabend** für neue Eltern unter Anwesenheit einiger Eltern, die bereits ihr Kind erfolgreich in die Kita eingewöhnt haben und ihre eigenen Erfahrungen weitergeben können, kann hilfreich sein, das Vertrauen der neuen Eltern zu gewinnen (siehe hierzu auch Kapitel 4.6).

Aber auch die pädagogische Fachkraft sollte ehrlich ihre Einstellung zur Aufnahme und Betreuung von unter Dreijährigen überprüfen:

Reflexion

- Verstehe ich mich und die Gruppe als Bereicherung für das Kind?
- Würde ich, wenn ich die Wahl hätte, mein Kind unter Drei auch in eine Kita geben?
- Bin ich eigentlich eher der Meinung, dass Kinder unter drei Jahren zu Hause von der Mutter / Familie betreut werden sollten?
- Gefällt mir die Situation, in der kleine Kinder in unserer Kita betreut werden? (Bethke, Braukhane & Knobeloch 2009, S. 33f.)

Ergänzend sollten sich pädagogische Fachkräfte auch fragen, ob sie die elterliche Begleitung in der Eingewöhnung als Störung des Ablaufs oder als wichtige Voraussetzung für einen gelungenen Start sehen. Eine innerliche Abneigung gegen Krippenbetreuung oder das eingewöhnende Elternteil ist eine schlechte Voraussetzung für einen guten Kita-Start. Nur wenn eine Akzeptanz von beidem besteht, kann es gelingen, dem Kind offen und vorurteilsfrei zu begegnen.

Beide Partner, pädagogische Fachkräfte wie auch die Eltern, sollten eine positive Grundhaltung zur Betreuung in der Kita haben, damit sich das Kind auch wirklich gut eingewöhnen und eine tragfähige Beziehung zur Fachkraft aufbauen kann (vgl. Bethke, Braukhane & Knobeloch 2009, S. 35).

2.5 Auswirkungen von Fachkraft-Kind-Bindungen auf die kindliche Entwicklung

Diverse Untersuchungen in Waisenheimen und Krankenhäusern nach dem Zweiten Weltkrieg haben herausgestellt, dass ein Mangel an sensitiver Betreuung in der frühen Kindheit häufig zu einer gestörten sozial-emotionalen Entwicklung führt. Robertson und Robertson (1975) beschrieben, wie Bindungssignale und Annäherungsversuche von Heimkindern unbemerkt blieben, in apathische Zustände mündeten sowie gefühllose und psychopathische Persönlichkeiten noch über die Kindheit hinaus hervorriefen.

Ein häufiger Wechsel von Betreuungspersonen wie auch völlig inakzeptable Fachkraft-Kind-Bindungen wurden ebenfalls für geistige, sprachliche und motorische Entwicklungsdefizite verantwortlich gemacht. Bei einem Mangel an kontinuierlicher Betreuung bzw. aversiven Fachkraft-Kind-Beziehungen kann sogar die körperliche Entwicklung deutlich beeinträchtigt werden (vgl. Ahnert 2007, S. 40).

Verfügt das Kind hingegen über eine sichere Bindung zu seiner pädagogischen Fachkraft, dann ist auch die Qualität seines Spiels in der Einrichtung höher (vgl. Grossmann & Grossmann 2012, S. 260). In einzelnen Studien konnten auch Zusammenhänge zwischen sicheren Fachkraft-Kind-Bindungen und der späteren Schulbewährung hergestellt werden. Kinder mit sicheren Bindungserfahrungen vor der Einschulung wurden »mit hoher Lernmotivation und in froher Erwartung auf die neuen Beziehungen zu den Lehrern beschrieben sowie als empathischer und kooperativer, aber auch unabhängiger und zielorientierter ausgewiesen« (Ahnert 2007, S. 40).

Da pädagogische Fachkräfte ihr Erziehungsverhalten einerseits empathisch auf die gesamte Kindergruppe, andererseits jedoch auch im richtigen Moment auf das einzelne Kind beziehen sollen, ergibt sich die Forderung, diese Prozesse noch viel besser zu untersuchen, um sie in der täglichen Arbeit umsetzen zu können. Dabei ist auch die Dynamik der Kindergruppe kaum erforscht, die die Beziehungsgestaltung zu den pädagogischen Fachkräften beeinflusst. Ein weiterer Fokus sollte nach Ahnert (2008, S. 276) auf unsichere Bindungsmuster von Kindern zu ihrer betreuenden Fachkraft und ihrer Abgrenzung zu Beziehungen ohne Bindungsfunktion gelegt werden.

3.
Der Zusammenhang von Bindung und Bildung

In diesem Kapitel erfahren Sie

- Grundlegendes über die Auswirkung früher außerfamiliärer Betreuung auf die kindliche Entwicklung
- welche Rahmenbedinungen in Kitas gegeben sein müssen, damit Bildungsprozesse gelingen können
- welche Konsequenzen sich daraus für die pädagogische Arbeit ergeben

Es ist vielfach nachgewiesen worden, dass unzureichende Bindungserfahrungen die Bildungsprozesse von Kindern beeinträchtigen. Grossmann und Grossmann (2008) heben in ihrem Beitrag »Gut gebunden lernt sich's leichter!« hervor: »Es gibt für Kinder keine Bildung ohne persönliche Bindungen, ohne engagierte Anteilnahme. Wer Bildung will, muss sich auf Bindungen einlassen« (ebd., S. 4).

Dabei erklären sie die traditionelle Trennung von Bindung und Bildung in die beiden Kategorien »emotionale« und »kognitive Entwicklung« als unsinnig, denn »gut ausgebildete und feinfühlige Erzieherinnen haben die große Chance, mit Kindern neue Beziehungen aufzubauen, die gleichzeitig neue Lernmöglichkeiten eröffnen, vor allem im Umgang mit anderen und mit eigenen Gefühlen« (ebd.).

Kercher und Höhn (2009, S. 136) betonen ebenso, dass Bildung als »funktionierender eigenständiger Prozess des Kindes« gute soziale und dialogische Beziehungen voraussetzt. Bildung wird in diesem Zusammenhang als ganzheitliche Persönlichkeitsentwicklung verstanden, nicht als isolierte bzw. spezialisierte Förderung in einzelnen »Bildungsbereichen«. Neben kognitiv-intellektuellen Aspekten stehen also auch körperliche sowie affektiv-emotionale Aspekte im Fokus.

Auch Schäfer (2011) hebt die Bedeutung, Beziehungen zu Kindern einzugehen, als Grundlage für Bildungsprozesse und erste Aufgabe von pädagogischen Fachkräften hervor. Neben dem Bindungsaspekt stellt er jedoch auch die Bedeutung der Loslösung und das Herstellen einer individuellen Balance von Nähe und Distanz in den Vordergrund: »Beziehungen haben zwei (gegensätzliche) Aspekte: Einen Bindungsaspekt: Bildungsprozesse benötigen vertrauensvolle, sichere Bindungen zu Erzieherinnen, Eltern und anderen Erwachsenen. Einen Loslösungsaspekt: Bildungsprozesse im Sinne eines forschenden Lernens verlangen auch, Beziehungen zu lockern, loszulassen und damit ein Zutrauen in die Selbstständigkeit von Kindern. Das ist nicht einfach das automatische Ergebnis einer sicheren Bindung, sondern bedarf einer individuellen Balance von Nähe und Distanz. Beziehungen stehen auch nicht für sich, in Beziehungen geht es immer um etwas. Beziehungen eingehen, heißt daher, sich für die Kinder und ihre Anliegen interessieren. Es heißt auch, den Kindern Dinge anbieten, die man selbst für bedeutungsvoll hält« (Schäfer 2011, S. 268).

Trotz oder vielleicht auch wegen dieser Erkenntnisse wird die institutionelle Bildung, Betreuung und Erziehung von Kindern unter drei Jahren derzeit kontrovers diskutiert. Der politisch forcierte Ausbau der Kindertagesbetreuung hat nicht nur Bund, Länder und Kommunen vor große Herausforderungen gestellt, sondern polarisiert auch vielerorts die gesellschaftliche Diskussion über die Vor- und Nachteile einer frühen außerfamiliären Betreuung. »Wie viel Mutter braucht ein Kind?« oder »Kleine Störer – Fremdbetreuung macht Kinder laut einer Studie aggressiver« sind Schlagzeilen, die man der aktuellen Tagespresse entnehmen kann.

Welche Auswirkungen hat aber nun konkret eine frühe außerfamiliäre Betreuung auf die Entwicklung des Kindes und seine Bindungsbeziehung zu den Eltern?

3.1 Auswirkungen früher institutioneller Betreuung auf die Bindungsbeziehung und kindliche Entwicklung

Betrachtet man die einzelnen Studien genauer, so erhält man ein bedeutend differenzierteres Bild und entdeckt, dass Forschungsergebnisse leider allzu oft fehlinterpretiert oder gar instrumentalisiert werden. Nach den Ergebnissen internationaler Längsschnittstudien entwickeln sich Kinder, die früh institutionell betreut wurden, im Allgemeinen auch nicht anders als Kinder, die bis zum dritten Lebensjahr ausschließlich zu Hause aufwuchsen (vgl. Ahnert 2005, S. 45). Grundlegend für den tatsächlichen Einfluss der Kindertagesbetreuung auf ihre Entwicklung ist jedoch das Zusammenwirken verschiedener Faktoren: Neben dem Eintrittsalter und der Dauer des Aufenthaltes in der Einrichtung hat die Qualität der dort erfahrenen Interaktionen mit der vertrauten Fachkraft und mit den anderen Kindern einen entscheidenden Einfluss darauf, ob die Kinder sich wohlfühlen und von dem Bildungsangebot profitieren können. Auch die Anzahl der betreuten Kinder und die Häufigkeit des Wechsels an Betreuungspersonen, an die sich das Kind immer wieder anpassen muss, wirken sich auf das kindliche Wohlbefinden und damit auf die Bildungsprozesse der Kinder aus (vgl. Grossmann & Grossmann 2012, S. 260).

Eine zentrale Rolle spielen auch die jeweiligen Entwicklungs- und Lernbedingungen innerhalb der Familie wie zum Beispiel soziökonomische Aspekte und die Qualität der Eltern-Kind-Beziehung. So wurde festgestellt, dass die Familie auch dann einen entscheidenden Einfluss hat, wenn die Kinder für mehrere Stunden pro Tag eine Kindertageseinrichtung besuchen. Des Weiteren wurde herausgefunden, dass Mütter, die bei der Betreuung ihrer Kinder privat oder durch öffentliche Angebote unterstützt wurden, feinfühliger mit ihren Kindern umgehen als Mütter, die keine derartige Entlastung erfahren (vgl. Ahnert 2005). Daraus schlussfolgern Nied u. a. (2011, S. 11), dass Kinder, die außerfamiliär betreut werden, nicht nur zusätzliche Erfahrungen sammeln, sondern sich auch innerhalb der Familie die Eltern-Kind-Interaktionen positiv verändern können.

Außerdem wurde nachgewiesen, dass in besonderem Maße Kinder aus Familien in sozialen Problemlagen von den Bildungsangeboten in einer Kita profitieren. Besuchen diese Kinder eine qualitativ hochwertige Kindertagesbetreuung, so zeigen sich positive Auswirkungen auf die kognitive Entwicklung (vgl. Ahnert 2005; Nied u. a. 2011).

Die bislang umfassendste Längsschnittstudie über Auswirkungen verschiedener Aspekte nicht-mütterlicher Betreuung auf die Mutter-Kind-Bindung und die kindliche Entwicklung ist die **NICHD-Studie**. Sie kam zu folgenden Hauptergebnissen:

- Erstens wurde festgestellt, dass die Bindungsqualität zur Mutter durch familienergänzende Betreuung in der Regel nicht beeinflusst wird. Es zeigten sich dabei auch keine Unterschiede in Abhängigkeit von der Form der Betreuung (vgl. u. a. NICDH ECCRN 1997, 2001). Eine niedrige mütterliche Feinfühligkeit verbunden mit qualitativ schlechter familienergänzender Betreuung, langer Verweildauer und geringer Stabilität erhöht allerdings das Risiko einer unsicheren Bindung (vgl. NICHD ECCRN 1997, 1999). Deshalb ist es wichtig, qualitativ hochwertige Angebote vorzuhalten.
- Zweitens zeigte sich, dass ein früher Betreuungsbeginn und eine lange Betreuungsdauer mit einer negativen sozial-emotionalen Anpassung zu späteren Zeitpunkten zusammenhängen (vgl. u. a. NICHD ECCRN 2003b). An dieser Stelle wird die Studie jedoch leider häufig fehlinterpretiert, denn dies bedeutet nicht, dass die nicht-elterliche Betreuung automatisch zu Verhaltensschwierigkeiten führt, wie dies häufig behauptet wird.
- So machen die Ergebnisse nämlich ebenso deutlich – und das ist das dritte zentrale Ergebnis –, dass der Einfluss der familiären Bedingungen zu allen Zeitpunkten um circa ein Vierfaches höher ist als der Einfluss der Institution(en). Es wurde nachgewiesen, dass der Umgangsstil der Eltern und die psychische Verfassung der Mutter sowie ihre Feinfühligkeit gegenüber dem Kind einen wesentlich größeren Effekt auf das Verhalten ihres Kindes im Vorschulalter haben, als die Tatsache, dass ihr Kind in einem hohen Zeitumfang von anderen Personen betreut wird (vgl. NICHD ECCRN 2002). Für Kleinkinder, die eine unsichere Bindungsqualität zu einem oder beiden Elternteilen aufweisen, scheint eine sichere Bindung mit einer stabilen, professionellen Betreuungsperson sogar hilfreich zu sein. Außerdem zeigte eine Nachfolgeuntersuchung, die bis in die frühen Schuljahre hineinreichte, dass diese Kinder ein höheres Selbstwertgefühl und besseres Sozialverhalten aufweisen als unsicher gebundene Kinder ihres Alters, die ausschließlich elterlich betreut wurden (vgl. u. a. Egeland & Hiester 1995).
- Als viertes zentrales Ergebnis wurde festgestellt, dass Krippen mit einer guten Struktur- und Prozessqualität positive Effekte auf die kognitive und sprachliche Entwicklung haben. Sind ausreichend Betreuungspersonen vorhanden, verfügen diese über ein hohes Qualifikationsniveau und wird die Gruppengröße klein gehalten, so sind die Fachkraft-Kind-Interaktionen meist positiver und die Kinder entwickeln sich besser (vgl. NICHD ECCRN 1999, 2000a, 2000b, 2002, 2003a).

Eine unzureichende Betreuungsqualität kann dagegen unter anderem zu frühkindlichen Regulationsstörungen, anhaltender Trennungsangst, Verlustangst und sozialem Rückzug führen (vgl. Hédervári-Heller 2011).

Aus den Ergebnissen der NICHD-Studie wird deutlich, dass eine Professionalisierung des Arbeitsfeldes der Krippen, aber auch anderer Angebote der Bildung, Erziehung und Betreuung von Kindern ohne eine hohe Qualifikation des Personals und eine Verbesserung der Strukturqualität, das heißt der Rahmenbedingungen von pädagogischer Arbeit in Kindertageseinrichtungen, nicht möglich ist.

Viernickel bezeichnet den Erzieher-Kind-Schlüssel, die Gruppengröße und die Qualifikation des Personals als die drei Eckpunkte des »Eisernen Dreiecks« der Strukturqualität (Viernickel 2008, S. 199). Diese hat wiederum auch einen Einfluss auf die Prozessqualität:

»Bei einem geringeren Erzieher-Kind-Schlüssel und in kleineren Gruppen erhöht sich die Wahrscheinlichkeit, dass Fachkräfte

- situations- und kindangemessen reagieren,
- Bedürfnisse nach individueller Zuwendung und Körperkontakte besser befriedigen,
- als Spiel- und Interaktionspartner verfügbar sind und
- Impulse in verschiedenen Entwicklungs- und Bildungsbereichen setzen« (ebd., S. 199f.).

Diese Zusammenhänge zeigen sich in Gruppen mit Kindern unter drei Jahren stärker und stabiler als in älteren Kindergruppen (vgl. zusammenfassend Roßbach 2005). Ebenso wurde festgestellt, dass das Wohlbefinden, das Verhalten und die Entwicklung von Kindern in einem Zusammenhang mit der Fachkraft-Kind-Relation stehen. Je günstiger die Fachkraft-Kind-Relation, desto mehr positive und weniger negative Verhaltensweisen werden beobachtet (vgl. Viernickel & Schwarz 2009).

Die Unterschiede in Deutschland sind jedoch groß. Viernickel und Schwarz (2009) kommen in ihrer Expertise zu den wissenschaftlichen Parametern für die Fachkraft-Kind-Relation zu sogenannten »kritischen Schwellenwerten«, ab denen negative Auswirkungen auf die pädagogische Prozessqualität und das Wohlbefinden der Kinder zu erwarten sind. Bei Gruppen mit unter Dreijährigen liegt dieser Wert bei 1:3 bis 1:4, in altersgemischten Gruppen mit Null- bis Sechsjährigen liegt das empfohlene Verhältnis von pädagogischen Fachkräften zu Kindern bei höchstens 1:5.

Aus den Abbildungen 1 und 2 wird deutlich, dass die empfohlene Relation von 1:3 für die unter Dreijährigen und 1:7,5 für die Drei- bis Sechsjährigen nur in Baden-Württemberg erreicht wird. Es ist ohne Frage, dass ein Personalschlüssel von 1:6 oder gar mehr Kindern unter drei Jahren, wie wir ihn zum Beispiel in Brandenburg, Mecklenburg-Vorpommern, Sachsen und Sachsen-Anhalt vorfinden, kaum verantwortbar scheint. Aus diesem Grund sollten alle Akteure darauf hinwirken, dass der Fachkraft-Kind-Schlüssel in Kitas bundesweit den individuellen Bedürfnissen der Kinder angepasst wird.

Abb. 1: Personalschlüssel in Kitas mit Kindern unter drei Jahren

Personalausstattung in KiTas – Krippengruppen, Ist-Stand / Szenarien, 01.03.2015

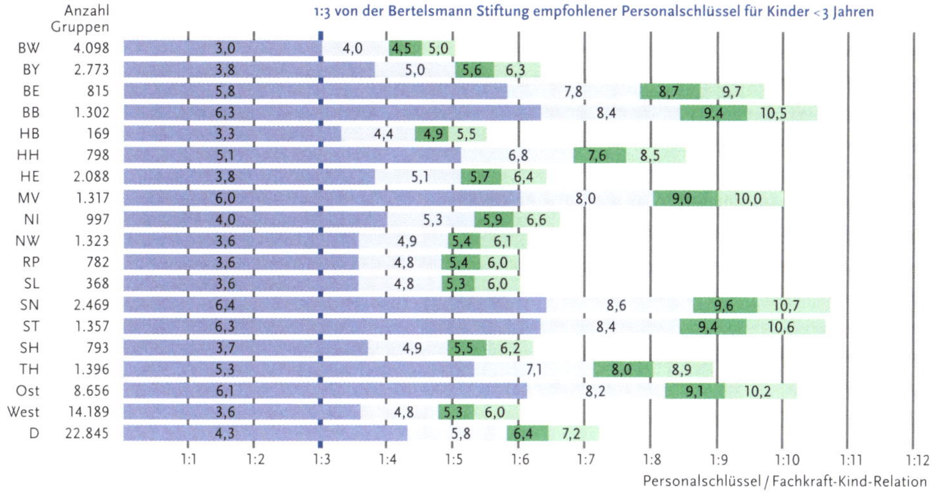

■ Personalschlüssel (Median; ohne Leitung; berechnet auf Basis der amtlichen Kinder- und Jugendhilfestatistik; 01.03.2015)

Fachkraft-Kind-Relation (Szenarien): Berechnet mit einem Anteil an Arbeitszeit für direkte pädagogische Praxis mit Kindern von
75 % ■ 67 % 60 %

Ostdeutschland mit BE, Westdeutschland ohne BE

Quelle: Ländermonitor Frühkindliche Bildungssysteme 2016

Abb. 2: Personalschlüssel in Kitas mit Kindern im Alter von drei bis sechs Jahren

Personalausstattung in KiTas – Kindergartengruppen, Ist-Stand / Szenarien, 01.03.2015

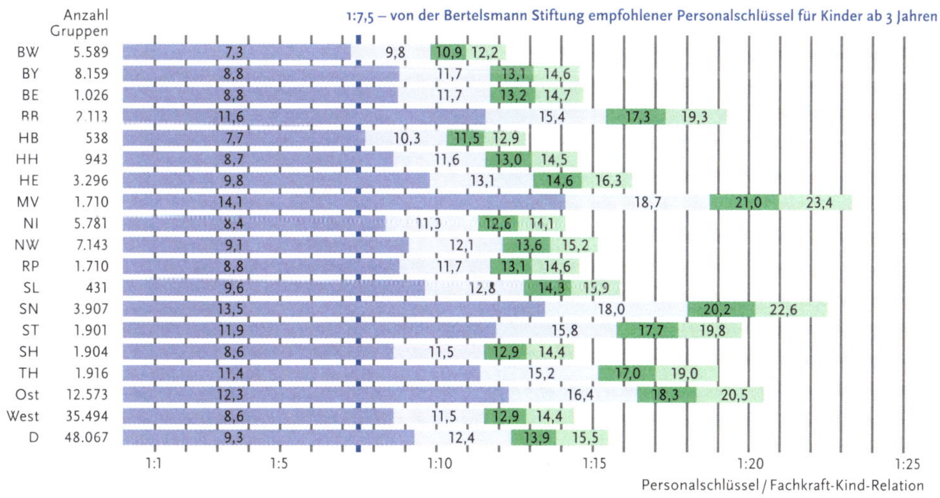

■ Personalschlüssel (Median; ohne Leitung; berechnet auf Basis der amtlichen Kinder- und Jugendhilfestatistik; 01.03.2015)

Fachkraft-Kind-Relation (Szenarien): Berechnet mit einem Anteil an Arbeitszeit für direkte pädagogische Praxis mit Kindern von
75 % ■ 67 % 60 %

Ostdeutschland mit BE, Westdeutschland ohne BE

Quelle: Ländermonitor Frühkindliche Bildungssysteme 2016

Die Qualität der pädagogischen Arbeit mit Kindern unter drei Jahren ist zudem abhängig von der Bereitschaft und Professionalität, mit der ein Team die damit verbundenen Aufgaben gemeinsam angeht. Die Art und Weise, in der Fachkräfte mit den ihnen anvertrauten Kindern umgehen, hat nach der NICHD-Studie einen sehr großen Einfluss auf die kindliche Entwicklung, und zwar nicht nur zu den aktuellen Messzeitpunkten, sondern teilweise bis zum Alter von viereinhalb Jahren und darüber hinaus. Viernickel u. a. (2011, S. 17) heben daher hervor: »Gut ausgebildete Fachkräfte, die sich mit aktuellen fachlichen Entwicklungen auseinandersetzen und daran arbeiten, ihr pädagogisches Handeln zu reflektieren und eine professionelle Haltung zu entwickeln, tragen maßgeblich dazu bei, dass Krippen und Kindertageseinrichtungen zu Bildungsumwelten werden können.«

Weitere Qualitätsmerkmale für die pädagogische Arbeit mit unter Dreijährigen

- Ein entwicklungsorientiertes, individuelles Eingewöhnungskonzept in Begleitung eines Elternteils
- Eine auf die Bedürfnisse der Kinder abgestimmte Raum- und Tagesgestaltung, einschließlich der sorgfältigen Auswahl und Anpassung des Materialangebotes
- Die Festlegung auf eine den Bedürfnissen von unter Dreijährigen entsprechende Einrichtungs- und Gruppenstruktur
- Der Einsatz von geeigneten Verfahren der Beobachtung und Dokumentation
- Eine Erziehungs- und Bildungspartnerschaft mit den Eltern sowie die Vernetzung und Kooperation mit dem Sozialraum

Auf einzelne dieser Qualitätsmerkmale wird detaillierter in Kapitel 4.5 eingegangen.

3.2 Konsequenzen für die pädagogische Arbeit

Aus den hier skizzierten wissenschaftlichen Erkenntnissen, die das gesamte System angesichts des weiterhin bestehenden Ausbaudrucks vor große Herausforderungen stellen, sind einige wichtige Konsequenzen zu ziehen. Nur dann kann sichergestellt werden, dass die Bedürfnisse insbesondere der unter Dreijährigen nicht aus den Augen verloren werden und die »Krippen-Garantie« – wie es von der Politik formuliert wird – auch für sie erfüllt wird.

Verantwortung der Träger und Politik: Verbesserung der strukturellen Rahmenbedingungen

Zum ersten sind die strukturellen Rahmenbedingungen unbedingt zu verbessern und mit einer entsprechenden finanziellen Ausstattung zu hinterlegen. Nur dann können auch eine entsprechende Prozess- und Ergebnisqualität in den Einrichtungen erzielt und die hohen gesundheitlichen Belastungen der pädagogischen Fachkräfte reduziert werden.

Hier sind in besonderem Maße die Träger angesprochen, aber auch die Politik hat hierzu ihren Beitrag zu leisten. Die **Träger** gestalten die Rahmenbedingungen, wodurch sie einen entscheidenden Einfluss auf die pädagogische Qualität in den Kitas und damit auf die Entwicklung der Kinder und ihre Bildungschancen haben. In enger Zusammenarbeit mit der Kita-Leitung und dem pädagogischen Team tragen sie die Verantwortung, geeignete Arbeits- und Rahmenbedingungen für die pädagogische Arbeit zu gewährleisten und dabei die besonderen Bedürfnisse von jungen Kindern zu berücksichtigen. Das bezieht sich zum Beispiel auf die personelle, räumliche und zeitliche Ausstattung, verbunden mit dem Ziel, eine fürsorgliche und fachlich fundierte Bildung, Betreuung und Erziehung für alle Kinder in der Einrichtung sicherzustellen.
Des Weiteren sind die Träger verantwortlich für:

- die Organisation von Bildungsmaßnahmen
- die Entwicklung und Sicherung von Qualitätsstandards für die Bildung, Betreuung und Erziehung von Kindern
- das Personalmanagement
- die Konzeptionsentwicklung
- die sozialraumorientierte Vernetzung und Kooperation sowie
- eine dienstleistungs- und bedarfsorientierte Organisationsentwicklung.

Ein regelmäßiger Austausch von Fachwissen und Sachinformationen sowie eine klar geregelte Aufgabenverteilung zwischen Träger, Einrichtungsleitung und pädagogischem Team sind eine grundlegende Voraussetzung für eine gute Zusammenarbeit (vgl. Becker-Stoll u. a. 2009, S. 167f.).

Auch die **Politik** hat ihren Beitrag dafür zu leisten, dass die Bildung unserer Jüngsten wirklich gelingen kann, auch wenn dies mit entsprechenden Kosten verbunden ist. Das System der Kindertagesbetreuung in Deutschland ist nach wie vor – trotz umfassender Investitionsprogramme – unterfinanziert. Mit 24,6 Milliarden Euro (Kindertagesbetreuung gesamt) bzw. 21,8 Milliarden Euro (nur Kindertageseinrichtungen) öffentlicher Mittel für das Jahr 2014 entspricht dies derzeit 0,8 Prozent des nominalen Bruttoinlandsprodukts (BIP). Damit liegt der Anteil trotz der umfangreichen Investitionen aufgrund des U3-Ausbaus immer noch unter den ein Prozent, die die Wirtschaftsorganisation OECD empfiehlt (vgl. Statistisches Bundesamt 2015a, 2015b). Die skandinavischen Länder und Frankreich haben diese Zielvorgaben heute bereits erreicht.

Laut dem Ländermonitor Frühkindliche Bildungssysteme 2016 variieren außerdem die Nettoausgaben der öffentlichen Haushalte für die frühkindliche Bildung, Betreuung und Erziehung (FBBE) zwischen den Bundesländern erheblich. Während in den östlichen Bundesländern der Anteil der Ausgaben (Grundmittel) für FBBE an den Gesamtausgaben von Land und Kommunen im Jahr 2011 bei 7,2 Prozent lag, belief er sich im Westen hingegen nur auf 4,7 Prozent (vgl. Ländermonitor Frühkindliche Bildungssysteme 2016). Um allen Kindern unabhängig von Herkunft und Wohnort gleiche Chancen zu ermöglichen, sollte der Bund außerdem sicherstellen, dass auch in finanzschwachen Regionen ein bedarfsgerechter Ausbau von Kinderbetreuungsangeboten ermöglicht wird.

Bereits 2008 kritisierte das Bundesjugendkuratorium, dass sich die Finanzkalkulationen bei den Angebotsstrukturen für die unter Dreijährigen primär am Betreuungsbedarf (zur Ermöglichung der Erwerbstätigkeit von Eltern) orientieren und nicht am Förderbedarf des Kindes im Allgemeinen sowie am »zusätzlichem kompensatorischen Förderbedarf« zur Unterstützung von Chancengerechtigkeit für Kinder aus benachteiligten Lebenskontexten (vgl. BJK 2008, S. 37). Deshalb muss genauer beobachtet werden, welche **Anforderungen in Kitas und der Kindertagespflege** konkret gestellt werden und ob diese im Rahmen der verfügbaren Ressourcen realistisch erfüllt werden können bzw. welche Ressourcen hierfür bereitzustellen sind.

Internationale Studien belegen, dass jeder Dollar bzw. Euro, der in die frühkindliche Bildung investiert wird, mindestens vierfach zurückkehrt (vgl. Barnett 1996). Auch das Institut der deutschen Wirtschaft hat berechnet, dass sich selbst kurzfristige Investitionen für Reformen im Bereich der frühkindlichen Bildung mittelfristig durch geringere Quoten an späteren Schulversagern und eine Verbesserung der Bildungsabschlüsse auszahlen (vgl. Diekmann u. a. 2008).

Trotz des umfangreichen Investitionsprogramms des Bundes sind nach wie vor mehr Investitionen und eine direkte finanzielle Beteiligung des **Bundes und der Sozialversicherungsträger,** die schließlich von den mittelfristigen und langfristigen Effekten profitieren, erforderlich (vgl. Sell 2013). Sell (2013) hat dazu ein »Kita-Fonds«-Modell vorgeschlagen, in dem zum einen Bund und Sozialversicherungen, aber auch die Bundesländer entsprechend der Nutzen, die auf ihrer Ebene anfallen, in die Regelfinanzierung der Kindertagesbetreuung eingebunden werden. Zum anderen beinhaltet dieses Modell ein Finanzierungsverfahren, mit dem eine Zweckbindung der Mittel für die Kindertagesbetreuung sichergestellt werden kann.

Erste positive Entwicklungen sind inzwischen feststellbar: So trat zum Beispiel am 1. Januar 2015 das »Gesetz zur weiteren Entlastung der Kommunen ab 2015 und zum quantitativen und qualitativen Ausbau der Kindertagesbetreuung« in Kraft, und der Bund unterstützt den dauerhaften Betrieb der neu geschaffenen Plätze mit jährlich 845 Millionen Euro. Außerdem ist 2015 das bestehende Sondervermögen »Kinderbetreuungsaufbau« auf eine Milliarde Euro aufgestockt worden, und der Bund erhöht für die Jahre 2017 und 2018 seine Beteiligung an den Betriebskosten um nochmals weitere 100 Millionen Euro (vgl. BMFSFJ 2016; Eurydice 2016).

Die **Länder** sind darüber hinaus gefordert, ihre Bildungsprogramme im Hinblick auf die pädagogische Arbeit mit unter Dreijährigen zu überarbeiten, was in einigen Bundesländern auch bereits erfolgt ist.

Verantwortung der Eltern: Stärkung der elterlichen Erziehungskompetenz durch qualifizierte Angebote

Für die weitere Gestaltung der frühkindlichen Bildungspolitik ist es wichtig, dass die jeweils eigenständige Bedeutung von institutionellen Angeboten auf der einen Seite und von der Familie als Ort der Bildung auf der anderen Seite sowie die Wechselwirkung zwischen diesen seitens der Politik wahrgenommen werden.

Neben der hohen Bedeutung von qualitativ guten Angeboten der frühkindlichen Bildung, Betreuung und Erziehung dürfen die wichtigen Einflüsse der familialen Kontexte auf die Entwicklung der Kinder nicht unberücksichtigt bleiben. Die Ergebnisse der NICHD-Studie haben deutlich gemacht, dass die Auswirkungen des familialen Umfeldes sogar viermal höher sind als diejenigen der Kita (vgl. NICHD ECCRN 2002).

Die **Familie** ist für Kinder in den ersten Lebensjahren der wichtigste Bildungsort und legt entscheidende und überdauernde Grundlagen für ihre Entwicklung. Deshalb müssen auch Familien in ihren Möglichkeiten und Fähigkeiten, Kindern positive Bedingungen des Aufwachsens zu ermöglichen, gestärkt werden. Aus diesem Grund sollte gerade bei den unter Dreijährigen die Krippe oder auch Tagespflegeperson Beratungs-, Vernetzungs- oder Vermittlungsangebote machen können (vgl. auch Viernickel 2009b). Außerdem können zum Beispiel Angebotsstrukturen wie Familienzentren eine wichtige Funktion erfüllen, in denen sozusagen »Angebote und Leistungen für Kinder und Familien aus einer Hand angeboten werden« (BJK 2008, S. 29). Solche Zentren umfassen zum Beispiel:

- Angebote zur Stärkung der Elternkompetenz
- Angebote zur Erweiterung der Kontakt- und Beziehungsnetze von Familien
- Angebote zur Familienbildung sowie zur Prävention und Beratung.

Mit Kindertageseinrichtungen als ihrem »Kernangebot« besitzen sie den Vorteil, dass sie Eltern frühzeitig erreichen und mit ihren Angeboten alltagsnah ansetzen können.

Verantwortung der Fachkräfte: Folgerungen für die Aus-, Fort- und Weiterbildung des Personals

Ein weiterer Fokus ist auf die **Aus- und Weiterbildung des Personals** zu legen, da die Anforderungen an ihre Arbeit in den letzten Jahren erheblich gestiegen sind. Die bereits erwähnte NICHD-Studie, aber auch andere internationale Studien wie die EPPE-, die REPEY- und die SPELL-Studie belegen unter anderem, welche hohe Bedeutung die Qualifikation des Personals auf die Prozessqualität und damit die Entwicklung der Kinder hat (vgl. Moyles u. a. 2002; NICHD ECRN 2002; Siraj-Blatchford u. a. 2002).

Um den gesellschaftlichen Bildungs-, Betreuungs- und Erziehungsauftrag für Kinder unter drei Jahren zu erfüllen, positive Bedingungen für ihr Wohlbefinden herzustellen sowie Entwicklungs- und Bildungsprozesse zu unterstützen, bedarf es **vielfältiger Kompetenzen.** Dafür ist nicht nur das Wissen darüber, wie Kinder von Geburt an sich selbst sowie ihre soziale und materielle Umwelt erforschen, eine notwendige Grundlage. Ebenso wichtig ist ein vertieftes Verständnis der übergeordneten Entwicklungsthemen, die das kindliche Verhalten in den ersten drei Lebensjahren beeinflussen. Dazu gehört auch, sich auf der Basis wissenschaftlicher Erkenntnisse kritisch mit den vorhandenen und international diskutierten frühpädagogischen Ansätzen und Programmen auseinanderzusetzen, einen eigenen Standpunkt zu entwickeln und sein Handeln zu reflektieren. Ziel sollte nicht eine Spezialpädagogik für bestimmte Altersgruppen, sondern eine Pädagogik sein, die jedem Kind und seinen individuellen Bildungszugängen – unabhängig von Alter, Geschlecht oder Herkunft – gerecht wird.

Eine **hohe pädagogische Prozessqualität** hängt jedoch nicht nur vom Wissen der Fachkräfte ab, sondern ist auch durch ihre Sensibilität und Einfühlsamkeit gegenüber den Kindern gekennzeichnet. Voraussetzung dafür ist eine wertschätzende, stärkenorientierte Grundhaltung gegenüber Kindern sowie die Bereitschaft, jedes Kind als einzigartig zu begreifen und die Bedingungen bereitzustellen, damit es seine Potenziale bestmöglich nutzen und entfalten kann.

Das bedeutet, dass durch die Kompetenzprofile des pädagogischen Personals unter anderem gewährleistet sein muss, dass Kinder in der Krippe **stabile Beziehungen und Bindungen zu Fachkräften** aufbauen und erfahren können. Für flexible Angebotsstrukturen in Kitas ist deshalb in besonderem Maße zu gewährleisten, dass sie dennoch den Ansprüchen von Kontinuität und Verlässlichkeit der Beziehungen zwischen Kindern und Erwachsenen sowie auch zwischen Gleichaltrigen genügen.

Die Ergebnisse der NICHD-Studie haben verdeutlicht, dass die Art und Weise, in der die Fachkräfte mit den Kindern konkret umgehen, einen sehr großen Einfluss auf die kindliche Entwicklung hat (vgl. NICHD ECRN 2002). Wie pädagogische Fachkräfte mit erlerntem Wissen, pädagogischen Konzepten sowie Verfahren, Instrumenten und Methoden umgehen, ist stets durch ihre **Haltung** geprägt. Persönliche, biografisch geprägte Erfahrungen und Erlebnisse bilden nach Viernickel u. a. (2011) das Fundament für die Ausbildung von **handlungsleitenden Orientierungen**. »Werte und Normen, die Menschen im familiären, im beruflichen und gesellschaftlichen Kontext vermittelt werden, individuelle Erlebnisse und Erfahrungen, die eigene familiäre Sozialisation und ›Betreuungsbiografie‹, das gesellschaftliche und persönliche Bild von Mutterschaft, Familie und Kindheit dokumentieren sich in der Handlungspraxis. Aus diesem Grund sind in professionellen Kontexten diese handlungsleitenden Orientierungen mit Bezug zur eigenen Biografie immer wieder kritisch zu reflektieren« (Viernickel u. a. 2011, S. 41). Wenn sich Fachkräfte der eigenen biografischen und kulturellen Prägung bewusst sind, das heißt auch, die damit verbundene Begrenztheit der eigenen Sichtweisen anerkennen, können sie dies zur Weiterentwicklung der eigenen Haltung nutzen (vgl. Prengel 2006, S. 91).

Reflexion

- Welche Haltung habe ich zur Arbeit mit unter Dreijährigen? Verstehe ich die Betreuung von unter Dreijährigen lediglich als »Notbehelf« für Kinder, deren Mütter arbeiten gehen (müssen), oder sehe ich auch die Chancen einer frühen institutionellen Bildung?
- Inwieweit ist mein Verständnis über die Rolle einer Fachkraft durch meine eigene Betreuungsbiografie und berufsbiografische Sozialisation beeinflusst?
- Verstehe ich mich als Bindungsperson oder sehe ich mich eher in einer lehrenden und gruppenregulierenden Funktion? Achte ich dabei vor allem auf das Sozialverhalten im Gruppenkontext und sehe eine individualisierte und an den besonderen Bedürfnissen unter Dreijähriger ausgerichtete Betreuung als ungeeignet an?

Biografische Kompetenz, Selbstreflexivität, eine ressourcenorientierte Perspektive, Offenheit und Wertschätzung von Diversität sowie Empathiefähigkeit und Feinfühligkeit sind keine kurzfristig zu erlernende Kompetenzen, sondern **habituelle Orientierungen,** die in Lebensgeschichten und (berufs-)biografischen Erfahrungen wurzeln. Es geht also nicht nur um den Erwerb von (Handlungs-)Wissen, sondern immer auch um eine – biografische, selbstreflexive – Arbeit an der eigenen Identität und damit um Persönlichkeitsbildung (vgl. Viernickel u. a. 2011, S. 41).

Dies ist meines Erachtens in kurzen Crashkursen für Seiteneinsteiger nicht erlernbar. Veränderungen – insbesondere in der pädagogischen Haltung – lassen sich außerdem nicht von außen erzwingen, sondern müssen von innen erwachsen (vgl. Nentwig-Gesemann 2010).

Angesichts des Fachkräftebedarfs, der derzeit in vielen Regionen in den Einrichtungen deutlich wahrnehmbar ist, sollte jetzt – parallel zum Krippenausbau – überlegt werden, wie mehr professionell ausgebildetes Personal gewonnen werden kann und geeignete strukturelle Rahmenbedingungen mit einer entsprechenden finanziellen Ausstattung gewährleistet werden können. Nur dann kann sichergestellt werden, dass Kinder sich wohlfühlen und von den Bildungsangeboten tatsächlich profitieren (vgl. Dreyer 2010, 2013a).

4. Die Eingewöhnung – Modelle und Rahmenbedingungen im Überblick

In diesem Kapitel erfahren Sie

- von welchen Grundannahmen die beiden zentralen Eingewöhnungsmodelle ausgehen
- wie das individuelle Ankommen einer Familie in der Kita gestaltet werden kann
- dass zu einer bedachten Anfangsphase auch die Raumgestaltung sowie die Einrichtungs- und Gruppenstruktur gehören
- welche Bedeutung Beobachtung und Dokumentation in der Eingewöhnungszeit haben
- wie die Eingewöhnung in der Kita-Konzeption verankert werden kann

4.1 Eingewöhnung – ein unverzichtbares Qualitätsmerkmal?

Zu den Qualitätsmerkmalen der Kindertagesbetreuung gehört neben strukturellen Merkmalen wie zum Beispiel dem Fachkraft-Kind-Schlüssel, der Gruppengröße und der Qualifikation des Personals auch eine professionelle Eingewöhnung. Verschiedene Studien belegen, dass ein guter Personalschlüssel (1:3 bei unter Dreijährigen, 1:7,5 bei über Dreijährigen) sowie hoch qualifizierte Fachkräfte, die nach einem anerkannten Eingewöhnungsmodell arbeiten, es den Kindern erleichtern, sich an die neue Situation zu gewöhnen (vgl. Viernickel & Schwarz 2009; Dreyer 2013a).

Auswirkungen einer fehlenden oder nicht gelungenen im Gegensatz zu einer gelungenen Eingewöhnung

Bereits in den 1980er Jahren wurde in einer Studie von Laewen (1989) an der Freien Universität Berlin festgestellt, dass Kinder, die professionell eingewöhnt und in den ersten drei Tagen von einem Elternteil begleitet wurden, ohne dass ein Trennungsversuch vorgenommen wurde, viermal weniger häufig im ersten halben Jahr erkrankten als Kinder, bei denen es schon in den ersten drei Tagen zu Trennungen gekommen war. Kinder, die nicht optimal eingewöhnt wurden, wiesen nach sieben Monaten Krippenbesuch deutliche Entwicklungsrückstände auf, zeigten nach sechs Monaten stärkere Verunsicherung in ihrer Bindung an ihre Mütter sowie eine Woche nach Abschluss der begleiteten Eingewöhnungszeit weniger positives Anpassungsverhalten und mehr ängstliches Verhalten. Besonders deutlich zeigte sich dies bei den unter Zweijährigen.

Erkenntnisse der Hirnforschung bestätigen darüber hinaus, dass sich frühe emotionale Erfahrungen mit vertrauten Bezugspersonen nachhaltig auf den Strukturaufbau des Gehirns und damit auf die Entwicklung des Kindes auswirken (vgl. Hüther 2004; Spitzer 2009). Durch Trennungserfahrungen und Vernachlässigung wird Stress beim Kind ausgelöst, mit erheblichen Folgen für die kindliche Entwicklung: »Das bedeutet für das Gehirn einen Dauerstress, sodass neuronale Netzwerkbildung, hormonelle, physiologische, emotionale und körperliche Entwicklung des Wachstums komplett hinter den altersentsprechenden Erwartungen zurückbleiben und sogar pathologische Strukturen aufgebaut werden [...]« (Brisch 2010, S. 286f.). Macht ein Kind hingegen die Erfahrung, dass eine für ihn bedeutsame Bezugsperson feinfühlig auf seine Stresssituation (z. B. in einer Trennungssituation) reagiert, werden Hormone produziert, die ihm zur Stressregulation dienen. Durch diese sich wiederholenden positiven Erfahrungen werden Netzwerke im Gehirn aufgebaut, die später der emotionalen Selbstregulation dienen (vgl. Ahnert 2010). Auch hierdurch wird deutlich, wie wichtig feinfühliges Verhalten der Bezugspersonen in Eingewöhnungssituationen, die häufig Stress erzeugen, ist (vgl. van Dieken 2012).

Ergebnisse der Wiener Krippenstudie

Die Wiener Krippenstudie, die von 2007 bis 2012 von Wilfried Datler in Kooperation mit Lieselotte Ahnert geleitet wurde, zeigte auf, dass es von der Qualität der Einrichtung, aber auch vom Temperament der Kinder und Mütter, vom kindlichen Bindungsverhalten sowie vom Verhalten der pädagogischen Fachkräfte abhängt, wie gut und rasch die Eingewöhnung gelingt.

Anhand von Messungen des Stresshormons Kortisol wurde deutlich, dass die psychische Belastung nach dem Start in die Krippe häufig länger andauert als vermutet. Ein zentrales Ergebnis der Wiener Krippenstudie ist außerdem, dass die Kinder selbst einen großen Beitrag zu einer gelungenen Eingewöhnung leisten können. Es wurde festgestellt, dass die Kinder es umso einfacher haben, je stärker sie ihren Gefühlen Ausdruck geben. Meistens wurden die Kinder nämlich nur dann getröstet, wenn sie weinten. Die Kinder hingegen, die ihre Gefühle nicht nach außen zeigten, erhielten wenig bis keinen Trost und litten »still« vor sich hin. Sie wiesen ein inneres Rückzugsverhalten auf, indem sie zum Beispiel ziellos umherwanderten oder ins Leere starren. Aus diesem Grund ist gerade diesen Kindern besondere Aufmerksamkeit in der Eingewöhnung zu widmen, damit ihr Verhalten nicht als »erfolgreich eingewöhnt« fehlinterpretiert wird.

Ein weiteres zentrales Ergebnis der Wiener Krippenstudie weist darauf hin, dass ein guter Personalschlüssel und hoch qualifizierte Fachkräfte, die nach einem anerkannten Eingewöhnungsmodell arbeiten, es den Kindern erleichtern, sich an die neue Situation zu gewöhnen (vgl. Ahnert 2012; Datler u. a. 2012).

Bundesweit gibt es aktuell unterschiedliche Modelle der Eingewöhnung. Die beiden derzeit bekanntesten und verbreitetsten Eingewöhnungsmodelle sollen im Folgenden vorgestellt werden.

4.2 Das Berliner Eingewöhnungsmodell

Das älteste und in Deutschland verbreitetste Konzept ist das durch Laewen, Andres und Hédervári-Heller (2011) vom infans-Institut in den 1980er Jahren entwickelte Berliner Eingewöhnungsmodell. Nachdem es bereits lange Zeit in Großstädten wie zum Beispiel Berlin, Hamburg und München erfolgreich umgesetzt wurde, wo bislang die meisten Betreuungsplätze für unter Dreijährige zur Verfügung standen, liegen seit einiger Zeit auch positive Erfahrungen aus den ländlichen Regionen vor (vgl. Hédervári-Heller 2008, S. 97).

Das infans-Modell basiert auf Erkenntnissen der Bindungsforschung und greift andere internationale Forschungsergebnisse zur außerfamiliären Tagesbetreuung von Kindern unter drei Jahren auf. Des Weiteren sind eigene Forschungsarbeiten der Autorinnen und Autoren (z. B. Laewen 1998) sowie Erfahrungen von Fachkräften aus dem Eingewöhnungsprozess in die Entwicklung des Modells eingeflossen (vgl. ebd.). Umfangreiche Videodokumentationen des Eingewöhnungsprozesses von Kindern in Krippen und Tagespflegestellen ermöglichten es, theoretische Fragen am Verhalten der jeweiligen Kinder praxisnah zu überprüfen und die aus den Beobachtungen gewonnenen Erkenntnisse in die Entwicklung des Modells einzubeziehen (vgl. Hédervári-Heller 2008). Außerdem fanden Konzepte aus Norditalien Berücksichtigung, wo es schon seit vielen Jahren als selbstverständlich betrachtet wird, Eltern in die Eingewöhnung des Kindes einzubeziehen (vgl. Dreier 2006).

4.2.1 Die Grundlagen des Modells

Das Berliner Eingewöhnungsmodell geht davon aus, dass die Begleitung des Kindes in eine Tagespflege, Krippe oder Kita durch die Eltern oder andere wichtige Bezugspersonen in der ersten Zeit Voraussetzung dafür ist, dass das Kind eine sichere Bindung zu einer ihm bis dahin unbekannten Betreuungsperson aufbauen kann. Die Beziehung zum Elternteil soll dem Kind ein Gefühl der Sicherheit geben und ist die Grundlage für einen gelungenen Start des Kindes in einen neuen Lebensabschnitt und für gelingende Bildungsprozesse in Tagespflege, Krippe und Kita.

Ein zentrales Anliegen dieses Modells ist es, die unterschiedlichen Bindungsmuster der Kinder an ihre Eltern zu beachten. »In Abhängigkeit davon«, so Laewen, Andres und Hédervári-Heller (2011, S. 14), »in welchem Ausmaß ein Kind auf die Verfügbarkeit seiner Eltern als ›sichere Basis‹ angewiesen ist, wird eine kürzere oder längere Dauer der

Eingewöhnung in Anwesenheit eines Elternteils empfohlen.« Das Modell enthält daher Hinweise auf Anhaltspunkte im Verhalten der Kinder während der ersten Tage ihres Besuchs einer Einrichtung, die eher für eine kürzere oder längere Eingewöhnungszeit sprechen. Für den Aufbau einer bindungsähnlichen Beziehung zur Fachkraft benötigen Kinder nach diesem Modell in der Regel zwischen sechs und vierzehn Tage, im Einzelfall auch bis zu drei Wochen (vgl. ebd., S. 35).

Bezugnehmend auf die Bindungstheorie wird in dem Modell darauf hingewiesen, bei der Eingewöhnung in Krippen und Tagespflegestellen zu beachten, dass sich Kinder zwischen dem sechsten und 24. Lebensmonat in einer kritischen Lebensphase befinden und auf einen Wechsel der Betreuungspersonen besonders empfindlich reagieren (vgl. ebd., S. 20; Hédervári-Heller 2008, S. 99).

Gleichzeitig wird jedoch deutlich gemacht, dass jedes Kind das Tempo seiner Eingewöhnung selbst bestimmt. Neben den bisherigen Bindungserfahrungen können auch das kindliche Temperament, das Verhalten und die Vorerfahrung des Kindes mit Trennungssituationen dazu beitragen, wie lange eine Eingewöhnung dauert. Gefragt sind pädagogische Erfahrungen und »Fingerspitzengefühl« der pädagogischen Fachkräfte (Laewen, Andres & Hédervári-Heller 2011, S. 15). Außerdem wird ausdrücklich darauf hingewiesen, dass dieses Modell nur eine Anleitung sein will: »Es darf nicht als ein mechanistisch anzuwendendes ›Rezept‹ missverstanden werden. Es kann und soll das pädagogisch verantwortliche Handeln der Erzieherinnen unterstützen, nicht ersetzen. Jede Entscheidung über Ablauf und Dauer der Eingewöhnungszeit muss als vorläufig betrachtet werden und durch das Verhalten des Kindes korrigierbar bleiben. Das Modell kann mit sinngemäßen Modifikationen auch in Tagespflegestellen verwendet werden« (ebd., S. 16).

Ziel des Berliner Eingewöhnungsmodells ist es, »die beruflichen Erfahrungen der Erzieherinnen durch ein Deutungsmuster für das Eingewöhnungsproblem zu ergänzen und eine begründete Handlungsanleitung verfügbar zu machen« (ebd.). Außerdem soll es den Fachkräften, dem Träger und eventuell auch der Fachaufsicht helfen, die Eltern bzw. Bezugspersonen des Kindes davon zu überzeugen, wie wichtig es ist, ihr Kind beim Übergang in die Tagespflege oder Kita zu begleiten, und sie in der Begleitung des Eingewöhnungsprozesses anzuleiten (vgl. ebd.).

Dazu haben Laewen, Andres und Hédervári-Heller (2007) ein Buch mit dem Titel »Ohne Eltern geht es nicht – Die Eingewöhnung von Kindern in Krippen und Tagespflegestellen« veröffentlicht, das Eltern einen kurzen Überblick über das Pro und Contra der außerfamiliären Betreuung von Kindern unter drei Jahren gibt und ihnen eine Beteiligung an der Eingewöhnung ihrer Kinder ans Herz legt. Eltern erhalten damit eine sachkundige Anleitung in der kritischen Anfangsphase einer außerhäuslichen Tagesbetreuung.

Auch Eltern mit Trennungsangst können die Erkenntnisse helfen, die Eingewöhnungszeit erfolgreich zu bewältigen. So zeigte die Studie von Laewen (1994), dass Kinder von Müttern mit einem höheren Ausmaß an Trennungsangst in der Tagesbetreuung mehr Verhalten in Form von Ängstlichkeit, Scheu und Irritierbarkeit zeigten als andere Kinder. Häufig spielen dabei Schuldgefühle eine (unbewusste) Rolle, die Mütter häufig nur schwer kontrollieren können. Anstatt mit Schuldzuweisungen zu reagieren oder die Angst zu beschwichtigen, empfehlen die Autorinnen und Autoren, den Müttern – und ergänzt seien hier auch die Väter – mit Verständnis, Mitgefühl und einem besonderen feinfühligen Umgang mit Trennungsangst zu begegnen. Werden Widerstände oder Ängste bei der begleitenden Bezugsperson von der Fachkraft festgestellt, sollte ein offenes und einfühlsames Gespräch geführt werden. Ein ehrlicher Austausch ist unabdingbar, um eine Basis für die künftige Zusammenarbeit herzustellen. Manchmal kommen die unbewussten Einstellungen und Ängste erst im Gespräch ans Licht und können dann bearbeitet werden. Im Vorgespräch können eventuell vorhandene Ängste bereits erfragt werden.

4.2.2 Die praktische Umsetzung des Modells

Das Berliner Eingewöhnungsmodell enthält außerdem eine ausführliche und detaillierte Anleitung zur Gestaltung der Aufnahme von Kindern unter drei Jahren in die Tagesbetreuung. Darin integriert sind auch Hinweise, die sich aus der Anwendung dieses Modells in einer hohen Anzahl von Kitas ergeben haben und die für die Durchführung relevant sein können. Das Berliner Eingewöhnungsmodell versteht sich als ein gewissermaßen offenes Modell, da es versucht, Rückmeldungen aus der Praxis in spätere Aktualisierungen zu integrieren. Die vorliegenden, langjährigen Erfahrungen haben jedoch gezeigt, dass dieses Modell eine zuverlässige Grundlage für die Gestaltung des Eingewöhnungsprozesses darstellt und in den letzten 25 Jahren kaum Ergänzungen notwendig waren. Sowohl bei den Eltern als auch bei den pädagogischen Fachkräften stößt es auf hohe Akzeptanz, und die Schwierigkeiten sind geringer als angenommen (vgl. Laewen, Andres & Hédervári-Heller 2011, S. 40).

Für eine erfolgreiche Bewältigung der Eingewöhnung nach diesem Modell, die am Wohl des Kindes orientiert ist, ist die **Kooperation aller Beteiligten** notwendig (vgl. ebd., S. 38ff.):

- Die **Eltern** müssen bereit und in der Lage sein, sich Zeit für die Eingewöhnung ihrer Kinder zu nehmen. Deshalb sollte der erste Besuchstag des Kindes nicht bis kurz vor Aufnahme der Berufstätigkeit aufgeschoben und auch der Familienurlaub so geplant werden, dass das Kind nicht während oder kurz nach der Eingewöhnungszeit wieder aus der Gruppe genommen werden muss.
- Die **pädagogische Fachkraft,** die die Eingewöhnung übernimmt, sollte rechtzeitig vor dem Start die Eltern kennenlernen. Damit sie sich feinfühlig auf das Kind und dessen Familie einlassen kann, benötigt sie außerdem die Unterstützung ihres **Teams,** das sich währenddessen um die Betreuung der anderen Kinder kümmert.
- Die **Leitungen** und **Trägervertretungen** sollten für geeignete Rahmenbedingungen sorgen und zum Beispiel dafür Sorge tragen, dass nicht mehr als ein Kind pro Woche und Gruppe gleichzeitig eingewöhnt wird. Sollte solch eine gestaffelte Aufnahme in

Ausnahmefällen (z. B. bei der Neueröffnung einer Krippe oder wenn die Mehrzahl der Kinder einer Gruppe neu aufgenommen wird) nicht möglich sein, wird empfohlen, die Anwesenheit der Kinder auf verschiedene Zeiten zu legen – zum Beispiel von 8 bis 9 Uhr das erste Kind, von 10 bis 11 Uhr das zweite Kind etc. Außerdem sollten sie dafür Sorge tragen, dass während und unmittelbar nach der Eingewöhnungszeit ein Urlaubsstopp gilt. Denn ein Kind kann zu einer Fachkraft nur dann eine Beziehung aufbauen, wenn sie anwesend ist. Aber auch Kolleginnen und Kollegen, die aktuell keine Kinder eingewöhnen, sollten zur Verfügung stehen und die eingewöhnende Fachkraft entlasten und zum Beispiel Krankheitsvertretungen übernehmen. Empfohlen wird auch ein »Elterntreff« oder ein »Willkommensort«, an dem sich Eltern während der Eingewöhnung aufhalten und mit anderen Familien in Kontakt kommen können.

- Aufgabe der **Fachressorts der Landesregierungen** ist es, die gesetzlichen Regelungen so zu verändern, dass ein flexibles Umgehen mit Stichtagsregelungen möglich ist, und auch die Frage der Beitragszahlungen für Eltern zu regeln, wenn sie ihr Kind aufgrund der erforderlichen Staffelung der Aufnahme erst zu einem späteren Termin als geplant in die Kita geben können.

Das Berliner Eingewöhnungsmodell zeichnet sich in seiner praktischen Umsetzung durch **fünf Schritte** aus, die in Abbildung 3 grafisch zusammengefasst sind und im Folgenden ausführlich vorgestellt werden.

Abb. 3: Schritte der Eingewöhnung im Berliner Eingewöhnungsmodell

1. Vorbereitungsphase
- Persönliches Kennenlernen und rechtzeitige Information über die erwartete Beteiligung der Eltern am Eingewähnungsprozess sowie dessen Gestaltung

2. Grundphase (3 Tage)
- Bindungsperson bleibt mit dem Kind ca. 1–2 Stunden in der Kita / Tagespflege, bleibt eher passiv und ist ein »sicherer Hafen« für das Kind
- Vorsichtige Kontaktaufnahme der Fachkraft zum Kind (z. B. über Spielangebote oder Beteiligung am Spiel des Kindes)

3. Erster Trennungsversuch (4. Tag, sofern ein Montag, 5. Tag) und Entscheidung über die Dauer der Eingewöhnungszeit

Das Kind lässt sich nach kurzer Zeit von der Fachkraft beruhigen – Trennungsdauer ca. 30 Minuten **Kürzere Eingewöhnung:** ca. 6 Tage	Das Kind lässt sich nach kurzer Zeit von der Fachkraft nicht oder nur schwer beruhigen und wirkt verstört (erstarrte Körperhaltung, deutliche Passivität) – Trennungsdauer ca. 2–3 Minuten **Längere Eingewöhnung:** ca. 2–3 Wochen

4. Stabilisierungsphase (4. Tag, sofern ein Montag 5. Tag)

Kurze Eingewöhnung

5. Tag
- Fachkraft übernimmt im Beisein der Bindungsperson gesamte Pflege des Kindes (Füttern, Wickeln)
- Ausdehnung der Trennungsdauer auf ca. 1 h
- ggf. Schlafenlegen des Kindes durch die Bindungsperson und Beisein beim Aufwachen des Kindes

6. Tag
- Vollständiger Aufenthalt des Kindes ohne Bindungsperson
- Pflege und Schlafenlegen des Kindes durch die Fachkraft im Beisein der Bindungsperson

Längere Eingewöhnung

5.-8. Tag
- Weiterer Aufbau der Beziehung zum Kind durch die Fachkraft
- Kein weiterer Trennungsversuch vor dem 7. Tag
- Übernahme der Pflegeaktivitäten im Beisein der Bindungsperson ab dem 8. Tag

9. Tag
- Erster Schlafversuch durch die Bindungsperson, sofern eine ganztägige Betreuung unmittelbar nach der Eingewöhnungszeit zwingend notwendig ist

3. Woche
- Kind bleibt überwiegend alleine in der Kindergruppe
- Pflege und Schlafenlegen durch die Fachkraft

5. Schlussphase (ca. 2 Wochen)
Bindungsperson ist nicht mehr in der Einrichtung, aber jederzeit erreichbar

Quelle: Eigene Darstellung

Schritt 1: Vorbereitungsphase

In Schritt 1 erfolgt eine **rechtzeitige Information der Eltern** darüber, dass ihre Beteiligung am Eingewöhnungsprozess erwartet, wie lange der Eingewöhnungsprozess in etwa dauern und wie dieser gestaltet werden wird.

Wichtig ist, den Eltern zu erklären, dass die Anwesenheit eines Elternteils während der Eingewöhnung erforderlich ist, um dem Kind als »sichere Basis« im Hintergrund zur Verfügung zu stehen, damit es sich an die neue Umgebung gewöhnen und eine Bindungsbeziehung zur Fachkraft aufbauen kann.

Des Weiteren wird den Eltern mitgeteilt, dass sie für die Eingewöhnung zwei bis vier Wochen einplanen, während dieser Zeit keinen (Kurz-)Urlaub planen und, wenn möglich, keine weiteren besonderen Veränderungs- und Belastungssituationen (z. B. Geburt eines Geschwisterkindes, Umzug) anstehen sollten. Erkrankt das Kind kurz vor oder zum geplanten Start der Eingewöhnung, wird empfohlen, den Beginn lieber zu verschieben, bis das Kind wieder gesund ist und sich erholt hat.

Manche Eltern möchten auch bereits die Essens- und Schlafenszeiten erfahren, um im Vorfeld der Eingewöhnung den Tagesrhythmus in der Familie dem in der Kita etwas anzupassen, damit dem Kind der Übergang leichter fällt. Auch das Mitbringen eines sogenannten »Übergangsobjekts«, wie zum Beispiel ein Kuscheltier oder ein Schmusetuch, können beim Übergang in die Kita helfen.

Das **persönliche Gespräch mit den Eltern** stellt die wichtigste Informationsgrundlage dar. Dabei kann den Eltern auch erklärt werden, was die Rolle der Fachkraft während der Eingewöhnung ist und was von ihnen in diesem Prozess erwartet wird. Das hilft den Eltern zum einen, Unsicherheiten abzubauen, und zum anderen, ihre Rolle genauer zu definieren.

Da Eltern bei einem ersten Gespräch jedoch häufig sehr aufgeregt sind und sich viele Dinge gleichzeitig merken müssen, wird empfohlen, ihnen zusätzlich eine Elterninformation in Form von Merkblättern oder Kurz-Infos zur Eingewöhnung in schriftlicher Form wiederholt zur Verfügung zu stellen (z. B. bei der Anmeldung, bei Vertragsabschluss und noch einmal kurz vor der Eingewöhnungszeit) (vgl. Laewen, Andres & Hédervári-Heller 2011, S. 43, 47ff.).

Schritt 2: Grundphase

Schritt 2 besteht aus einer **dreitägigen Grundphase,** in der ein Elternteil das Kind in die Kita begleitet und dort mit ihm circa ein bis zwei Stunden bleibt. Die begleitende Bezugsperson sollte das Kind aufmerksam beobachten und ihm signalisieren, dass sie ihm als »sicherer Hafen« zur Verfügung steht. Gleichzeitig sollte sie sich aber möglichst passiv verhalten, das heißt keine Initiativen von sich aus ergreifen, um mit dem Kind in Kontakt zu kommen, damit es Gelegenheiten zur Kontaktaufnahme mit der pädagogischen Fachkraft erhält. Des Weiteren sollte sie das Kind auf keinen Fall dazu drängen, sich von ihr zu entfernen, und es zulassen, wenn es Nähe sucht. Sobald sich das Kind wieder sicher fühlt, wird es von alleine die Umgebung erkunden. Ebenso sollten die Eltern nicht mit den anderen Kindern spielen oder eine Zeitschrift lesen, da sie sonst möglicherweise Blickkontakte ihres Kindes nicht wahrnehmen und das Kind gegebenenfalls irritiert sowie damit beschäftigt ist, wieder ihre Aufmerksamkeit zu gewinnen, anstatt Kontakt mit der Fachkraft und Umgebung aufzunehmen.

Wenn das Kind eine enge Beziehung zur Oma oder einer anderen Bezugsperson hat, kann auch diese die Eingewöhnung begleiten. Allerdings hätten die Eltern dann nicht die Chance des gegenseitigen Kennenlernens mit der Fachkraft.

Die pädagogische Fachkraft versucht, Unsicherheiten bei den Eltern abzubauen, indem sie Verhaltensempfehlungen für die Zeit ihrer Anwesenheit gibt und die bereits genannten Punkte noch einmal genau erläutert und begründet. Von Beginn an sollte die pädagogische Fachkraft bei jedem Kita-Besuch das Kind und die Eltern freundlich begrüßen und stets willkommen heißen. Damit entwickelt das Kind eine gewisse Erwartungshaltung bei der Ankunft, die ihm sowie den Eltern dadurch erleichtert wird.

Außerdem versucht die pädagogische Fachkraft vorsichtig Kontakt zu dem Kind aufzunehmen, indem sie sich zum Beispiel am Spiel des Kindes beteiligt oder Spielangebote macht. Deshalb ist es wichtig für sie wahrzunehmen, woran das Kind gerade Interesse hat und womit es sich gerne beschäftigt. Zentral ist es auch, auf Kontaktversuche des Kindes, wie zum Beispiel Blickkontakt, Anlächeln oder Spielzeug anbieten, zu reagieren, damit es nicht entmutigt wird und mit Rückzug reagiert.

Zudem sucht die pädagogische Fachkraft nach Anhaltspunkten für eine kürzere oder eine längere Eingewöhnungszeit, indem sie die Eltern-Kind-Interaktionen beobachtet und daraus Folgerungen zieht. Ein Kind, das eine längere Eingewöhnungszeit braucht, ist in den ersten Tagen meistens gut gelaunt, allerdings auch stark an dem begleitenden Elternteil orientiert und gegenüber der Fachkraft zurückhaltend. Wenn es irritiert ist oder Kummer hat, sucht es Blick- oder Körperkontakt zur begleitenden Bezugsperson. Kinder, die eine kürzere Eingewöhnungszeit brauchen, wirken in den ersten Tagen sehr selbstständig, vermeiden eher den Blickkontakt zur Mutter oder zum Vater und zeigen kaum Widerstand gegen Körperkontakt zur Fachkraft. Wenn sie irritiert sind, versuchen sie eher alleine damit fertigzuwerden und vermeiden die Kontaktaufnahme mit den Eltern.

Während am **ersten Tag** die Spielsituation im Vordergrund steht, versucht das begleitende Elternteil am **zweiten Tag** das Kind im Beisein der Fachkraft in der Kita zu füttern und / oder zu wickeln. Dadurch erlebt das Kind, dass die von zu Hause vertrauten Aktivitäten auch in der Einrichtung durchgeführt werden.

Der Ablauf des **dritten Tages** ist nahezu identisch mit dem des zweiten Tages. Durch die sich wiederholenden Inhalte und Abfolgen der einzelnen Situationen soll eine gewisse Stabilität für das Kind erreicht werden, sodass es Erwartungshaltungen bezüglich seines Aufenthaltes in der Kita aufbauen kann, die ihm Orientierung geben. Während des Eingewöhnungsprozesses sollte die Fachkraft auch ihr äußeres Erscheinungsbild, zum Beispiel durch ungewohnte Kleidung, deutlich andere Frisur oder ein neues Parfum, nicht zu stark verändern, da dies junge Kinder häufig sehr irritiert (vgl. Laewen, Andres & Hédervári-Heller 2011, S. 44, 63ff.).

Schritt 3: Erster Trennungsversuch und Entscheidung über die Dauer der Eingewöhnungszeit

In Schritt 3 erfolgen ein **erster Trennungsversuch** sowie eine **Entscheidung über die Dauer der Eingewöhnungszeit.** Am vierten Tag – wenn dies ein Montag ist, am fünften Tag – wird ein erster Trennungsversuch durchgeführt. Kurz nach der Ankunft des Kindes passt das begleitende Elternteil den Moment ab, in dem sich das Kind einer neuen Situation zugewandt hat, und geht dann zum Kind, verabschiedet sich kurz und verlässt den Raum. Das geschieht auch, wenn das Kind dabei protestiert.

Lässt sich das Kind beim Weggang des Elternteils bei Kummer beruhigen, so kann die Trennungsphase auf maximal 30 Minuten ausgedehnt werden. Lässt sich das Kind hingegen nicht in kurzer Zeit beruhigen, kehrt die begleitende Bezugsperson nach zwei bis drei Minuten wieder zurück. Das Kind sucht dann in der Regel bei der Rückkehr Körperkontakt zu ihr und lässt sich von ihr beruhigen. In diesem Fall sollte mit einem weiteren Trennungsversuch bis zur zweiten Woche gewartet werden. Es ist eine längere Eingewöhnungszeit von zwei bis drei Wochen erforderlich.

Unsicher-vermeidend gebundene Kinder (gleichgültiges Verhalten bei der Trennung und der Wiederkehr des Elternteils) und unsicher-ambivalent gebundene Kinder (große Erregung bei der Trennung, dann aber ambivalentes Verhalten bei der Wiederkehr) benötigen nach diesem Modell eher eine kürzere Eingewöhnungszeit von circa ein- bis eineinhalb Wochen. In beiden Fällen werden am vierten Tag das Füttern und Wickeln zum ersten Mal in Teilen von der Fachkraft übernommen. So spricht sie zum Beispiel mit dem Kind, während es die Eltern wickeln, und reicht ihm etwas zu spielen. Nach einiger Zeit versucht sie das Wickeln im Beisein der Eltern zu übernehmen. Beginnt das Kind jedoch zu weinen, wird ein neuer Versuch erst am nächsten Tag gemacht (vgl. Laewen, Andres & Hédervári-Heller 2011, S. 45, 69ff.).

Schritt 4: Stabilisierungsphase

Schritt 4 beinhaltet die **Stabilisierungsphase,** die mit dem vierten bzw. fünften Tag, sofern der vierte Tag ein Montag war, beginnt. Zunächst noch im Beisein des begleitenden Elternteils übernimmt die Fachkraft in zunehmendem Maße das Füttern und Wickeln des Kindes und bietet sich ihm als Spielpartner an. Die Mutter oder der Vater überlässt es jetzt immer der Fachkraft, als erste auf die Signale des Kindes zu reagieren und unterstützt sie nur, wenn das Kind die Fachkraft noch nicht als sichere Basis akzeptiert.

Unter Beachtung der Reaktionen des Kindes wird der Zeitraum, in dem das Kind alleine mit der Fachkraft bleibt, bei **Kindern mit einer kurzen Eingewöhnungsdauer** immer mehr ausgedehnt. Der Gruppenraum sollte von den Eltern dann verlassen werden, wenn das Kind zufrieden spielt und nicht gerade Trost bei ihnen sucht. Ein kurzes Abschiedsritual, das auch zukünftig eingehalten wird, hilft dem Kind bei der Trennung. Längere, diffuse Abschiedsszenen durch Eltern, die sich von ihrem Kind schwer lösen können, sollten unbedingt von Anfang an vermieden werden, da dies zu Irritationen beim Kind führt. Nach der Trennung sollte sich das begleitende Elternteil jedoch für den Notfall in der Einrichtung aufhalten. Am fünften Tag übernimmt die Fachkraft im Beisein der Bindungsperson die gesamte Pflege des Kindes (Füttern und Wickeln). Die Trennungsdauer kann auf rund eine Stunde ausgedehnt werden, aber die Eltern sollten die Kita noch nicht verlassen, damit die Mutter oder der Vater im Notfall jederzeit in den Gruppenraum zurückkehren kann. Wenn das Kind am vierten und fünften Tag auf die Trennung mit keinem oder nur wenig Protest reagiert hat und sich von der Fachkraft trösten lässt, kann bei Kindern, die unmittelbar nach der Eingewöhnung ganztags betreut werden sollen, das Schlafenlegen des Kindes durch die Bezugsperson im Beisein der Fachkraft getestet werden. Beim Aufwachen sollte das Kind dann von dem begleitenden Elternteil in Anwesenheit der Fachkraft aus dem Bett genommen werden. Ab dem sechsten Tag kann sich das Kind, sofern es weiter einen ausgeglichenen Eindruck macht, ohne seinen begleitenden Elternteil in der Einrichtung aufhalten. Die Eltern sollten jedoch noch weitere zwei Woche telefonisch erreichbar sein, damit sie ihr Kind im Notfall in der Einrichtung abholen oder es dort beruhigen können. Da das Kind erst begonnen hat, eine Beziehung zur Fachkraft aufzubauen, reicht die Tragfähigkeit manchmal noch nicht aus, das Kind in allen Situationen zu trösten. Die Pflege und das Schlafenlegen bei ganztägig betreuten Kindern übernimmt nun die Fachkraft immer noch im Beisein der Eltern, die aber bereits eine größere Distanz einnehmen und sich zum Beispiel währenddessen in einer anderen Ecke des Gruppenraums aufhalten.

Bei **Kindern mit einer längeren Eingewöhnungsdauer,** die eine Trennung von den Eltern noch nicht akzeptieren, sollte mit weiteren Trennungsversuchen bis zur zweiten Woche gewartet werden. Vom fünften bis zum achten Tag wird versucht, die Beziehung zur Fachkraft so weit auszubauen, dass sich das Kind von ihr im Beisein der Eltern am achten Tag beruhigt füttern und wickeln lässt. Die Fachkraft wird außerdem weiterhin versuchen, dem Kind Kontaktangebote zu unterbreiten, es jedoch zu nichts drängen und auf sein Bedürfnis nach Nähe und Distanz angemessen reagieren. Ab dem siebten Tag oder auch früher, sofern dies vom Kind akzeptiert wird, übernimmt die Fachkraft die Pflege des Kindes im Beisein des begleitenden Elternteils. Außerdem erfolgt ein weiterer Trennungsversuch an diesem Tag. Reagiert das Kind wieder mit großem Trennungsschmerz und lässt es sich nicht von der Fachkraft beruhigen, sollte in den nächsten Tagen kein weiterer Trennungsversuch unternommen, sondern erst einmal eine größere Sicherheit in die neue Umgebung gewonnen werden. Wenn sich auch in der dritten Woche immer noch nichts an der Situation ändert, wird das Gespräch mit dem begleitenden Elternteil gesucht. Vielleicht liegen Trennungsängste oder Vorbehalte der Mutter oder des Vaters gegenüber einer außerfamiliären Betreuung vor, die das Kind spürt und es daran hindern, Vertrauen in die neue Umgebung zu fassen. Wenn das Kind besondere Schwierigkeiten hat, sich von einem der beiden Eltern zu trennen, könnte es eventuell sinnvoll sein, dass das andere Elternteil die Eingewöhnung begleitet. Wenn sich das Kind in den letzten Tagen ohne Probleme von der Fachkraft füttern und wickeln ließ und in den Trennungssituationen keine allzu große Beunruhigung gezeigt hat, können die Eltern bei ganztägig betreuten Kindern am neunten Tag versuchen, das Kind schlafen zu legen. In der dritten

Woche bleiben in der Regel auch die Kinder, die eine längere Eingewöhnungszeit brauchen, überwiegend alleine in der Einrichtung. Die Pflege wird nun auch bei ihnen vollständig von der Fachkraft übernommen, die nun auch beim Weggang der Eltern als »sichere Basis« in der Einrichtung akzeptiert wird (vgl. Laewen, Andres & Hédervári-Heller 2011, S. 46, 73ff.).

Schritt 5: Schlussphase

In Schritt 5, der **Schlussphase,** die circa zwei Wochen dauert, hält sich das begleitende Elternteil nicht mehr gemeinsam mit seinem Kind in der Kita auf, ist aber noch jederzeit erreichbar. Abgeschlossen gilt die Eingewöhnung erst dann, wenn das Kind die Fachkraft als »sichere Basis« akzeptiert hat und sich von ihr trösten lässt.

An dieser Stelle sei darauf hingewiesen, dass die Beziehung zu dem Kind häufig noch eine nicht allzu stabile Grundlage hat und die Fachkraft erst beweisen muss, »dass sie das noch junge Vertrauen des Kindes auch ›verdient‹« (Braukhane & Knobeloch 2001, S. 8). Hinzu kommt, dass die Hilfestellungen durch die Kolleginnen und Kollegen dann meistens wegfallen oder bereits ein neues Kind eingewöhnt wird, das die Aufmerksamkeit seiner Bezugserzieherin bzw. seines Bezugserziehers in Anspruch nimmt. Außerdem sollten Vorkehrungen getroffen werden, wer für das Kind sorgt, wenn die Bezugserzieherin bzw. der Bezugserzieher einmal nicht als sichere Basis für das Kind verfügbar sein kann. Sonst kann es schnell passieren, dass das Kind in seinem Vertrauen in die Verfügbarkeit seiner Bindungspersonen erschüttert und die Eingewöhnung bzw. der weitere Beziehungsaufbau dadurch erschwert wird. Zudem kommen für das Kind jeden Tag neue Regeln und Abläufe hinzu, die es verinnerlichen muss. Nicht selten zeigen manche Kinder ihr entstehendes Zugehörigkeitsgefühl durch das Austesten von Grenzen und erwarten zum einen eine Reglementierung ihres Verhaltens und zum anderen aber auch immer noch einen gewissen »Schutzstatus« (ebd.). Bis das Kind ein stabiles, vollwertiges Gruppenmitglied geworden ist, dauert es häufig einige Wochen, was bei der Planung weiterer Eingewöhnungen unbedingt berücksichtigt werden sollte.

Dem Kind hilft es häufig, wenn es – auch wenn es die Einrichtung später ganztägig besuchen soll – die ersten sechs bis acht Wochen nur halbtags die Kita besucht. Da das Kind während der Eingewöhnung viele Eindrücke zu verarbeiten hat, die es schneller als gewohnt ermüden lassen, sollte bei der Planung des nächsten Tages außerdem darauf geachtet werden, dass es ausreichend Möglichkeiten hat, sich davon zu erholen.

Laewen, Andres und Hédervári-Heller (2011) heben außerdem hervor, dass bei Kindern, die bei der **Aufnahme zwei Jahre oder älter** sind, mit Verhaltensweisen gerechnet werden muss, die sich unter anderem aufgrund der raschen Autonomieentwicklung in diesem Alter von denen der jüngeren Kinder unterscheiden. So zeigen sie zum Beispiel stärkere Eifersucht in ihrer Beziehung zur Fachkraft als jüngere Kinder, ein größeres Interesse an anderen Räumen und auch eine stärkere Angewiesenheit auf für sie interessante Angebote. Die Tatsache, dass sie sich schneller langweilen als jüngere Kinder, kann die Eingewöhnung erschweren. Außerdem zeigen ältere Kinder »eine höhere soziale Kompetenz im

Umgang mit dem begleitenden Elternteil, sodass es gelegentlich schwer ist, z. B. zwischen Bindungsverhalten und ›strategischem‹ Verhalten des Kindes zu unterscheiden« (Laewen, Andres & Hédervári-Heller 2011, S. 86). Dennoch zeigt sich in der Praxis, dass auch bei älteren Kindern eine elternbegleitete Eingewöhnung sowie eine zunächst halbtägige Betreuung hilfreich sind. Aber auch hier sollte immer an den Bedürfnissen des jeweiligen Kindes orientiert entschieden werden, was die nächsten Schritte sind. Meine eigene langjährige Erfahrung zeigt, dass gerade bei älteren Kindern, die zum Beispiel von einer Einrichtung in eine andere wechseln, eine zu langsame Eingewöhnung mit einer nur halbtätigen Betreuung im gesamten ersten Monat sogar kontraproduktiv sein kann. In seltenen Fällen kann ein Kind durch eine zu langsam ablaufende Eingewöhnung dem alltäglichen Ablauf in der Kita entwöhnt werden, anstatt ihm den Übergang in die neue Kita zu erleichtern.

4.3 Das Münchener Eingewöhnungsmodell

Das Münchener Eingewöhnungsmodell ist ein weiteres erprobtes Modell, das stärker Erkenntnisse aus der Transitionsforschung einbezieht. Es beruht auf den Ergebnissen eines wissenschaftlichen Projekts mit dem Titel »Modellprojekt Frühförderung von Kleinstkindern durch Unterstützung junger Familien bei der Erziehungsaufgabe und durch pädagogische Qualifizierung von Krippen« unter Leitung von Prof. Dr. Kuno E. Beller der Freien Universität Berlin von 1987 bis 1991 in München, das dann in den Folgejahren in Theorie und Praxis weiterentwickelt wurde (vgl. Winner & Erndt-Doll 2009). Es ist sowohl für Kleinkinder als auch für Kindergartenkinder geeignet. Denn unabhängig davon, in welchem Alter sich die Kinder befinden und welchen konkreten Übergang sie zu bewältigen haben, bleiben die grundlegenden Prinzipien dieselben. Lediglich die Methoden, mithilfe derer die Ziele erreicht werden, ändern sich.

4.3.1 Die Grundannahmen des Modells

Das Münchener Eingewöhnungsmodell betrachtet Eingewöhnung aus einer familien- und entwicklungspsychologischen Perspektive, integriert früh- und sozialpädagogische Prinzipien und hat Ähnlichkeiten zu ökopsychologischen Modellen der Schulfähigkeit und zur Gestaltung des Übergangs von der Familie oder der Kita in die Schule (vgl. Winner & Erndt-Doll 2009, S. 18).

Grundlage ist das Konzept der Transition, ein Konzept der Übergangsbewältigung. Etwas mehr im Vordergrund steht das »starke« Kind, das diese Übergänge bewältigen kann, wenn es dabei Unterstützung erfährt. Gelingt dieser Übergang erfolgreich, dann wird davon ausgegangen, dass das Kind dadurch gestärkt ist und auch weitere Übergänge erfolgreich bewältigen wird (vgl. auch Griebel & Niesel 2004). Das Kind wird als »kompetentes, individuelles Subjekt« wahrgenommen, das auch die Eingewöhnung gemeinsam mit anderen aktiv gestaltet (Winner 2015, S. 2).

Das Münchener Eingewöhnungsmodell geht etwas stärker als das Berliner Eingewöhnungsmodell davon aus, dass alle Beteiligten – das **einzugewöhnende Kind,** seine **Eltern,** die **eingewöhnende Fachkraft,** aber auch die **Kindergruppe** – in den Eingewöhnungsprozess einbezogen werden müssen. Beller (2002) spricht daher nicht von der Eingewöhnung des Kindes, sondern von der »Eingewöhnungsbeteiligung«. Am Berliner Eingewöhnungsmodell kritisiert er, dass diesem ein Bild vom Kind zugrunde liegt, »das dieses als hilflos betrachtet. Mutter und Familie werden idealisiert, während außerfamiliäre Betreuung zumindest implizit als Risiko für eine ungestörte und gesunde Entwicklung des Kindes betrachtet wird« (Beller 2002, S. 9).

Beller (2002) hebt auch die Bedeutung des **sozialen Umfeldes der Eingewöhnungssituation** hervor, durch das die beteiligten Erwachsenen entlastet und unterstützt werden können:

- **Das soziale Netz der Eltern:** Insbesondere Alleinerziehenden empfiehlt er, die Trennung nicht alleine zu gestalten, sondern sich Unterstützung durch einen Partner, von Verwandten oder Freunden zu holen. Auch Eltern von anderen Krippenkindern, die bereits eine Eingewöhnung erlebt haben, können im Eingewöhnungsprozess der neuen Eltern eine unterstützende Rolle einnehmen.
- **Das soziale Netz der Fachkräfte** (Beller spricht in diesem Zusammenhang von »Krippenbetreuerinnen«): Die eingewöhnende Fachkraft kann durch ihr Team Unterstützung in informellen Gesprächen und Teamsitzungen erhalten und sich mit den Kolleginnen und Kollegen über ihre eigenen Erfahrungen austauschen, wodurch sie emotionale Unterstützung und Perspektiven für ihr eigenes Verhalten erhalten und neue Ideen entwickeln kann.

Eine zentrale Rolle für das Wohlbefinden des einzugewöhnenden Kindes nimmt dabei die Kindergruppe ein. Bezug genommen wird an dieser Stelle auf Emmi Pikler, die gezeigt hat, in welchem Umfang sich bereits nur wenige Monate alte Säuglinge auf andere Kinder beziehen, sie mit Interesse beobachten, sich gegenseitig anschauen oder aufeinander zubewegen und miteinander interagieren (vgl. Winner & Erndt-Doll 2009, S. 25). Außerdem sieht das Münchener Eingewöhnungsmodell nicht so stark die eingewöhnende Fachkraft im Vordergrund, sondern geht davon aus, dass Kinder auch zu mehreren Personen eine gute Beziehung aufbauen können (ebd., S. 13f.).

Das Münchener Eingewöhnungsmodell wurde zudem bedeutend von der Reggio-Pädagogik beeinflusst und nimmt Bezug auf die theoretische Figur des »kompetenten Säuglings« (ebd., S. 20; Winner 2015, S. 4), die es nicht erst seit der modernen Säuglingsforschung gibt, sondern die auch bereits in reformpädagogischen Ansätzen beschrieben wurde. Damit wird ein Bild vom Kind verfolgt, nach dem Kinder nicht als hilflose Babys auf die Welt kommen, sondern als individuelle Persönlichkeiten. »Sie sind aktiv, stark, reich, mächtig und klug. Sie nehmen ihre Umwelt nicht nur passiv auf, sondern steuern ihre Wahrnehmung aktiv und bestimmen ihre Entwicklung mit. Kinder sind nicht dümmer oder klüger als Erwachsene, sie sind auf eine andere Weise klug. Kinder brauchen Erwachsene, die sich auf ihre Individualität einlassen, die das Kind verstehen wollen und ihm partnerschaftlich begegnen« (Winner & Erndt-Doll 2009, S. 20). »(…) hilflos werden Menschen immer dann, wenn sie zu Objekten gemacht werden« (Winner 2015, S. 4).

Winner und Erndt-Doll (2009, S. 21) machen deutlich: »Kinder entwickeln sich in der aktiven Auseinandersetzung mit sich selbst und ihrer Umwelt. Dabei entstehen stets neue Bedürfnisse, die sie mit ihren momentanen Fähigkeiten und Möglichkeiten noch nicht befriedigen können, und es entstehen Konflikte mit neuen Anforderungen der Umwelt und mit sich selbst. In diesem Widerspruch liegt eine wichtige Triebkraft für die Entwicklung.« Bezugnehmend auf Wygotskis soziokulturellen Ansatz veranschaulichen die Autorinnen, dass dies geschieht, wenn ein Kind vor einem neuen Entwicklungsschritt – der »Zone der nächsten Entwicklung« (Wygotski 1987) – steht, und betonen, welch hohe Relevanz dies für die Entwicklung des Selbst entsprechend der Entwicklungstheorie des Selbstempfindens nach dem amerikanischen Psychoanalytiker und Entwicklungspsychologen Daniel N. Stern (1994) hat: »Nach jeder dieser Umbruchphasen erwecken die Kinder den Eindruck, dass in ihrem subjektiven Selbst und der anderen große Veränderungen stattgefunden haben. Plötzlich wirken sie wie verwandelt« (Stern 1994, S. 22, zit. n. Winner & Erndt-Doll 2009, S. 21). Bezogen auf die Gestaltung des Übergangs von der Familie in die Kita bedeutet dies, »dass Übergänge dann gut gemeistert werden, wenn die neue Situation für das Kind attraktiv ist, wenn das Kind in der neuen Situation eine entwicklungsangemessene Herausforderung entdeckt, die es reizt und die es gerne meistern möchte« (Winner & Erndt-Doll 2009, S. 23).

4.3.2 Das Handlungskonzept des Modells

Aus diesen theoretischen Annahmen leitet sich als grundlegendes **Ziel der Eingewöhnung** ab, dass die Übergangssituation für alle Beteiligten als positive Lernmöglichkeit verstanden wird:

> »Alle von der Eingewöhnung betroffenen Personen gestalten diese Zeit aktiv mit und unterstützen sich gegenseitig bei der Bewältigung dieser Übergangsphase. Erst wenn die Kinderkrippe für das Kind keine ›fremde Situation‹ mehr darstellt, verabschieden sich die Eltern von ihrem Kind. ›Das Eingewöhnungskind‹ entscheidet über den Ablauf aktiv mit, bewältigt in eigenem Tempo die Transition und lernt sie gut zu bewältigen. Eingewöhnung ist also Bildungszeit« (Winner 2015, S. 7).

Winner und Erndt-Doll (2009, S. 43f.) definieren dabei folgende Ziele bezogen auf das Kind, die Eltern, die pädagogische Fachkraft und die Kindergruppe:

Tab. 16: Ziele der Eingewöhnung nach dem Münchener Eingewöhnungsmodell

Bezogen auf das Kind	Bezogen auf die Eltern
• Ich habe Einfluss auf die Situation (Selbstbestimmungsrecht, Selbstwirksamkeit erleben). • Ich werde akzeptiert wie ich bin (Empathie erfahren). • Ich kann meine Gefühle bewusst wahrnehmen, zum Ausdruck bringen und werde verstanden. • Meine Bindung zu den Eltern bleibt trotz zeitlicher und räumlicher Trennung bestehen. • Ich kann und darf Beziehungen zu anderen Kindern und Erwachsenen eingehen. • Ich erlebe Sicherheit durch die Anwesenheit / Begleitung meiner primären Bezugsperson. Allmählich erfahre ich auch Sicherheit durch das verlässliche Verhalten mindestens einer Fachkraft. • Ich erlebe in der Kindergruppe eine Vielfalt an Spielpartnern, Anregungen, Möglichkeiten und finde meinen Platz (Neugierde auf Unbekanntes, Lust auf Exploration). • Ich akzeptiere die Tatsache, dass die neue Situation (z. B. die Kinderkrippe) fester Bestandteil meines Lebens ist. • Ich bin stark bzw. gestärkt genug, mit neuen Situationen umzugehen.	• Eltern erhalten die Gelegenheit, sich die Entscheidung, ihr Kind in der Kinderkrippe betreuen zu lassen, bewusst zu machen. Die gegebenenfalls auftretenden widerstreitenden Gefühle werden wahrgenommen, verstanden und in der Interaktion zwischen Eltern und Fachkräften bearbeitet. Auch Eltern wird eine »Eingewöhnungsphase« ermöglicht. • Eltern erfahren, dass die Betreuung, Bildung und Erziehung der Kinder in der Kinderkrippe eine Bereicherung für die ganze Familie werden kann. • Eltern sind umfassend über den Krippenalltag und die eigenen Mitwirkungsmöglichkeiten informiert. • Eltern sind sich ihrer Bedeutung als primäre Bezugsperson bewusst. Sie geben ihre Elternrolle nicht ab, sondern übertragen vereinbarte Bildungs- und Betreuungsaufgaben für einen Teil des Tages an die Fachkräfte der Kinderkrippe. • Weitere individuelle Ziele der Eltern, die wir (noch) nicht kennen, können von ihnen benannt und im Gespräch bearbeitet werden.

Bezogen auf die Fachkraft	Bezogen auf die Kindergruppe
• Die Fachkraft stellt die erste Vertrauensperson für das Kind und dessen Eltern in der Krippe dar. • Die Fachkraft moderiert und begleitet die Übergangssituation. Sie unterstützt in erster Linie das Kind, aber auch die Eltern darin, diesen Übergang erfolgreich zu bewältigen. • Die Fachkraft beobachtet das Kind, dokumentiert Verhaltensweisen und Prozesse im Tagesverlauf. • Die Fachkraft pflegt den Dialog mit den Eltern, informiert sie umfassend und baut so eine wichtige Basis zukünftiger Zusammenarbeit auf.	• Die Kindergruppe wird aktiv in den Eingewöhnungsprozess mit einbezogen. • Die Kinder der Einrichtung erhalten vielfältige Gelegenheiten, das neue Kind kennenzulernen und Kontakt aufzunehmen. • Die Kinder werden auf die Eingewöhnung des neuen Kindes vorbereitet. Auch ihre Rolle in der Gruppe kann sich durch die Neuaufnahme verändern. • Die Bedürfnisse aller Kinder finden ihre Berücksichtigung.

Quelle: Landeshauptstadt München, Sozialreferat 2008, S. 56ff.; Winner & Erndt-Doll 2009, S. 43ff.

Auch der **Ablauf der Eingewöhnung** unterscheidet sich deutlich vom Berliner Eingewöhnungsmodell und besteht aus fünf Phasen:

1. Vorbereitungsphase
2. Kennenlernphase
3. Sicherheitsphase
4. Vertrauensphase
5. Phase der gemeinsamen Auswertung und Reflexion.

Erste Phase: Die Eingewöhnung vorbereiten

Die **Vorbereitungsphase** dient unter anderem dazu, zunächst einmal zahlreiche Verwaltungsfragen zu klären. Neben dem Abschluss eines Betreuungsvertrags, der Unterzeichnung verschiedener Einverständniserklärungen und dem Ausfüllen weiterer Formulare erfolgten ein Austausch über die Gewohnheiten des Kindes sowie die Satzung und die Konzeption der Einrichtung. Neben der Leitung sollte auch die zukünftige Bezugserzieherin bzw. der zukünftige Bezugserzieher an diesem Gespräch teilnehmen. Da die Eltern sich nun zum einen selbst in der Transition befinden und zum anderen auch ihr Kind dabei unterstützen müssen, wird die Fachkraft in den Vorgesprächen zum »sicheren Hafen« für die Eltern, an die sie sich bei Unsicherheiten und Fragen wenden können.

Wichtige **Grundinformationen für die Eltern** sind:

- Was wird von ihnen erwartet?
- Was kommt auf sie zu?
- Was können sie selbst erwarten?

Empfohlen wird in diesem Kontext die Aushändigung eines **Eingewöhnungsflyers** oder eines **kurzen Eingewöhnungskonzepts,** das schriftlich und mündlich vorgestellt wird.

Zur Planung und Vorbereitung gehört auch, mit den Eltern die **Dauer der Eingewöhnung** zu besprechen und gemeinsame Antworten zu finden. Der Kern der Eingewöhnung, in dem das Kind durch die Eltern begleitet wird, dauert gewöhnlich 12 + 3 Tage. Wichtiger als die Anzahl der Tage ist allerdings die Anzahl der Stunden. Kurze Besuche helfen, so Winner und Erndt-Doll (2009), wenig, den Alltag zu durchschauen: »Je kürzer die Zeit, die Eltern mit dem Kind in der Einrichtung verbringen, umso mehr Tage werden auch benötigt« (ebd., S. 52). Bei nur kurzen Stippvisiten von etwa einer Stunde in der Einrichtung findet eine Eingewöhnung in den Alltag nicht statt. Der Tagesablauf und die Kindergruppe bleiben für das Kind, so die Autorinnen, eine »fremde Situation« (ebd., S. 71).

Im Gegensatz zum Berliner Eingewöhnungsmodell empfiehlt Beller (2002) eine längere Eingewöhnungsdauer auch für die Kinder, die keine direkte Trennungsangst zeigen. Er ist der Auffassung, dass Kinder, die sich schnell von den Eltern trennen können, ihren Trennungsängsten indirekt und zeitlich verzögert Ausdruck verleihen. Zur Überwindung von Trennungsängsten sei eine aktive Auseinandersetzung und nicht ihre Vermeidung erforderlich. Denn Kinder, die zuerst keine Trennungsangst zeigen, müssten erst lernen, dass es neben der Vermeidung der Angst auch die Möglichkeit gibt, sie aktiv auszudrücken. Ebenso wichtig erachtet Beller die Auseinandersetzung mit der Trennungsangst der Eltern. Deswegen sollte Eltern signalisiert werden, dass sie über ihre Gefühlslage sprechen können, verstanden werden und die Fachkräfte ihnen Empfehlungen geben können, was sie tun können (vgl. Beller 2002, S. 11).

Nach dem Münchener Eingewöhnungsmodell spricht auch nichts dagegen, wenn sich Mütter und Väter in der Eingewöhnung abwechseln oder auch gemeinsam in der Einrichtung anwesend sind (vgl. Winner & Erndt-Doll 2008, S. 69).

Während das Berliner Eingewöhnungsmodell in Erwägung zieht, dass – hat ein Elternteil besondere Schwierigkeiten, sich zu trennen – der andere Elternteil das Kind in der Eingewöhnungszeit begleitet (vgl. Laewen, Andres & Hédervári-Heller 2011, S. 58), lehnt dies das Münchener Eingewöhnungsmodell klar ab. Winner und Erndt- Doll (2009, S. 69) begründen dies wie folgt: »Mütter, die sich nur schwer von ihren Kindern trennen können, leiden meist unter großen Verlustängsten und Zweifeln, ob es ihrem Kind in der Einrichtung gut gehen wird. Für sie ist es ganz besonders wichtig, dass sie durch die Eingewöhnung Sicherheit gewinnen. Wann, wenn nicht jetzt, kann durch die behutsame Begleitung und Unterstützung einer ausgebildeten Erzieherin gelernt werden, mit Zweifeln und Ängsten umzugehen.«

Zweite Phase: Das Kennenlernen

Nach der Vorbereitungsphase und ersten Gesprächen mit den Eltern fängt die **Kennenlernphase** an, die circa eine Woche dauert und in vielen Einrichtungen daher auch **Schnupperwoche** genannt wird. Sie beginnt in der Regel an einem Dienstag, weil sich die Kinder am Montag erst wieder vom Wochenende einfinden müssen.

In den ersten vier oder fünf Tagen sollen sich alle Beteiligten kennenlernen. Dazu sind das Kind und sein begleitendes Elternteil jeweils für täglich zwei bis drei Stunden oder auch einen halben Tag zu unterschiedlichen Tageszeiten in der Einrichtung, um die gesamte Kita mit allen Kindern und Fachkräften kennenzulernen. Längere Anwesenheitszeiten und mehrere Tage sind notwendig, damit das Kind die Abläufe versteht. Dazu muss es diese wiederholt erfahren dürfen. Es wird allerdings zu nichts gedrängt oder animiert. Die pädagogischen Fachkräfte versuchen in dieser Zeit herauszufinden, was das Kind interessiert und wie man ihm die bevorstehende Trennung erleichtern kann.

Die Bezugserzieherin bzw. der Bezugserzieher oder auch das Bezugserzieher-Team hilft den Eltern und Kindern, die Menge an Angeboten, Personen und Informationen zu verstehen. Auf diese Weise erwerben die Eltern und das Kind Vertrauen in die gesamte Institution. Ein ausgehändigtes Eingewöhnungsheft kann den Eltern dazu dienen, Erlebtes zu dokumentieren, Fragen zu notieren und dann diese im Nachgang mit der Fachkraft zu besprechen. In den ersten vier Tagen werden die Eltern ermutigt, alle Fachkräfte und Kinder kennenzulernen und sich frei durch das Haus zu bewegen – nach Möglichkeit mit den Augen und im Tempo ihres Kindes. Die Bezugserzieherin bzw. der Bezugserzieher beantwortet bei Bedarf Fragen, hält sich aber ansonsten weitgehend zurück und versucht in einer beobachtenden Rolle das Kind in seiner Individualität kennenzulernen.

Verantwortung für das Kind trägen bei den Kennenlerntagen noch die Eltern. Ihre Anwesenheit ist für das Kind in der Kennenlernphase unverzichtbar, weshalb auch hier noch keine Trennung erfolgen sollte.

Winner (2015, S. 8) macht deutlich, wie wichtig es ist, dass das Kind die Möglichkeit erhält, den Alltag zu erleben, »denn es informiert sich in gewissem Maße über zwei Kanäle, zum einen erforscht das Kind selbst die Materialien, die Räume, die Interaktionen, zum anderen beobachtet es die anderen Kinder und die Erzieher/innen und entdeckt an diesen Modellen, was es hier in Zukunft erwarten kann«.

Die beobachtbaren Fachkraft-Kind-Interaktionen zeigen den Eltern und dem Kind, ob es in der Kita als Subjekt wahrgenommen wird und wie seine individuellen Bedürfnisse befriedigt werden. Eine zentrale Bedeutung bei der Integration der neuen Kinder in die Gruppe erhalten daher die anderen Kinder, denn durch ihr Verhalten zeigen sie den »Neuen«, dass man sich hier wohlfühlen und gut weiterentwickeln kann (vgl. ebd.).

Aber auch für Kinder, die die Kita bereits seit Längerem besuchen, ist die Kennenlernphase sehr wichtig, um zu erleben, dass sie weiterhin als Subjekte wahrgenommen werden und sich auf ihre Erzieherin bzw. ihren Erzieher verlassen können. Im Gegensatz zum Berliner Eingewöhnungsmodell wird es für die Eingewöhnung eher als erschwerend angesehen, wenn die pädagogische Fachkraft nur auf das neue Kind fokussiert und von den anderen Kindern Rücksichtnahme gefordert wird.

Am Schluss der Kennenlernphase findet ein ausführliches Gespräch zwischen der Bezugserzieherin bzw. dem Bezugserzieher und den Eltern statt, in dem die bislang erlebten Tage gemeinsam ausgewertet und die kommenden geplant werden (vgl. Winner & Erndt-Doll 2009, S. 55).

Dritte Phase: Sicherheit gewinnen

Auch in nächsten sechs Tagen – von Montag bis einschließlich Montag – begleiten die Eltern ihr Kind täglich mehrere Stunden in der Einrichtung. In dieser zweiten Woche kommen sie jedoch regelmäßig zur selben Zeit in die Kita, und ihre Anwesenheit sollte die Zeitspanne umfassen, in der das Kind später auch dort betreut werden wird. In dieser **Sicherheitsphase** sollen Eltern und Kind die Sicherheit gewinnen, die sie brauchen, um sich voneinander trennen zu können. Sicherheit entsteht vor allem dann, wenn man Ereignisse zu einem gewissen Ausmaß vorhersehen kann.

Die Fachkraft nutzt ihre Beobachtungen aus der Kennenlernphase – wie das Kind auf neue Dinge und Personen zugeht, zu welchen Kindern es Kontakt aufnimmt, welche Situationen es interessieren und anregen, aber vielleicht auch ängstigen, welche Materialien es besonders motivieren und wo seine aktuellen Stärken liegen –, um dem Kind zu zeigen, dass es in der Kita verantwortliche Personen gibt, die seinen Bedürfnissen und Interessen nachkommen und es in seiner Entwicklung kompetent begleiten. Sie geht nun aktiv auf das Kind zu und übernimmt immer mehr die Aufgaben, die in der ersten Woche noch die Eltern hatten. Die Eltern bleiben aber als »sicherer Hafen« weiterhin für das Kind verfügbar (ebd., S. 55). Mit den Eltern finden außerdem täglich kurze Reflexionsgespräche über den Verlauf der Eingewöhnung statt, die dem gegenseitigen Verständnis dienen.

Eine wichtige Ressource stellen auch in dieser Sicherheitsphase die anderen Kinder dar, die dem neuen Kind vorleben, »dass man sich hier sicher und wohlfühlen kann und dass es mit den anderen Kindern etwas erleben kann, das Erwachsene nicht bieten können« (Winner 2015, S. 9). Kinder sind »nicht so mächtig und groß wie erwachsene Betreuerinnen und daher wenig bedrohlich. Kinder ertragen und lernen, Konflikte viel leichter mit anderen Kindern als Erwachsenen zu lösen« (Beller 2002, S. 11).

Am Ende der zweiten Woche kennen die meisten Kinder die Alltagsroutinen in der Einrichtung, und es gelingt ihnen in der Regel, Abläufe vorherzusagen und auch zu beeinflussen. Auf dieser Basis kann Vertrauen entstehen. Die Fachkraft entwickelt nun zu dem Kind eine **verlässliche und vertrauensvolle Beziehung.** Auch wenn sie auf das Bindungsverhalten des Kindes antwortet und sein Bindungsbedürfnis befriedigt, entwickelt sie – im Gegensatz zu den Aussagen der klassischen Bindungstheorie und dem Berliner Eingewöhnungsmodell – nach Auffassung von Winner und Erndt-Doll (2009, S. 57f.) keine Bindung zu ihm.

Vierte Phase: Vertrauen aufbauen

Das Kind entwickelt während der Eingewöhnung jedoch nicht nur Vertrauen in die Fachkraft, sondern auch Vertrauen in die Institution. Um in der Einrichtung ohne Eltern bleiben zu können, darf diese keine »fremde Situation« mehr sein (ebd., S. 58).

Ein **erster Trennungsversuch** sollte frühestens am sechsten Tag erfolgen. Wichtig ist auch zu berücksichtigen, dass selbst Kinder, die bereits eine Tagespflege oder eine andere Einrichtung besucht haben, wieder eine Eingewöhnungszeit benötigen. Denn Trennungen fallen nicht unbedingt leichter, wenn man sie bereits oft erlebt hat. Winner und Erndt-Doll (2009, S. 59) machen in diesem Zusammenhang deutlich: »Wie wir uns in Trennungssituationen verhalten, wird nicht nur von Erfahrungen und Modellen beeinflusst, sondern auch von dem persönlichen Temperament, der momentanen Stimmung und der Beziehung zu der jeweiligen Situation. Entscheidend für die Einschätzung des Trennungsverlaufs ist nicht die Trennungssituation selbst, sondern das Verhalten des Kindes vor und nach der Trennung.«

Sich gut trennen zu können bedeutet, die Trennung zu akzeptieren und den Schmerz zu überwinden, weil in der Kita interessante Erfahrungen auf einen warten. Das heißt jedoch nicht, dass dies sofort ohne Tränen und völlig unbekümmert gelingt.

Nach Winner und Erndt-Doll (2009, S. 59) weisen folgende **Verhaltensweisen** darauf hin, dass die Einrichtung dem Kind bereits vertraut ist und es eine gewisse Sicherheit entwickelt hat:

- »Das Kind erkundet die nähere Umwelt auch ohne die Eltern. Es versichert sich nicht permanent durch Blicke, Zurücklaufen oder Rufen, dass sie noch da sind.
- Das Kind zeigt positive Gefühle und drückt Lust aus – nicht nur gegenüber der Mutter, sondern auch dann, wenn diese nicht unmittelbar in der Nähe ist. Je nach Alter kann das heißen: Das Kind lächelt, lacht, jauchzt, plappert, zeigt freudig erregte Körperbewegungen, schmunzelt, begleitet lustvolle Bewegungen stimmlich.
- Das Kind verhalt sich responsiv. Es horcht auf, wenn es angesprochen wird, hört zu, wenn mit ihm gesprochen wird, reagiert auf Aktionen der Bezugserzieherin, schaut sie an, wendet den Kopf nach ihr.
- Das Kind kommuniziert mit der Bezugserzieherin und einigen Kindern: Es benutzt Laute, Mimik, Gestik oder Sprache in sozialen Situationen zur Kontaktaufnahme oder zur Fortsetzung der Interaktion mit Personen in der Gruppe. Es wendet sich nicht nur an die Mutter, sondern auch an die Erzieherin, wenn es Unterstützung braucht.
- Das Kind zeigt zielgerichtete Aktivitäten – es erkundet oder spielt: Es hat eine gewisse Ausdauer bei einigen Aktivitäten, interessiert sich für Gegenstände und probiert Handlungen aus. Die Augen bleiben bei der eigenen Aktivität und streifen nicht immer suchend umher.
- Das Kind beteiligt sich an sogenannten Pflegesituationen, die die Bezugserzieherin gestaltet. Kooperation kann sich je nach Alter beim Wickeln und Füttern, beim selbstständigen Essen und Anziehen unterschiedlich zeigen. Die Bezugserzieherin zeigt

> dem Kind zum Beispiel die Windel, und es schaut interessiert zu oder hebt den Po, wenn diese daruntergeschoben werden soll. Es öffnet den Mund beim Füttern oder nimmt sich selbst Obststücke vom Teller. Das Kind steckt den Ärmel in die bereitgehaltene Jacke oder sucht Hausschuhe.«

In den Tagen vor der Trennung sollte das Kind wenigstens einige dieser geschilderten Verhaltensweisen zum wiederholten Male gezeigt haben. Da sich Kinder sehr individuell verhalten, ist hier eine genaue Beobachtung und Dokumentation erforderlich. So kann es zum Beispiel sein, dass sich ein Kind beim An- und Ausziehen und beim Essen schon wohlfühlt und gut kooperiert, sich aber von der Fachkraft noch nicht wickeln lässt. Zeigt es nur wenige oder selten die genannten Verhaltensweisen, hat es noch keine Sicherheit gewonnen und eine Trennung ist nicht empfehlenswert. In diesem Fall sollten die Eltern noch ein paar Tage bei ihm bleiben. Winner und Erndt-Doll (2009, S. 60) versichern, dass manchmal schon wenige weitere Tage ausreichen, »weil das Kind dann spürt, dass seine Bedürfnisse ernst genommen werden und es an den Entscheidungen über sein Leben beteiligt wird«.

Aus diesem Grund ist nach zehn Tagen ein ausführliches Gespräch mit den Eltern über den weiteren Eingewöhnungsverlauf sowie den geeigneten Zeitpunkt der ersten Trennung sehr wichtig (vgl. ebd.). Die Entscheidung, wann ein Kind in vollem Umfang seine Gruppe besuchen und sich aktiv am Alltag der Kinder ohne Beisein der Eltern beteiligen wird, hängt nach dem Münchener Eingewöhnungsmodell nicht nur vom Verhalten des Kindes ab. Ebenso sollte die Bereitschaft der Mutter und auch die der Fachkraft mit einbezogen werden. Hat die Mutter selber noch mit Trennungsängsten zu kämpfen, so sei es ratsamer, feinfühlig auf die Mutter zu reagieren und ihr zur vermitteln, dass ihre Sorgen und Bedürfnisse wahrgenommen werden, anstatt Druck auszuüben und gegebenenfalls Schuldgefühle zu fördern. Ebenso sollte die Fachkraft mit der Situation zurechtkommen, vom Team Unterstützung erfahren und keine Probleme in der Gruppe vorliegen haben (vgl. Beller 2002, S. 14).

Die **erste Trennung** sollte auch nach dem Münchener Eingewöhnungsmodell möglichst nicht an einem Montag stattfinden. Die Eltern begleiten das Kind an einem Wochentag wie gewohnt in die Kita und bleiben noch in der Gruppe, bis es richtig angekommen ist. Nach einer bewussten und entschiedenen Verabschiedung verlassen sie den Raum. Häufig hilft es den Eltern, wenn sie sich während der Trennungszeit in einer Eltern-Ecke oder einem Eltern-Café in der Einrichtung aufhalten können: »Eltern können sich dort mit anderen Eingewöhnungseltern oder zum Beispiel auch Elternbeiräten während der ersten Trennungszeit treffen und austauschen, oder eine Erzieherin begleitet die Mutter/den Vater. Manchmal löst sich dabei der Kloß im Hals, manchmal fließen auch Tränen. Eltern sind meist dankbar, wenn sie Verständnis finden und bei der ersten Trennung nicht allein sein müssen. Wenn die Eltern in dieser schwierigen Phase Begleitung und Unterstützung bekommen und ihre Gefühle ausdrücken und bearbeiten dürfen, gehen sie meist erleichtert und gestärkt in die Gruppe zurück, um ihr Kind abzuholen.

Diese Erleichterung überträgt sich fast immer auf das Kind. Und beide gehen zufrieden nach Hause« (Winner & Erndt-Doll 2009, S. 62).

Die erste Trennung sollte nach Winner und Erndt-Doll (2009) auch nicht zu kurz sein, weil das Kind sonst nicht lerne, mit seinen Gefühlen umzugehen: »Es braucht Zeit, um die Trennung zu realisieren, die Gefühle auszudrücken und wieder ins Gleichgewicht zu kommen« (ebd., S. 62). Trotz alledem sollte die erste Trennung für das Kind überschaubar bleiben. Wichtig ist, dass es erfährt, dass das ihn begleitende Elternteil zuverlässig wiederkommt, ehe es ängstlich wird und in Verzweiflung gerät. Aus diesem Grund ist es essenziell, dass die Eltern während der Trennung erreichbar sind.

Abhängig vom Alter des Kindes sollte der Trennungszeitraum zwischen 30 und 60 Minuten betragen. Bei der Rückkehr teilen die Eltern dem Kind mit, dass sie jetzt nach Hause gehen. Während das Kind vielleicht noch fertig isst oder spielt, sollte der Mutter ehrlich mitgeteilt werden, wie die Trennung verlaufen ist, und sich mit ihr verständigt werden, wie die nächsten Tage weiter gestaltet werden. Wenn sich das Kind bei Trennungsängsten beruhigen lässt und auf die Situation in der Kita einlassen kann, wird die Trennungszeit in den darauffolgenden Tagen ausgedehnt. Es zahlt sich dann aus, dass die Eltern zuvor ihr Kind den gesamten Vormittag begleitet haben. Dadurch ist der Ablauf für das Kind vorhersehbar, und die Wiederholung gibt ihm Sicherheit. Nach einer klaren und bestimmten Verabschiedung gehen dann beide auch nach Hause, sodass der Tag mit einer normalen Routine endet. In der vierten Woche ist die erste Phase dann in der Regel bewältigt (vgl. ebd.).

Für diese **Vertrauensphase** werden im Münchener Eingewöhnungsmodell noch einige Tipps und Ideen vorgestellt:

- Ein sogenanntes **Übergangsobjekt** – ein persönlicher Gegenstand, den das Kind von zu Hause mitbringt (z. B. ein Kuscheltuch oder eine Stofftier) – kann als Anker dienen, an dem sich das Kind nach der Trennung festhalten und sich damit trösten kann.
- **Foto-Collagen,** ein **Fotobüchlein** oder **Wandbilder mit Fotos** von seiner Familie und der häuslichen Umgebung können dem Kind eine tröstliche Erinnerung ermöglichen, wenn es in der Einrichtung ist. Häufig werden diese Bilder an Elternabenden gemeinsam hergestellt und bieten dadurch einen natürlichen Gesprächsgegenstand zwischen den alten und neuen Eltern.
- Ein **Telefonanruf** kann besorgten Eltern helfen, zu erfahren, wie es dem Kind geht und emotional zu Erleichterung führen. Dabei sollte allerdings Ehrlichkeit höchste Priorität haben und nichts beschönigt werden, weil dies sonst nur Misstrauen weckt.
- **Videoaufnahmen** von der Trennung und der Zeit danach bieten die Möglichkeit, die Situationen mit den Eltern in einem Reflexionsgespräch gemeinsam zu betrachten und sich über die Gefühle aller Beteiligten auszutauschen.
- Außerdem wird empfohlen, die **täglichen Übergänge behutsam zu gestalten.** Eine ruhige Atmosphäre und alltägliche Rituale helfen dem Kind, sich auf die Veränderungen einzulassen, da sie noch nicht so gut wie Erwachsene Situationen gedanklich vorhersehen und sich darauf vorbereiten können.

Die Vertrauensphase und damit auch die Eingewöhnung gilt als abgeschlossen, wenn das Kind die Trennung akzeptiert, sich nach der Verabschiedung wieder beruhigt, Aktivitäten und Kontakt mit anderen Kindern aufnimmt (vgl. Winner 2015, S. 10).

Fünfte Phase: Die Eingewöhnung auswerten und abschließen

Während der gesamten Eingewöhnungszeit werden **Elterngespräche** durchgeführt, die für den Vertrauensaufbau besonders wichtig sind. In vielen Einrichtungen wird aber nach dem Ende der Eingewöhnung noch einmal ein ausführliches **Auswertungsgespräch** angeboten, das den Übergang abschließt. Es findet zum Beispiel ein Austausch darüber statt, wie sich die Eingewöhnung für alle Beteiligten gestaltet hat und wie sich das Kind in der Kita und zu Hause verhält. Manchmal hilft es den Eltern, noch einmal darüber zu reden, dass einige Befürchtungen gar nicht eingetreten sind und dass sich die Eingewöhnung gelohnt hat. Es können aber auch Krisen besprochen und bearbeitet werden, um dann gemeinsam nach Lösungen zu suchen.

Für ein Abschlussgespräch stellen Winner und Erndt-Doll (2009, S. 86) den folgenden Interviewleitfaden zur Verfügung, der als Orientierung dienen kann:

Ein Interviewleitfaden zum Abschlussgespräch

Abschlussgespräch der Eingewöhnung von ______________________________

am ________________________ mit ______________________________

Wie geht es Ihnen heute in der Einrichtung?

Welche Einstellung hatten Sie zu Anfang und jetzt von unserer Tagesstätte?

Was hat Ihnen besonders gefallen?

Gibt es von Ihrer Seite Veränderungsvorschläge, Ideen oder Wünsche
für die Eingewöhnung?

Was wünschen Sie sich und für Ihr Kind für die nächste Zukunft?

Quelle: Winner & Erndt-Doll 2009, S. 86

Auch für Teams ist eine Auswertung der Eingewöhnungen von zentraler Bedeutung. Häufig werden Aussagen von Eltern dokumentiert, eigene Erfahrungen ausgewertet und nicht selten führt dies dazu, dass die Konzeption erneut reflektiert und verändert wird (vgl. Winner & Erndt-Doll 2009, S. 66).

Die folgende Abbildung zeigt noch einmal zusammenfassend den Weg des gemeinsamen Übergangs nach dem Münchener Eingewöhnungsmodell:

Abb. 4: Der Weg des gemeinsam gestalteten Übergangs nach dem Münchener Eingewöhnungsmodell

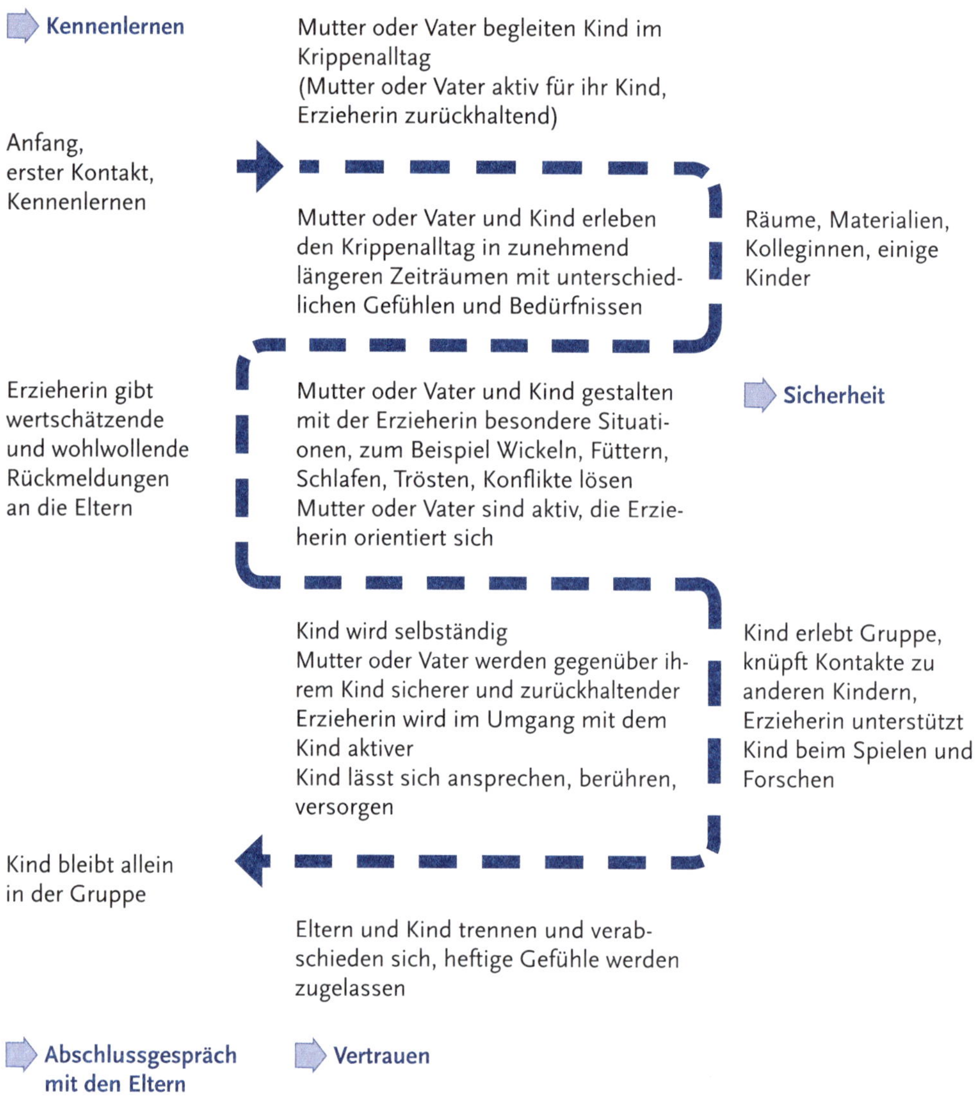

Quelle: Winner & Erndt-Doll 2009, S. 89

Ergebnisse einer empirischen Evaluation des Eingewöhnungsmodells im Rahmen des Modellprojekts »Frühförderung von Kleinstkindern durch Unterstützung junger Familien bei der Erziehungsaufgabe und durch pädagogische Qualifizierung von Krippen« zeigten, dass Kinder in der allmählichen und moderierten Eingewöhnung weniger positive Gefühle und mehr Stress zeigten als Kinder, die abrupt eingewöhnt wurden, das heißt, deren eingewöhnendes Elternteil während der ersten 18 Tage weitgehend abwesend war. Es konnte jedoch aufgezeigt werden, dass der erhöhte Ausdruck von Stress der Kinder in der allmählichen Eingewöhnung eine Form von aktiver Auseinandersetzung (coping) mit einer Veränderung ihres gewohnten Alltags war. Die Kinder, die abrupt eingewöhnt wurden, drückten in Abwesenheit ihrer Mütter hingegen ihren Stress gehemmter aus.

Die aktive Auseinandersetzung mit dem Veränderungsstress führte in der allmählichen Eingewöhnungsgruppe zu einer langfristig besseren Anpassung. Außerdem zeigten diese Kinder 15 Monate später weniger Stress und eine bessere Anpassung an die Krippensituation, indem sie zum Beispiel weniger Unbehagen ausdrückten und sich leichter trösten ließen als die Kinder, die abrupt eingewöhnt wurden.

Drei Monate nach dem Eingewöhnungsbeginn zeigten die Kinder, die allmählich eingewöhnt wurden, außerdem mehr soziale Interaktionen mit anderen Kindern und der Fachkraft, mehr Autonomie, Kooperation und Beteiligung an ihren Pflegeaktivitäten sowie mehr positive Emotionen, weniger Angst, Aggression und Unlust.

Beller hat diese Ergebnisse wie folgt interpretiert: »Wir glauben, dass die Trennungserfahrungen für diese Kinder [mit Eingewöhnung] nicht schwieriger oder schmerzvoller waren als für die Kinder der anderen Gruppe [ohne Eingewöhnung]. Es mag jedoch sein, dass die Anwesenheit eines Elternteils es dem Kind ermöglichte, seine negativen Gefühle freier auszudrücken. Wir erwarten, dass das Kind besser lernen kann, mit seinen Gefühlen umzugehen, wenn es sie ausdrückt und bewusst erlebt« (Landeshauptstadt München, Sozialreferat 1994, S. 61).

Auch die Mütter, deren Kinder allmählich und moderiert eingewöhnt wurden, zeigten ihrem Kind gegenüber mehr positive Gefühle und reagierten responsiver auf die Signale ihrer Kinder sowie vertrauensvoller und offener den Fachkräften gegenüber als Mütter, die mit ihrem Kind eine abrupte Eingewöhnung erlebt hatten (vgl. Beller 2002, S. 7).

Fragen und Aufgaben zur Reflexion des Münchener Eingewöhnungsmodells

»Versetzen Sie sich bitte in die unterschiedlichen Personen, die während der Eingewöhnung aufeinandertreffen und überlegen Sie:

- Was möchte das neue Kind kennenlernen?
- Was möchte die Kinder-Gruppe kennenlernen?
- Was möchten die Eltern/familiären Bezugspersonen des neuen Kindes kennenlernen?

Was möchte die Erzieherin/das Team kennenlernen?

- Vergleichen Sie die Erwartungen!
- Wie können Sie die Kindergruppe auf die Eingewöhnung vorbereiten und aktiv in die Eingewöhnung miteinbeziehen?

Überlegen Sie Ihre Ziele und Ihr pädagogisches Handeln!«
(Winner 2015, S. 11)

4.4 Vergleich und Reflexion der Eingewöhnungsmodelle

Beide vorgestellten Eingewöhnungsmodelle sind als Orientierungen zu verstehen und verfolgen das Ziel, pädagogische Fachkräfte für den Eingewöhnungsprozess zu sensibilisieren und sie dabei zu unterstützen, diesen professionell zu gestalten. Der Fokus liegt bei beiden Modellen auf dem Kind und dessen Wohlergehen. So vertreten beide Modelle den Grundsatz, dass die Eltern zurückgeholt werden müssen, wenn sich das Kind nach der Trennung nicht von der Fachkraft trösten lässt. Außerdem wird in beiden Modellen gleichermaßen die Notwendigkeit einer engen und wertschätzenden Zusammenarbeit zwischen pädagogischen Fachkräften und Eltern hervorgehoben. Beide Modelle lassen keinen Zweifel daran, dass ein Eingewöhnungsprozess ohne eine stabile Erziehungs- und Bildungspartnerschaft nur schwer gelingen kann. Beide Modelle fordern dazu auf, Eltern aktiv am Eingewöhnungsprozess zu beteiligen und sie fachlich zu unterstützen und zu begleiten. Alle Ziele und Vorgehensweisen sowie Fortschritte und Rückschritte werden regelmäßig überprüft und mit den Eltern sowie im Team besprochen und reflektiert. In beiden Modellen wird darauf hingewiesen, dass das gesamte Team der eingewöhnenden Fachkraft den Rücken stärken und sie entlasten muss. Um dies zu ermöglichen, muss die Eingewöhnung gut geplant und vorbereitet werden. Aus diesem Grund widmen beide Modelle auch der Organisation der Kita eine hohe Aufmerksamkeit.

Dennoch unterscheiden sich beide Eingewöhnungsmodelle auch in zentralen Punkten wie zum Beispiel im Hinblick auf ihre theoretischen Grundlagen, den Ablauf und das Setting der Eingewöhnung sowie die Bedeutung der pädagogischen Fachkraft und ihr Bild vom Kind. Die folgende Tabelle stellt noch einmal zentrale Unterschiede des Berliner und des Münchener Eingewöhnungsmodell dar:

Tab. 17: Berliner und Münchener Eingewöhnungsmodell im Vergleich

	Berliner Eingewöhnungsmodell	**Münchener Eingewöhnungsmodell**
Grundlage	Erkenntnisse der Bindungsforschung sowie andere internationale Forschungsergebnisse zur außerfamiliären Tagesbetreuung von Kindern unter drei Jahren; eigene Forschungsarbeiten der Autorinnen und Autoren; Erfahrungen von Fachkräften aus dem Eingewöhnungsprozess Weitere Einflüsse: Reggio Pädagogik, Hirnforschung	Erkenntnisse aus der Transitionsforschung und der Säuglingsforschung mit der Figur des »kompetenten Säuglings« sowie aus ökopsychologischen Modellen der Schulfähigkeit und zur Gestaltung des Übergangs von der Familie oder der Kita in die Schule; Erfahrungen von Fachkräften aus dem Eingewöhnungsprozess Weitere Einflüsse: Reggio-Pädagogik, Pikler-Pädagogik, Wygotskis soziokultureller Ansatz, Entwicklungstheorie des Selbstempfindens von Stern, reformpädagogische Ansätze
Altersgruppe des einzugewöhnenden Kindes	Ursprünglich: Kinder in den ersten drei Lebensjahren; mittlerweile aber auch Übertragung auf Kindergartenkinder	Kleinkinder wie auch Kinder im Kindergartenalter
Eingewöhnungsdauer	6 bis 14 Tage Dauer der Eingewöhnung abhängig vom Verhalten des Kindes in der Trennungssituation am 4. bzw. 5. Tag der Eingewöhnung	12 plus 3 Tage; keine Trennung vor dem 6. Tag Dauer hängt nicht so stark vom Verhalten des Kindes ab, sondern von der Bereitschaft aller am Eingewöhnungsprozess Beteiligten: Kind, Eltern, Fachkraft, Kindergruppe

	Berliner Eingewöhnungsmodell	**Münchener Eingewöhnungsmodell**
Setting der Eingewöhnung	Kleingruppe: einzugewöhnendes Kind, Elternteil, Fachkraft, einzelne Kinder der Gruppe	Gesamtgruppe / Einrichtung
Bild vom Kind	Kind, das zunächst einen »Schutzstatus« benötigt und angewiesen auf die Entwicklung einer sicheren Bindung zur Fachkraft ist	»Starkes« Kind, das den Übergang bewältigen kann, wenn es dabei Unterstützung erfährt, und durch diese Übergänge gestärkt wird Kind als »kompetentes, individuelles Subjekt«, das die Eingewöhnung gemeinsam mit anderen aktiv gestaltet
Bedeutung und Rolle der pädagogischen Fachkraft	Starker Fokus auf die Rolle der Fachkraft	Neben der Fachkraft haben auch die Kindergruppe und die Institution als Ganzes eine zentrale Bedeutung
	Im Vordergrund steht der Aufbau einer Fachkraft-Kind-Bindung	Im Vordergrund steht die Entwicklung einer verlässlichen und vertrauensvollen Beziehung zur Fachkraft
	Sichere Bindung zur Fachkraft als Voraussetzung für eine gelingende Eingewöhnung und gute Entwicklung des Kindes	Fachkraft antwortet auf Bindungsverhalten des Kindes und befriedigt sein Bindungsbedürfnis, es entwickelt aber keine Bindung zu ihr

Quelle: Eigene Darstellung

Es gibt bislang keine systematischen Untersuchungen, aber die Erfahrungen aus der Praxis zeigen, dass beide Eingewöhnungsmodelle, wenn sie richtig umgesetzt werden, funktionieren. Eine erfolgreiche Eingewöhnung zeigt sich darin, dass sich das Kind nach der Trennung von der eingewöhnenden Fachkraft trösten lässt, danach neugierig den Raum erkundet und sich für die anderen Kinder interessiert, gemeinsam mit den anderen isst und sich von der Fachkraft wickeln und ohne Ängste schlafen legen lässt (vgl. Dreyer 2013b).

Alle Modelle können jedoch nur eine Orientierung sein. Sie dürfen nicht als ein mechanisch anzuwendendes »Rezept« missverstanden werden. Die Modelle können und sollen das pädagogisch verantwortliche Handeln der Fachkräfte unterstützen und nicht ersetzen. Jedwede Entscheidung über den Ablauf und die Dauer der Eingewöhnungszeit muss stets als vorläufig verstanden und durch das Verhalten der Kinder korrigierbar bleiben. Hier ist die **Professionalität der Pädagoginnen und Pädagogen** gefragt, die die Eingewöhnungssituation gestalten. Um die Eingewöhnung für das Kind gut gestalten zu können, benötigen sie **Handlungskompetenz.** Das heißt, sie müssen in der Lage sein, in der Eingewöhnungssituation fachlich fundiert zu handeln, und zwar in einer Praxis, in der viele Unwägbarkeiten existieren, in der täglich, im Prinzip in jeder Situation neu entschieden werden muss. Hierfür notwendig ist die **Fähigkeit zur Selbstreflexion und zur fachlichen Reflexion von Situationen.** Es geht darum, fähig zu sein, sein eigenes Verhalten und seine Gefühle in einer Situation noch einmal aus der Distanz zu betrachten und sich zu fragen: Was ist da eigentlich passiert? Wäre es auch möglich gewesen, anders zu handeln? Was ist jetzt zu tun?

Sehr wichtig ist auch die **Kommunikationsfähigkeit.** Besonders in der Zusammenarbeit mit Eltern, die bei der Eingewöhnung eine entscheidende Rolle spielen, müssen pädagogische Fachkräfte in der Lage sein, zu erläutern und fachlich zu begründen, was sie tun. Sie müssen erfassen können, wo bei den Eltern gegebenenfalls noch Fragen und Unsicherheiten sind. Wichtig ist ebenso, Eltern das Gefühl zu geben, dass ihre Anliegen ernst genommen werden, und sie beruhigen zu können. Der Austausch mit den Eltern vor und während der Eingewöhnung ist Grundlage dafür, dass sich zum einen eine vertrauensvolle Beziehung entwickeln kann und damit zum anderen die Signale der Kinder, was sie in der Eingewöhnungszeit brauchen, wahr- und ernst genommen werden. Entscheidend ist es auch, die Perspektive des Kindes einnehmen und angemessen darauf reagieren zu können. Dazu werden **Empathiefähigkeit, Feinfühligkeit** und **Mind-Mindedness** (Fähigkeit, sich selbst und anderen mentale Zustände zuzuschreiben und diese Attributionen zur Verhaltenserklärung und -vorhersage zu nutzen) benötigt. Hierfür müssen emotionale Äußerungen und Signale des Kindes wahrgenommen, richtig interpretiert und verbalisiert sowie prompt und angemessen darauf reagiert werden (vgl. van Dieken 2012).

4.5 Die Gestaltung des internen Übergangs – vom Krippen- in den Elementarbereich bzw. vom Nest in die offene Arbeit

Seit dem verstärkten Ausbau der Betreuung unter Dreijähriger haben viele Kindertageseinrichtungen ihr Angebot erweitert, indem sie nun Kinder im Alter von null bis drei Jahren aufnehmen. Unabhängig davon, welche Einrichtungs- und Gruppenstruktur vorliegt (vgl. hierzu Kapitel 4.7.5), sind Übergänge zwischen den Gruppen, Bezugssystemen, den Bezugserzieherinnen und Bezugserziehern etc. zu gestalten. So entsteht zum Beispiel häufig ein Wechsel vom Krippen- in den Elementarbereich bzw. vom Nest in die offene Arbeit.

Wann ein solcher Wechsel stattfindet, sollte nicht nur von **formalen Aspekten** abhängen, zum Beispiel von Platzkontingenten nach dem Alter der Kinder (unter drei und über drei Jahre) entsprechend der Betriebserlaubnis in der jeweiligen Betriebsform oder von Platzvakanzen, die etwa durch die Einschulung entstehen. Viel wichtiger ist es, **kindbezogene Impulse** wie den jeweiligen Entwicklungsstand und die Entwicklungsthemen sowie die aktuelle Lebenslange des Kindes zu berücksichtigen, um zu überprüfen, wo die Bedürfnisse und Interessen des Kindes am besten beantwortet werden.

Mögliche **Signale,** die deutlich machen, dass das Kind bereit für den Übergang ist, können unter anderem sein (vgl. Höhn 2016a, S. 82):

- Das Kind schaut bei Gängen durch das Haus von sich aus auch einmal in Bereiche der älteren Kinder.
- Es beobachtet in der Einrichtung oder auch im Garten mit Interesse die Aktivitäten der älteren Kinder.
- Die Spiel- und Materialangebote sind nicht mehr anregend genug, und das Kind scheint an komplexeren Materialien interessiert zu sein.
- Der Tagesablauf in der Krippe scheint das Kind nicht mehr »auszulasten«, denn es kann zum Beispiel längere Spielzeiten und Projekte mit Konzentration durchführen und benötigt kürzere Phasen der Erholung bzw. Ruhe.

Diese Wahrnehmungen der pädagogischen Fachkräfte sollten auch noch einmal mit den Einschätzungen der Eltern zu den aktuellen Interessen und Verhaltensweisen ihres Kindes in einem **Rückversicherungsgespräch** abgeglichen werden.

Leider ist die Gestaltung des internen Übergangs in der Fachliteratur bislang wenig thematisiert und auch noch nicht empirisch erforscht (vgl. Griebel & Niesel 2013, S. 110), wenngleich Praxisbeobachtungen in Einrichtungen verdeutlichen, dass dieser Übergang noch nicht professionell und kindzentriert genug gestaltet wird (vgl. Schlechtweg-Herpich 2014).

In einigen **Bildungsplänen** wird die Bedeutung der internen Übergangsgestaltung nun erstmals aufgegriffen, wie zum Beispiel im »Berliner Bildungsprogramm für Kitas und Kindertagespflege«, in dem darauf hingewiesen wird, dass bei Übergängen zwischen verschiedenen Gruppen und Bereichen zu beachten ist, »dass Kinder vor ihrem Wechsel in eine andere Gruppe Kontakt mit den Pädagoginnen und Pädagogen und Kindern aufnehmen und mit den neuen Räumen vertraut werden können« (Senatsverwaltung für Bildung, Jugend und Wissenschaft 2014, S. 59). Außerdem werden im Berliner Bildungsprogramm Qualitätskriterien definiert, wie pädagogische Fachkräfte Übergänge zwischen und innerhalb von Kitas bzw. aus und zwischen Kindertagespflegestellen einfühlsam gestalten können (vgl. hierzu auch Kapitel 4.8).

Auch der »Bayerische Bildungs- und Erziehungsplan für Kinder in Tageseinrichtungen bis zur Einschulung« problematisiert, dass pädagogische Fachkräfte bei der internen Übergangsgestaltung häufig erwarten, »dass Kinder und Eltern diesen Übergang weitgehend problemlos bewältigen, da sie ja bereits über Erfahrungen mit Kinder- und Elterngruppen sowie mit pädagogischen Fachkräften verfügen« (Bayerisches Staatsministerium für Arbeit und Sozialordnung, Familie und Frauen & Staatsinstitut für Frühpädagogik München 2012, S. 102). Auch wenn der Übergang innerhalb einer Einrichtung nur am Rande thematisiert wird, wird hervorgehoben, dass Kinder und Eltern zu lernen haben, mit den unterschiedlichen Veränderungen und Anforderungen umzugehen, und alle Beteiligten – Kinder, Eltern und pädagogische Fachkräfte – den Übergang in kooperativer Weise bewältigen müssen. Schließlich werden für alle am Übergangsprozess beteiligten Personen Ziele für eine erfolgreiche Übergangsbewältigung auf individueller, interaktionaler und kontextueller Ebene formuliert sowie Anregungen und Beispiele zur Umsetzung gegeben (vgl. ebd., S. 103f.):

Tab. 18: Ziele erfolgreicher Übergangsbewältigung im Bayerischen Bildungs- und Erziehungsplan

Für die Erzieherinnen der abgebenden Einrichtung:	**Für die Erzieherinnen der aufnehmenden Einrichtung:**
• Sich über Angebote in der Kinderkrippe bzw. im Kindergarten austauschen • Informationen über Konzeption der Kinderkrippe bzw. des Kindergartens weitergeben • Eltern bei der Wahl eines geeigneten Kindergartens behilflich sein • Das Abschiednehmen der Kinder feierlich begehen und die Kinder auf die neue Einrichtung vorbereiten.	• Bereitschaft, sich auf neue Kinder einzustellen und auf deren individuelle Fähigkeiten, Fertigkeiten und Charaktere einzugehen • Familien Probebesuche anbieten • Kinder bei der zeitweisen Trennung von den Eltern unterstützen und dabei behilflich sein, sich in der neuen Umgebung einzugewöhnen • Eltern über die Einrichtung und den Verlauf der Eingewöhnung umfassend informieren • Eltern beim Aufbau von Eltern-Netzwerken unterstützen • Unterschiede zwischen Krippen- und Familienkindern und deren Eltern wahrnehmen und entsprechend darauf eingehen.

Für die Eltern:	Für die Kinder:
Auf individueller Ebene • Abschiedsreaktionen, die sich aus den intensiv gepflegten Beziehungen zwischen pädagogischen Fachkräften, Eltern und Kindern ergeben, bewältigen • Akzeptieren, dass seitens des Kindergartens wahrscheinlich ein vergleichsweise weniger individuelles kind- und familienzentriertes Eingewöhnungsverfahren praktiziert wird • Den Übergang auch als Herausforderung sehen können im Sinne einer pädagogisch nutzbaren Diskontinuität • Identitätswandel vom Selbstbild als Eltern eines Krippenkindes zum Selbstbild als Eltern eines Kindergartenkindes. **Auf interaktionaler Ebene** • Sich auf die neuen Fachkräfte des Kindergartens einstellen und Vertrauen zu ihnen aufbauen • In der Beziehung zum Kind das Vertrauen in seine Kompetenzen und Selbstständigkeit deutlich werden lassen • Sich in die Gruppe der Kindergarteneltern integrieren und mit möglichen Vorurteilen gegen eine außerfamiliäre Betreuung von Kindern unter drei Jahren umgehen. **Auf kontextueller Ebene** • Sich mit Unterschieden zwischen Kinderkrippe und Kindergarten auseinandersetzen (z.B. Gruppengröße, Geräuschpegel, Hygienevorschriften, Mobilität, andere Sprachen, auch »schlimme« Wörter).	**Auf individueller Ebene** • Status- und Kompetenzunterschiede (die »Großen« der Krippengruppe sind die »Kleinen« in der Kindergartengruppe) akzeptieren lernen • Bereits erworbene Kompetenzen für die Weiterentwicklung zum Kindergartenkind nutzen • Ambivalente Gefühle bewältigen können (nicht nur Stolz und Vorfreude treten auf, sondern auch Gefühle des Abschieds und des Verlustes). **Auf interaktionaler Ebene** • Die Kindergruppe der Kinderkrippe verlassen und Beziehungen dort verändern bzw. beenden, d. h. Verluste verarbeiten • Bereits erworbene soziale Kompetenzen zum Aufbau neuer Beziehungen zu Kindern und Erwachsenen in zumeist größeren und komplexeren Zusammenhängen nutzen. **Auf kontextueller Ebene** • Zunächst unklar erscheinende Anforderungen und Beziehungsstrukturen der neuen Lebensumwelt und eines eventuell neuen Tagesrhythmus klären und bewältigen • Sich auf neue Bildungsangebote einstellen.

Quelle: Bayerisches Staatsministerium für Arbeit und Sozialordnung, Familie und Frauen & Staatsministerium für Frühpädagogik München 2012, S. 103f.

Schlechtweg-Herpich (2014) hat daran anknüpfend sowie gestützt auf eigene Ergebnisse durch leitfadengestützte Interviews konzeptionelle Standards entwickelt, um die Transition von der Krippe in den Elementarbereich innerhalb einer Einrichtung für die Kinder sowie alle anderen an dem Übergang Beteiligten erfolgreich zu gestalten. Sie fordert, dass dieser Übergang nicht nur als eine »Mikrotransition«, sondern als »normativer Übergang« wahrgenommen wird, welcher – basierend auf Erkenntnissen aus der modernen Bindungs-, Resilienz- und Stressforschung – professionell begleitet und gestaltet werden muss (ebd., S. 35).

Auch Höhn (2016a, b, c) gibt Empfehlungen für eine erfolgreiche interne Übergangsbewältigung aller an diesem Prozess Beteiligten (Kind, Eltern, Team, Kinder der abgebenden und aufnehmenden Gruppe) und stellt dafür verschiedene Leitfäden und Werkzeuge zur Verfügung, auf die im Folgenden eingegangen werden soll.

4.5.1 Vorbereitung und Gestaltung des Übergangs mit dem Team

Grundbedingung für einen erfolgreichen Verlauf des Übergangs sind eine gute und gründliche Vorbereitung dieses Prozesses sowie zuverlässige Absprachen zwischen der abgebenden und der aufnehmenden Fachkraft wie auch des gesamten Teams. Zur Planung und konkreten Gestaltung des Übergangs hat Höhn (2016a) einen Leitfaden entwickelt:

Tab. 19: Leitfaden zur Planung und Ausgestaltung des Übergangs

• Die bisherige Bezugserzieherin / der bisherige Bezugserzieher stellt das Kind, seine Signale zum Übergang und wesentliche Aspekte aus dem sogenannten Rückversicherungsgespräch mit den Eltern im Team vor. Im gemeinsamen Austausch ergänzen die anderen pädagogischen Fachkräfte aus dem Team die Beobachtungen.
• Es wird festgelegt, wer die neue Bezugserzieherin / der neue Bezugserzieher sein wird (dabei Beachtung der Verhaltensweisen des Kindes).
• Terminfestlegung für ein Planungsgespräch über die Phasen der Übergabe zwischen bisheriger / m und zukünftiger / m Bezugserzieher / in: Austausch von Informationen über das Kind unter Einbezug der Eingewöhnungsdokumentation, der Grenzsteine der Entwicklung, von Beobachtungen, Bildungsdokumentationen etc.
• Beschreibung von Ritualen, Gewohnheiten, Vorlieben, Abneigungen des Kindes, insbesondere bei der Beantwortung der Grundbedürfnisse Essen, Ruhen / Schlafen, Pflege
• Beschreibung der aktuellen Interessen und Themen des Kindes und seines Ausdrucks im Spiel.
• Beschreibung des aktuellen Lieblingsraums / -bereichs des Kindes und des Beschäftigungsmaterials

• Benennung der aktuell wichtigen Spielpartner und der Art und Weise, wie das Kind gerne die Kontaktaufnahme gestaltet
• Benennung von ehemaligen, wichtigen Spielpartnern des Kindes, die heute auch in anderen Bereichen des Hauses sind
• Beobachtung, inwieweit das Kind zu diesen »Ehemaligen« zurzeit den Kontakt sucht
• Festlegen des Zeitraums des Übergangs
• Möglichen Tag des Übergangs (Abschiedsfest – Begrüßungsritual) planen; dabei flexibel sein und im Prozess Änderungen vornehmen
• Einplanen der Vorbereitungen in der »abgebenden« und »annehmenden« Gruppe/Einheit
• Überlegungen, ob das Kind gemeinsam mit einem anderen Kind wechselt und dies entsprechend im Übergang »genutzt« werden kann
• Überlegung, ob es einen Kinder-Paten gibt, der vielleicht selbst Krippenkind war oder einen anderen Bezug zu dem Kind hat, das am Übergang steht; Kontakt und Begleitung auf Augenhöhe
• Terminierung eines gemeinsamen Elterngesprächs (Eltern sowie bisherige/r und neue/r Bezugserzieher/in) zum Start in die Gestaltung des Übergangs, aufbauend auf dem informellen Kontakt der »Rückversicherung« zwischen Eltern und bisheriger/m Bezugserzieher/in
• Möglichen Zeitpunkt des Reflexionsgesprächs zum Abschluss des Übergangs planen
• Vereinbarung zur Führung einer Übergangsdokumentation treffen
• Vereinbarung zum Vorgehen, wenn es »nicht klappt«, das Kind zum Beispiel die neue Bezugserzieherin nicht annimmt, sich die Signale zum Übergang als nicht tragfähig erweisen

Quelle: Höhn 2016a, S. 84

Im Team sollte in Erwägung gezogen werden, ob das Kind nicht gemeinsam mit noch einem anderen Kind – sozusagen im Tandem – den Übergang gestalten kann. Erfahrungen aus der Praxis zeigen, dass es Kindern häufig leichter fällt, den Übergang zu bewältigen, wenn dieser gemeinsam mit einem anderen engen Spielpartner bzw. einer Spielpartnerin aus dem Krippenbereich gestaltet wird.

4.5.2 Gestaltung des Übergangs mit dem Kind

Im Fokus des Übergangsprozesses steht das Kind, das den Wechsel vollzieht. Wichtig ist, seine Signale wahrzunehmen und daraus Konsequenzen für die Gestaltung des Übergangs abzuleiten. Die beiden Bezugserzieherinnen bzw. -erzieher, insbesondere die neue Fachkraft, tragen die Verantwortung für die Führung dieses Prozesses.

Für den **Beziehungsaufbau des Kindes zur aufnehmenden Fachkraft und der neuen Gruppe** bzw. Einheit schlägt Höhn (2016a, S. 86f.) folgendes **Verfahren** vor, das optional gedacht ist und natürlich an die jeweilige Situation vor Ort und die am Übergangsprozess Beteiligten angepasst werden kann.

Phase 1: Anbahnung

Als ersten Schritt besucht die **aufnehmende Fachkraft** den Krippenbereich. Sie erhält damit die Möglichkeit, das Kind in seiner vertrauten Umgebung zu erleben, seine Interessen und Themen zu beobachten und zu erkennen, wie es sich in Spielpartnerschaften verhält.

Dann begleitet sie das Kind in seinen vertrauten Räumen und Bezügen in einer Spielsituation oder einer Aktivität, die es aktuell besonders interessiert. Indem die Fachkraft Interesse an dem Kind und seinen Themen entwickelt, bietet sie ihm den Aufbau einer Beziehung an. Wichtig ist jedoch, dem Kind die Initiative zur Gestaltung des Beziehungsaufbaus zu überlassen (vgl. hierzu auch Kapitel 4.2).

In einem weiteren Schritt begleitet die **abgebende Fachkraft** das Kind in die neue Gruppe oder Einheit zu einem Schnupperbesuch und dient ihm als »sichere Basis«, damit es die neue Umgebung erkunden kann. Die **aufnehmende Fachkraft** bereitet gezielt die Umgebung in der neuen Gruppe bzw. Einheit mit Spielmaterialien oder Angeboten vor, die für das Kind aktuell von besonderem Interesse sind. Das hilft dem Kind, in der noch fremden Umgebung an Vertrautes anknüpfen zu können und sich willkommen zu fühlen.

Das Kind oder das Tandem bzw. die Gruppe der »wechselnden Kinder« nimmt zusammen mit anderen Kindern aus der neuen Gruppe mit einem vergleichbaren Entwicklungsstand zum Beispiel an einem Bewegungsangebot teil, das von **beiden Fachkräften** gemeinsam gestaltet wird (ebd., S. 86). Durch das gemeinsame Zusammenarbeiten beider Fachkräfte erlangt das Kind bzw. die wechselnde Kindergruppe Sicherheit und die Möglichkeit, über das gemeinsame Tun die anderen der Gruppe auf einem »neutralen Terrain« kennenzulernen (ebd.).

Die **aufnehmende Fachkraft** begleitet die abgebende Fachkraft auch bei der Pflege und beim Wickeln des Kindes, um so seine Gewohnheiten kennenzulernen. Außerdem versucht sie, auf indirektem Wege Kontakt zum Kind aufzunehmen.

Ein schönes Ritual ist es, wenn das Kind, bevor es die neue Fachkraft erstmals kennenlernt, eine **kleine, laminierte Fotocollage** erhält, auf der Aufnahmen der neuen Gruppe mit den Namen der Kinder und Fachkräfte sowie gegebenenfalls dem Symbol der Gruppe (Farbe, Tiername etc.) zusammengestellt sind. Verlässt das Kind in einem Tandem die Krippengruppe, könnte auch noch ein gemeinsames Foto von ihm und dem anderen wechselnden Kind eingefügt werden.

Eine andere Möglichkeit ist die Aushändigung eines kleinen **Willkommensbüchleins,** eines Fotobuchs, in dem die Räume der neuen Gruppe bzw. des neuen Bereichs sowie die neuen Fachkräfte und Kinder bei verschiedenen Alltagsroutinen wie Essen und Schlafen abgelichtet sind (vgl. Höhn 2016a, S. 57).

Phase 2: Intensivierung

Wenn die **aufnehmende Fachkraft** dem Kind schon etwas bekannt ist, holt sie es im Krippenbereich ab und begleitet es in die neue Gruppe bzw. den neuen Bereich. Damit macht sie dem Kind deutlich, dass sie ab sofort seine Begleitung in das neue Umfeld ist. Damit das Kind bzw. die wechselnde Kindergruppe die wesentlichen Abschnitte und Rituale des neuen Tagesablaufs kennenlernt, wird der Kontakt intensiviert und der Aufenthalt in der neuen Umgebung zeitlich weiter ausgedehnt. Wichtig ist, dass das Kind spürt, hier werden seine Grundbedürfnisse beantwortet, und Informationen darüber erhält, welche Regeln und Rituale es in dem neuen Umfeld gibt, wie die Mahlzeiten ablaufen, wo es zur Toilette geht, wo es sich ausruhen und erholen kann etc.

Alternativ können sich die Schnupperbesuche auch auf die Freispielzeit begrenzen, sodass die Grundbedürfnisse wie Essen, Pflege und Schlafen noch im bekannten und vertrauten Umfeld der Krippe beantwortet werden. Diese Entscheidung wird von den Signalen und Bedürfnissen des Kindes abhängig gemacht.

Phase 3: Abschied – Umzug – Ankunft und Willkommen

In einem letzten Schritt gestaltet die **abgebende Fachkraft** einen ritualisierten Abschied, damit das wechselnde Kind bzw. das Tandem und die Kinder der Gruppe erkennen, dass nun der »Umzug« erfolgt. So wird zum Beispiel ein kleines Abschiedsfest gefeiert, ein Koffer oder Korb wird gepackt, in dem das Kind alle seine persönlichen Sachen verstauen kann. Wird bei Abschiedsritualen immer derselbe Koffer oder derselbe Korb gepackt, nehmen die Kinder durch die vorangegangenen Abschiede auch gegenständlich wahr, dass sich etwas verändert. Es gibt weiter die Möglichkeit, den Abschied, den Umzug und das Ankommen des Kindes auf einem Wandplakat zu dokumentieren, sodass die Kinder der Krippengruppe wissen, wo sich das Kind jetzt befindet und sich »bildlich« an es erinnern können. Wichtig ist, dass der Übergang für die Kinder transparent und nachvollziehbar ist (vgl. Höhn 2016a, S. 52).

Die **aufnehmende Fachkraft** und gegebenenfalls der **Pate des Kindes** holen das Kind mit seinem Gepäck ab und begleiten es in die neue Gruppe bzw. neue Einheit. Für alle in der Einrichtung sollte erkennbar sein, dass nun der Wechsel erfolgt.

> In der Praxis hat es sich auch bewährt, wenn eine andere Fachkraft aus der Kinderkrippe, die das Kind gut kennt, aber nicht seine Bezugserzieherin ist, das Kind mit seinem Koffer oder Korb in den neuen Bereich begleitet. Die Begleitung durch die Bezugserzieherin, zu der das Kind in der Regel eine enge Beziehung hat, kann unter Umständen die Verabschiedung und die Ankunft manchmal eher erschweren.

Die **Kinder in der neuen Gruppe** bzw. in der neuen Einheit begrüßen das neue Kind mit einem Ritual und helfen ihm beim »Einzug« (ebd., S. 87; vgl. hierzu auch Kapitel 4.5.3).

Die **Eltern** holen ihr Kind nun zum ersten Mal von dem neuen Ort ab, den sie im Rahmen des Übergangsgesprächs (vgl. Kapitel 4.5.4) bereits kennengelernt haben. Dabei besteht die Möglichkeit, dass das Kind seinen Eltern stolz die neue Umgebung präsentieren und die Gruppe auch die Familie des neuen Kindes kennenlernen kann (vgl. ebd.).

4.5.3 Gestaltung des Übergangs mit den anderen Kindern

Sehr wichtig bei der Gestaltung des Übergangs ist es auch, die anderen Kinder darauf vorzubereiten, wer neu in die Gemeinschaft dazukommt. Dies eröffnet ihnen die Möglichkeit, sich aktiv mit der Veränderung auseinanderzusetzen. Dieser Prozess bietet auch die Gelegenheit, sich noch einmal zurückzuerinnern, wie es einem selbst beim Umzug aus der Krippe ergangen ist, wodurch in der Regel Verständnis für die Situation des neuen Kindes erzeugt wird und soziale Kompetenzen erworben werden können (vgl. Höhn 2016a, S. 88).

Hilfreich ist es außerdem, den Kindern im Vorfeld ein Foto des neuen Kindes zu zeigen und ihnen zu erläutern, wie es heißt, wie alt es ist und aus welcher Krippengruppe es kommt. Außerdem kann gemeinsam überlegt werden, welcher Garderobenplatz frei ist, bei welcher Tischgemeinschaft noch ein Platz zu finden ist, wo die Zahnbürste und das Bett des neu aufzunehmenden Kindes stehen sollen etc. In einer Kinderkonferenz können die Rechte und Pflichten einer Kinderpatenschaft vorgestellt und gemeinsam überlegt werden, wer das Amt des Paten für das neue Kind übernehmen könnte (vgl. ebd., S. 51).

4.5.4 Information und Beteiligung der Eltern am Übergangsprozess

Die Eltern sind von Anfang an an dem anstehenden Übergang beteiligt. Mit einem **informellen Rückversicherungsgespräch** startet der Vorbereitungsprozess. Außerdem werden in einem **Informationsbrief** die wichtigsten Phasen des Übergangs dargestellt und die Rolle der Eltern bei der Begleitung erläutert. In dem Informationsbrief kann auch bereits zu einem **Übergangsgespräch** eingeladen werden. Die Eltern sind weiter darauf aufmerksam zu machen, dass sie nun beim Bringen und Abholen eventuell etwas mehr Zeit einplanen sollten, damit das Kind ihnen noch etwas aus dem neuen Bereich zeigen oder jemanden vorstellen kann. Dem Kind hier Aufmerksamkeit zu schenken, zeigt ihm, dass der Übergang von den Eltern als wichtig und richtig anerkannt wird. Auch sollten die Eltern darauf hingewiesen werden, dass der Übergang ihres Kindes in eine neue Gruppe oder in einen neuen Bereich – ähnlich wie bei der Eingewöhnung von der Familie in die Krippe – möglichst nicht mit Veränderungen in der Familie, wie zum Beispiel einem Umzug oder der Geburt eines Geschwisterkindes, zusammenfallen sollte. Ebenso ist es ungünstig, während oder kurz nach dem Übergangsprozess in den Urlaub zu fahren. Über die Bedeutung eines **Übergangsobjekts** auch beim internen Übergang, wie zum Beispiel ein Stofftier oder ein Schnuffeltuch, werden die Eltern ebenfalls informiert (vgl. Höhn 2016, S. 91).

Das Hauptziel des **Gesprächs zur Übergangsgestaltung**, das von beiden Fachkräften mit den Eltern gemeinsam geführt wird, besteht darin, der Familie Orientierung und Sicherheit zu geben. So kann es unterstützend sein, den Eltern den gewöhnlichen Tagesablauf in der neuen Gruppe bzw. im neuen Bereich vorzustellen. Dadurch können sie ein besseres Verständnis für die enorme Anpassungsleistung ihres Kindes entwickeln und realisieren, dass die neue Gruppe nun größer, der Lärmpegel lauter und das Zeitfenster für Elterngespräche wohl kleiner sein wird (vgl. ebd., S. 94; Griebel & Niesel 2013, S. 111).

Die Bedeutung einer Zusammenarbeit beider Fachkräfte in der Kooperation mit den Eltern heben auch Griebel und Niesel (2013) hervor: »Eine Zusammenarbeit zwischen Krippen- und Kindergartenerzieherinnen bezüglich des fachlichen Austausches sowie der Kooperation in der Elternarbeit und der Übergangsbegleitung der Familie wird ähnlich wie die Zusammenarbeit von Kindergarten und Schule zu einem Qualitätsmerkmal frühpädagogischer Arbeit werden« (ebd.).

4.6 Die Gestaltung der Zusammenarbeit mit Eltern

Wie bereits deutlich wurde, ist eine gelungene Zusammenarbeit zwischen Eltern und pädagogischen Fachkräften eine grundlegende Voraussetzung, damit sich Kinder in eine Kita gut einleben und Übergänge bewältigen können.

Für die pädagogischen Fachkräfte ist es stets eine besondere Herausforderung, die Eltern – über Einstellungs-, Sprach- und Kulturbarrieren hinweg – für eine Zusammenarbeit zu gewinnen und diese effektiv sowie in einer zufriedenstellenden Weise zu gestalten. Gerade im Austausch mit Familien aus bildungsfernen Milieus oder mit Migrationshintergrund treten manchmal Ambivalenzen auf, die Selbstreflexion, Zusatzqualifikationen und Supervisionsangebote notwendig erscheinen lassen.

Xenia Roth macht deutlich, dass vielen Eltern häufig gar nicht klar ist, wie zentral die Zusammenarbeit mit den pädagogischen Fachkräften für die Bildung und Erziehung ihres Kindes ist: »Deshalb bedürfen sie der notwendigen Information und eines hilfreichen verständlichen Hintergrundwissens, vor allem aber der motivierenden Einladung und Ermutigung, sich auf eine partnerschaftliche Kooperation einzulassen« (Roth 2014, S. 134). Hilfreich kann es sein, »Eltern die Bedeutung der Bindung und des Bindungsverhaltens von Kindern, insbesondere von Kleinkindern zu erklären, da sich so der Stellenwert der Bildungs- und Erziehungspartnerschaft gut erschließen lässt. Dies kann zum Beispiel im Aufnahmegespräch erfolgen, das zugleich eine gute Gelegenheit bietet, erste Schritte in Richtung Offenheit und Transparenz in der gemeinsamen Arbeit mit den Eltern zu gehen« (ebd., S. 135).

Dabei ist es wichtig, dass die Fachkraft sich **kultursensibel** verhält und aufmerksam wahrnimmt, ob das Eingewöhnungsmodell zu den **Sozialisationsbedingungen der Familie** passt. Die in Kapitel 1 beschriebene Form der »exklusiven Bindung« an nur wenige Personen ist das Erziehungsideal in eher **autonomie-orientierten Kontexten** (vgl. Borke, Döge & Kärtner 2011, S. 22). Auch wenn bislang von einer universellen Gültigkeit der dargelegten bindungstheoretischen Grundsätze ausgegangen wurde, hat sich herausgestellt, dass sich für ein Kind, das in einem kulturellen Modell der Relationalität, der Verbundenheit, aufwächst, die ersten Bindungserfahrungen ganz anders gestalten können. Kinder aus **verbundenheitsorientierten Kontexten**, die zum Beispiel in Großfamilien aufwachsen und so in multiplen Betreuungsarrangements von mehreren Personen versorgt und betreut werden, zeigen kaum Stress, wenn sie von Fremden begrüßt oder in den Arm genommen werden. Demzufolge hat für diese Kinder die Eingewöhnung in die Kita eine andere Bedeutung, weil sie schon an eine größere Anzahl an Personen »gewöhnt« sind (Roth 2014, S. 137; vgl. auch Ahnert 2010, S. 200ff.).

Ein abgestuft ablaufender Beziehungsaufbau mit der pädagogischen Fachkraft ist sehr wahrscheinlich nicht in der Intensität nötig wie bei Kindern aus autonomie-orientierten Kontexten, weil die Kinder mit Übergängen dieser Art bereits vertraut sind. Dennoch ist auch für diese Kinder eine längere Eingewöhnungszeit sinnvoll und notwendig, wenngleich auch aus einer anderen Intention heraus. Eine besondere Bedeutung kommt bei Familien aus anderen kulturellen Kontexten dem gegenseitigen Kennenlernen des Kindes und der Familie sowie der Kindertageseinrichtung und der zuständigen Fachkraft zu. Häufig haben die Familien nämlich andere Ansichten, wie eine außerfamiliäre Betreuung für Kinder in diesem Alter auszusehen hat und alltägliche Routinen wie Essen, Wickeln und Schlafen zu handhaben sind. In manchen Kulturen sind zum Beispiel Eingewöhnungen nicht bekannt oder vorgesehen. Kenntnisse über diese kulturellen Unterschiede sind daher elementar: »Dieses Wissen über kulturelle Unterschiede beim Ablauf und Aufbau von Bindungsprozessen ist daher hilfreich, um Hintergründe und Wünsche von Familien aus anderen kulturellen Kontexten verstehen und in den Eingewöhnungsprozess einbeziehen zu können. Dies soll aber nicht in Frage stellen, dass jedes Kind ein Recht auf Eingewöhnung hat, sondern dabei helfen, diese sensibel und individuell so abgestimmt anbieten zu können, dass es dem Kind gut geht und auch für die Familie und die Einrichtung passend ist« (Borke, Döge & Kärtner 2011, S. 23).

Die Eingewöhnung bietet eine sehr gute Möglichkeit, die Bildungs- und Erziehungspartnerschaft zwischen Eltern und pädagogischen Fachkräften auf eine solide Basis zu stellen und sie dann weiter auszubauen. Denn die Übergangsbewältigung ist eine Aufgabe für das ganze System: für das Kind, die Eltern / Familie und die Kindertageseinrichtung. Alle Beteiligten müssen sich darüber austauschen, was der Übergang für das Kind und die Familie bedeutet und wie dieser am besten gemeinsam gestaltet werden kann. Im Rahmen der Eingewöhnung erlangt die Bildungs- und Erziehungspartnerschaft daher eine erste Reife (vgl. Roth 2014, S. 147ff.).

Was ist aber nun unter **Bildungs- und Erziehungspartnerschaft** im Einzelnen zu verstehen? »Partner sind zunächst einmal Menschen, die miteinander in einer familiären, beruflichen oder sozialen Beziehung stehen, gemeinsame Ziele verfolgen oder eine gemeinsame Tätigkeit ausüben. Ein zentrales Element von Partnerschaft ist also Gemeinsamkeit im Handeln und / oder in den Zielen« (Viernickel 2009a, S. 60).

Des Weiteren umfasst der Begriff der Partnerschaft die Vorstellung einer grundsätzlichen Gleichwertigkeit und Gleichberechtigung der Partner. »Eine partnerschaftliche Beziehung ist in der Regel von symmetrischen Austauschprozessen geprägt« (Viernickel 2006, S. 25). Es geht um eine Begegnung der Beteiligten auf Augenhöhe. »Das heißt, kein Partner hat per se mehr Machtmittel zur Verfügung, um seine Interessen durchzusetzen (bzw. verzichtet auf ihren Einsatz), und die Argumente und Meinungen beider Seiten sind zunächst einmal von gleich hohem Stellenwert. Dies bedeutet für eine Erziehungspartnerschaft, dass die Mitglieder beider Institutionen – Familie und Kindertageseinrichtung – Verantwortung für die Erziehung und Förderung des Kindes übernehmen und diese im Mittelpunkt der Beziehung zwischen beiden Seiten steht« (Viernickel 2009a, S. 60).

Im Begriff der Partnerschaft ist auch der Appell enthalten, fair miteinander umzugehen und Vertrauen zueinander zu haben. Dies lässt sich jedoch nicht aufoktroyieren, sondern ist das Ergebnis eines längeren Prozesses und gemeinsam bestrittenen Weges (vgl. ebd., S. 61).

Versucht man das Verhältnis von Kindertageseinrichtung und Familie konzeptionell zu fassen, wird vor allem das ökologische Modell von Urie Bronfenbrenner (1979 / 1989) als Grundlage herangezogen. Kinder, die eine Kindertageseinrichtung besuchen, sind Bestandteile zweier grundsätzlich unterschiedlicher sozialer Mikrosysteme. Während das familiäre System durch individualisierte, persönliche Austauschbeziehungen, hohe Affektivität und zugeschriebene Rollen geprägt ist, liegt der Schwerpunkt des Systems Kindertageseinrichtung auf der Orientierung an vorgegebenen, für alle gleich lautenden Erwartungen und Regeln sowie an bestimmten Positionen in der Gruppe. »Die Interaktionen mit den dort tätigen Erwachsenen sind zwar auch durch Ermutigung, Unterstützung und Hilfeleistungen charakterisiert, haben jedoch nicht die gleiche emotionale Intensität wie zwischen Familienmitgliedern und sind insgesamt stärker gruppen- als individuumsorientiert (Ahnert 2007)« (Viernickel 2009a, S. 57).

Um eine gelingende Erziehungspartnerschaft zu erreichen, sollten sowohl die pädagogischen Fachkräfte als auch die Eltern bzw. Bezugspersonen als »Expertinnen« und »Experten« des Kindes angesehen werden:

- Die Eltern wissen viel über die Lebensgeschichte ihres Kindes, über seine Wünsche und Bedürfnisse, über seine Stärken und Schwächen und seine aktuellen familiären Lebensbedingungen.
- Die pädagogischen Fachkräfte besitzen hingegen ein großes Fachwissen über die Entwicklung, Bildung und Erziehung von Kindern und haben ein genaues Bild vom Kind im aktuellen Gruppenkontext.

In den beiden sozialen Systemen haben die Erwachsenen daher den Status von Expertinnen und Experten, jedoch jeweils in ihren spezifischen Bereichen.

Wie aus Abbildung 5 ersichtlich wird, bilden der Dialog und Austausch zwischen den Expertinnen und Experten eine Brücke zwischen den Systemen »Familie« und »Kita«, die sich zugleich in einem Beziehungsdreieck mit dem Kind befinden. Sie dient dem Austausch von Informationen, die das Kind selbst nicht übermitteln kann und entlastet es somit in seiner Position als einzige »Schnittmenge« (Dusolt 2008, S. 14).

Abb. 5: Bildungs- und Erziehungspartnerschaft als Bindeglied zwischen zwei sozialen Systemen

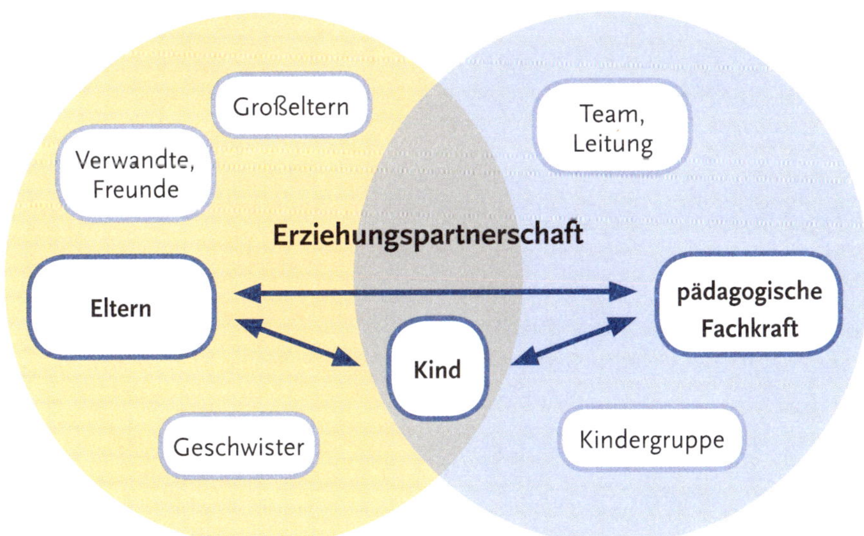

Quelle: Bronfenbrenner 1979/1989; Dusolt 2008, S. 14; eigene Darstellung

Pädagogische Fachkräfte sollten die Eltern auch und besonders dann als Expertinnen und Experten des familiären Systems anerkennen, wenn dort andere pädagogische Grundwerte gelten. Sie sind nämlich in der Vermittlung ihrer fachlichen Sichtweise gegenüber den Eltern umso erfolgreicher, je mehr sich diese, gerade auch in ihrer Andersartigkeit, ernst genommen und verstanden fühlen (vgl. ebd.). Außerdem dürfen Kinder nicht in Loyalitätskonflikte geraten.

Weitere Ziele einer Bildungs- und Erziehungspartnerschaft sind neben der Begleitung von Übergängen (z. B. von der Familie in die Kita und von der Kita in die Schule) die Stärkung der Erziehungskompetenzen der Eltern sowie die Beratung über und die Vermittlung von Fachdiensten, wie zum Beispiel Beratungsstellen, Sozialpädiatrische Zentren bzw. Frühförderstellen, die Jugendämter oder der Kinder- und Jugendgesundheitsdienst (vgl. ebd., S. 15).

4.6.1 Möglichkeiten eines ersten Kennenlernens in der Kita

Die Bildungs- und Erziehungspartnerschaft mit den Eltern beginnt mit dem ersten Kontakt, der bereits vor der offiziellen Anmeldung liegen kann. Ein erster Eindruck von der Kita kann zum Beispiel über die Internetseite und die dort einsehbare Konzeption entstehen. Aber auch durch Berichte von anderen Eltern, den Besuch bei einem Tag der offenen Tür oder einen Flyer ergibt sich häufig ein erstes Bild für die Eltern, das die Bereitschaft prägt, sein Kind in der Kita anzumelden und sich auf eine gemeinsame Bildungs- und Erziehungspartnerschaft einzulassen.

Parallel können auch verschiedene Veranstaltungen zur Vorbereitung der neuen Eltern und Kinder auf den Kita-Start angeboten werden (vgl. ebd., S. 40; Bethke, Braukhane & Knobeloch 2009, S. 99; Textor 2006, S. 35ff.):

- Ein **Informations- oder Orientierungsabend für neue Eltern** bietet die Möglichkeit, die Konzeption und pädagogische Praxis ausführlicher kennenzulernen und sich über den Ablauf der Eingewöhnung zu informieren. Außerdem können Fotos oder Videoaufnahmen zur Veranschaulichung der Aktivitäten gezeigt werden. Vielen Eltern hilft es, festzustellen, dass sie ganz ähnliche Fragen zu Beginn haben, und sie können erste Kontakte knüpfen. Werden viele neue Kinder eingewöhnt, ist die Durchführung einer Informationsveranstaltung im Vergleich zu zahlreichen Einzelgesprächen auch effizienter und kann dem Kita-Team Entlastung bieten.
- Ein **Elterncafé oder Elternstammtisch für die neuen Eltern** unter Beteiligung erfahrener Eltern ist eine gute Möglichkeit, die Eltern untereinander bekannt zu machen und Vertrauen in die neue Situation herzustellen. Positive Berichte von anderen Eltern über die Kita helfen den »Neuen«, Sicherheit bezüglich ihrer Entscheidung für die Wahl der Einrichtung zu gewinnen. Sofern auch pädagogische Fachkräfte an der Veranstaltung teilnehmen, können sie Fotos und Videoaufnahmen aus dem Kita-Alltag zeigen und die pädagogische Arbeit offen und transparent machen.

- Ein **Eltern-Kind-Treff oder Mini-Club,** der meist einmal wöchentlich für die Neuen in den Räumlichkeiten der Kita stattfindet, ist ein weiteres bewährtes Format, um neue Kinder und Eltern mit der Einrichtung im Vorfeld vertraut zu machen. Hierbei werden alle Kinder, die im Laufe der nächsten Monate in die Kita kommen, mit ihren Eltern zum gemeinsamen Spiel eingeladen. Dazu eignet sich zum Beispiel ein Mehrzweckraum, der Sportraum oder auch ein Gruppenraum, sofern die Räume zu diesem Zeitpunkt nicht durch eine Gruppe besetzt sind. Dieses Angebot für die neuen Kinder kann eine Brücke zwischen ihrem Zuhause und der Kita darstellen, und sie können erste positive Erfahrungen im Zusammensein mit anderen Kindern ohne Trennungsschmerz sammeln. Die Lautstärke, der Geruch und die allgemeine Atmosphäre in der Einrichtung sind ihnen dann später nicht mehr so fremd, und diese Erfahrungen können den Start in die Kita sehr erleichtern.
- Manche Kitas bieten auch **Hospitationen für die Eltern** an, um ihnen einen ersten Eindruck von der Atmosphäre in der Gruppe bzw. Einrichtung zu ermöglichen und einen kurzen Einblick in den Ablauf des Tages zu geben. Hierbei ist allerdings immer auch abzuwägen, ob gerade die kleinen Kinder die fremden Personen als Störung empfinden können und mit Rückzug, Irritation oder Weinen reagieren. Werden ältere Kinder in die Einrichtung aufgenommen (z. B. durch einen Kita-Wechsel), besteht auch die Möglichkeit, dass ein älteres, erfahrenes Kita-Kind dem neuen Kind seinen Bereich »auf Augenhöhe« vorstellt.
- **Hausbesuche vor der Aufnahme eines Kindes** sind eine weitere Möglichkeit, damit die pädagogische Fachkraft und die Eltern sich kennenlernen können. Manchen Familien fällt es leichter, in ihrem privaten Umfeld über ihr Kind und seine bisherige Entwicklung ins Gespräch zu kommen. Andere hingegen empfinden es vielleicht auch als einen Eingriff in ihre Privatsphäre. Daher sollte vorher genau abgewogen werden, ob sich diese Form für die Eltern eignet oder nicht. Finden die Hausbesuche jedoch auf freiwilliger Basis statt und werden als eine Art Service angeboten, bieten sie eine besondere Chance für den Beginn einer partnerschaftlichen Zusammenarbeit. Den Kindern wird damit die Botschaft vermittelt, dass sie und ihr Umfeld als wichtig und interessant erachtet werden, und häufig fällt es ihnen leichter, einen ersten Kontakt in ihrer vertrauten Umgebung zu knüpfen. Die pädagogische Fachkraft hat dadurch die Möglichkeit, einen Einblick in den Alltag der Familie und das häusliche Umfeld zu erhalten.

Einige Kitas senden dem neuen Kind vor dem offiziellen Start auch einen kleinen **Brief mit einem Gruppenfoto** seiner zukünftigen Gruppe zu und hängen in der Gruppe ein Bild des neuen Kindes auf, damit die Kindergruppe weiß, wer bald in ihre Gruppe dazukommen wird. In offen arbeitenden Kitas wird häufig ein **Foto des neuen Kindes** auch ans Schwarze Brett gehängt.

Einen besonderer Stellenwert vor dem Start in einer Kita hat das **erste Kennenlernen** mit der zukünftigen Bezugserzieherin bzw. dem zukünftigen Bezugserzieher, denn sie bzw. er verkörpert häufig für die Eltern die Kita und ist eine wichtige Vertrauensperson bei Fragen, Unsicherheiten und Problemen. Aus diesem Grund kommt auch dem Aufnahmegespräch mit dieser Fachkraft eine zentrale Bedeutung zu.

4.6.2 Das Aufnahmegespräch

Mit dem Aufnahmegespräch beginnt die verbindliche Gestaltung der Bildungs- und Erziehungspartnerschaft mit den Eltern, und dabei sollten auch die jeweiligen Erwartungen an die partnerschaftliche Zusammenarbeit angesprochen werden. Aus diesem Grund empfiehlt es sich, möglichst beide Eltern zu dem Gespräch einzuladen und sie vorab darüber zu informieren, dass sie sich auf einen etwas längeren Austausch von in aller Regel rund eineinhalb Stunden einstellen sollten.

Da Eltern ein sehr feines Gespür für die Signale der pädagogischen Fachkräfte haben und auch deren Haltung, Stimmungen sowie die Atmosphäre der Einrichtung aufmerksam und sensibel wahrnehmen, sollte ihnen deutlich vermittelt werden, dass das Team sich auf die Zusammenarbeit freut und gespannt ist, sie und ihr Kind kennenzulernen (vgl. Bernitzke & Schlegel 2004, S. 76). Damit gegenseitiges Vertrauen wachsen kann, ist es wichtig, dass sich beide Gesprächspartner ernst- und angenommen fühlen, offene Fragen zur Zufriedenheit aller beantwortet und Erwartungen auf beiden Seiten geklärt werden.

Ziele des Aufnahmegesprächs

- Gegenseitiges Kennenlernen
- Aufbau von Vertrauen
- Weitergabe inhaltlich-fachlicher Informationen zum Bildungs- und Erziehungsverständnis in der Kita
- Übermittlung von Informationen über die bisherige Entwicklung und Besonderheiten des Kindes
- Austausch gegenseitiger Erwartungen
- Planung der nächsten Schritte zur Aufnahme des Kindes
- Klare Vereinbarungen zur folgenden Eingewöhnungsphase
  (vgl. Roth 2014, S. 141; Weltzien & Marburger 2008, S. 12)

Das Aufnahmegespräch dient dazu, miteinander in Beziehung zu treten, sich kennenzulernen und gegenseitig Informationen auszutauschen: Der pädagogischen Fachkraft ermöglicht das Aufnahmegespräch, sich schon im Vorfeld auf das Kind einzustellen und etwas über seine bisherige Entwicklung, seine Vorlieben und Interessen, aber auch über gewisse Ängste und Abneigungen zu erfahren. Die Eltern wiederum erhalten Informationen zum Ablauf der Eingewöhnung und zu den auf sie zukommenden Aufgaben.

Elemente eines Aufnahme- bzw. Anmeldegesprächs

- **Warming Up-Phase:**
  Begrüßung und Vorstellung der beteiligten Personen
  Einführende Fragen: Welche Kenntnisse haben die Eltern bereits von der Einrichtung? Von wem wurden sie informiert?
- **Informationsphase:**
  Darstellung der Einrichtung durch die pädagogische Fachkraft
  Informationen zum Träger, zur Struktur und zu den Zielsetzungen
  Erläuterung des pädagogischen Konzepts
  Information über die zukünftige Kindergruppe (Zusammensetzung in Hinsicht auf Alter und Geschlecht, Besonderheiten etc.)
  Nachfragen seitens der Eltern
  Informationen über das aufzunehmende Kind
  Hinweise zum Entwicklungsstand, zu Besonderheiten, Gewohnheiten, Ritualen, Vorlieben und Ängsten etc.
  Informationen über die familiäre Situation
- **Formaler Teil mit Erfassung der Daten**
  Ausfüllen der Personalien
  Aushändigen von Informationsmaterial
  Einholen einrichtungsspezifischer Einverständniserklärungen der Eltern
- **Kennenlernen der Einrichtung**
  Vorstellen der Räumlichkeiten
  Bekanntmachen mit den anderen Mitarbeitenden und ihren Funktionen
- **Feedback und Verabschiedung**
  Rückmeldung zum Anmeldegespräch (Umfang, Verständlichkeit, Anschaulichkeit, inhaltliche Gestaltung, Atmosphäre etc.)
  (vgl. Bernitzke & Schlegel 2004, S. 77f.)

Die Eltern erfahren in diesem Gespräch, dass ihre Fragen, Sorgen und Ängste wahrgenommen werden und bekommen ein erstes Gespür für das der Bildungs- und Erziehungspartnerschaft zugrunde liegende Grundverständnis (vgl. ebd.). »Wenn das Kind merkt, dass seine Eltern respektiert und geachtet werden, kann es umso leichter ein positives Bild von sich in der Welt entwickeln. Die partnerschaftliche Zusammenarbeit zwischen Pädagoginnen und Pädagogen und den Eltern des Kindes stützen das Kind in der Entwicklung seiner Identität. (…) Für Väter und Mütter ist es ermutigend, wenn sie und ihre Erziehungsvorstellungen, ihre Familienkulturen, ihre Familiensprachen von den Pädagoginnen und Pädagogen wahr- und ernst genommen werden« (Senatsverwaltung für Bildung, Jugend und Wissenschaft 2014, S. 49).

Gerade auch bei **Familien aus anderen kulturellen Kontexten** ist es wichtig, deren Hintergründe und Wünsche zu erfahren: Ist die Kita für die Eltern eine bekannte Einrichtung? Haben sie selbst eine vergleichbare Einrichtung besucht? Kommt die Familie aus einem Land, in dem es keine flächendeckende institutionelle Tagesbetreuung von Kindern gibt? Welche Aufgabe und Funktion hat dort die Kita? Das sind Fragen, die in einem Aufnahmegespräch geklärt werden sollten. Sind die Eltern nicht (ausreichend) mit der deutschen Sprache vertraut, empfiehlt es sich, eine Dolmetscherin bzw. einen Dolmetscher hinzuziehen, Kolleginnen und Kollegen oder andere Eltern, die die Herkunftssprache sprechen, um Unterstützung zu bitten (vgl. Höhn 2016a, S. 42ff.).

Besonders in der Zusammenarbeit mit **Familien mit Fluchterfahrungen** besteht sowohl für die Mitarbeitenden der Kita als auch für die Familien ein großer Informationsbedarf. So muss den Eltern möglicherweise das System Kita erst einmal erklärt werden. Gerade wenn eine Familie große Verluste in ihrem Herkunftsland oder auf der Flucht erlebt hat, können die Trennung von den Eltern bzw. Bezugspersonen in der Kita und der Beziehungsaufbau zu den pädagogischen Fachkräften für das Kind länger dauern. Sehr wichtig sind für Kinder mit Fluchterfahrungen feste Tagesstrukturen, da diese ihnen Sicherheit bieten. Jede Einrichtung sollte daher ihr Konzept dahingehend beurteilen, wo solche Strukturen zu finden sind bzw. wie diese – falls nicht ausreichend vorhanden – hergestellt werden können. Wichtig ist, dass die pädagogische Fachkraft das einzugewöhnende Kind emotional unterstützt, ihm Sicherheit vermittelt, Zuwendung gibt und dabei sein individuelles Tempo berücksichtigt. Es ist allerdings darauf zu achten, dass dabei nicht eine positive Diskriminierung entsteht.

Bei Familien mit Fluchterfahrungen, deren Kinder in Deutschland eine Kita besuchen, ist außerdem zu beachten, dass sie eine doppelte Transition erleben. Viele Flüchtlinge erfahren zum Beispiel einen Statuswechsel von gut situierten Menschen zu Menschen, die abhängig von Sozialleistungen und wenig autonom sind. Status und Selbstkonzept können sich ändern, wenn Kinder mit Fluchterfahrungen erleben, dass sie nun Kita-Kinder sind und ihre Mütter und Väter zu Eltern von Kita-Kindern werden. Außerdem müssen die Kinder und ihre Familien in eine neue Sprache hineinwachsen sowie lernen, mit Diskriminierungen, Abhängigkeiten und anderen Problemen umzugehen (individuelle Ebene). Kinder mit Fluchterfahrungen und ihre Eltern müssen im Ankunftsland mit neuen Regeln, Gesetzen, Werten, Normen und einer neuen Kultur zurechtkommen und auch in der Kita neue Räume, Zeiten und Regeln kennenlernen (kontextuelle Ebene). Durch Verluste und das Zurücklassen von Familienmitgliedern und das Knüpfen neuer Beziehungen im Ankunftsland verändern sich ihre sozialen Bezüge. Der Besuch einer Kita trägt erneut dazu bei, dass Eltern loslassen und sich zugestehen müssen, dass ihr Kind selbstständiger wird (interaktive Ebene). All diese Aspekte sind in der Zusammenarbeit mit Familien mit Fluchterfahrungen zu berücksichtigen. Die pädagogischen Fachkräfte sollten daher nicht nur für das Thema sensibilisiert werden, sondern auch durch Fort- oder Weiterbildungsangebote ihr Wissen und ihre Kompetenzen erweitern. Eine Vernetzung mit Expertinnen und Experten aus Therapiezentren, Flüchtlingsunterkünften, mit Traumaspezialisten und anderen Einrichtungen kann die Zusammenarbeit mit den Familien unterstützen (vgl. Speidel 2015).

Auf die wertschätzende Zusammenarbeit mit *allen* Eltern legt auch das Berliner Bildungsprogramm großen Wert: »Wertschätzung, Anerkennung und Entgegenkommen sind Voraussetzung dafür, dass Eltern Verantwortung in der Kita übernehmen und Bereitschaft entwickeln, mitzuentscheiden. Bei der großen Vielfalt der Familienkulturen und Lebensformen in Berlin kommt es darauf an, allen Eltern, gleichwohl welcher soziokultureller Zugehörigkeit, gleichermaßen respektvoll, achtsam und vorurteilsbewusst zu begegnen« (Senatsverwaltung für Bildung, Jugend und Wissenschaft 2014, S. 51).

Die folgende Checkliste fasst zusammen, was vor dem ersten Aufnahmegespräch mit den Eltern organisatorisch bedacht und vorbereitet sein muss:

Tab. 20: Checkliste zur Vorbereitung eines Aufnahmegesprächs mit den Eltern

✔
✔ Im Dienstplan muss geregelt sein, dass eine andere Kollegin bzw. ein anderer Kollege die Gruppe übernimmt und die betreffende Fachkraft entsprechend Zeit für das Gespräch hat.
✔ Ein ruhiger Raum muss zur Verfügung stehen, in dem die Fachkraft und die Eltern ungestört sind. Keine Kollegin bzw. kein Kollege sollte in dem Raum zeitgleich ihre Pause verbringen, und Kita-Kinder sollten den Raum in der Zeit nicht zum Spielen benutzen.
✔ Die Eltern werden rechtzeitig zum Aufnahmegespräch eingeladen und über die Dauer informiert.
✔ Es sollte überlegt werden, welche Informationen den Eltern bereits vorab gegeben und welche Materialien ihnen im Vorfeld zur Verfügung gestellt werden können (z. B. Aufnahmeantrag, Elternfragebogen).
✔ Sollte das einzugewöhnende Kind beim Gespräch mit dabei sein, muss Spielzeug bereitgestellt werden, ein weicher Platz auf dem Fußboden sollte vorhanden sein.
✔ Es sollte nach Möglichkeit einen Tisch geben, an dem die Beteiligten sitzen können, zumindest aber Stühle für Erwachsene.
✔ Zur Auflockerung der Atmosphäre werden Getränke und Kekse bereitgestellt.
✔ Die Konzeption und alle anderen Info-Materialien der Kita und eventuell auch der Gruppe, die das Kind besuchen wird, liegen bereit.
✔ Die Fachkraft hat einen Fragenkatalog mit den wichtigsten Fragen zur Familie und zum Kind vorbereitet.
✔ Zum Thema Eingewöhnung gibt es eine kurze schriftliche Zusammenfassung für die Eltern zum Mitnehmen.

✔ Eventuell liegt auch eine kurze schriftliche Vorstellung der Fachkraft, optimalerweise mit einem Foto, vor.
✔ Stift und Papier für Notizen – zusammen mit den anderen Info-Materialien – stehen in einer Willkommensmappe zur Verfügung.
✔ Vor dem Gespräch sollte der Zeitrahmen vereinbart sein und während des Gesprächs eine Uhr auf dem Tisch stehen, damit es nicht wegen Zeitmangel abgebrochen werden muss.
✔ …

Quelle: Bethke, Braukhane & Knobeloch 2009, S. 67

Sofern es der Dienstplan hergibt, ist sehr zu empfehlen, dass vor dem Gesprächstermin für die Fachkraft eine kurze Entspannungsphase liegt. Wichtig ist, dass sie nicht zu gehetzt in das Gespräch kommt und bereits bei der Begrüßung Wertschätzung und Interesse an ihrem Gegenüber zeigen kann. Häufig hilft es beim Einstieg, wenn die Fachkraft zu Beginn offene Fragen stellt, die »das Eis brechen« und die Eltern zum Sprechen ermutigen (vgl. Weltzien & Marburger 2008, S. 12).

Empfehlenswert ist es, den Eltern Materialien anzubieten, die sowohl zum Einstimmen als auch zum Nachlesen dienen. Ein Brief oder ein Faltblatt mit den wichtigsten Infos sollte nach der Abklärung der Formalien und vor dem Aufnahmegespräch an die neuen Eltern verteilt werden, damit sie sich auf die für das Gespräch vorgesehenen Themen vorbereiten können. Details zum Ablauf der Aufnahme und Eingewöhnung werden dann im persönlichen Gespräch erläutert (vgl. Höhn 2016a, S. 34). Nach Höhn sollten im **Infobrief an die Eltern** die wichtigsten Informationen zu den folgenden Gliederungspunkten enthalten sein:

Tab. 21: Checkliste für einen Informationsbrief an die Eltern

Zum Einstieg
✔ In die Kita kommen ist ein wichtiger Abschnitt im Leben des Kindes und der Familie. ✔ Neues wird entdeckt und gelernt, Fremdes ist zu bewältigen, Kompetenzen wachsen. ✔ Kontakte zu neuen Kindern, neuen Familien und zu den pädagogischen Fachkräften entwickeln sich; neue Beziehungen wachsen, bestehende Beziehungen verändern sich. ✔ Jede Menge Veränderungen ergeben sich für alle Mitglieder der Familie, besonders für das Kind. ✔ Der Anfang in einer fremden Situation, sich gegenseitig kennenzulernen und vertrauen zu können, benötigt Zeit und Möglichkeiten zu Kontakt und Gesprächen.

Zentrale Punkte

- ✔ So gestaltet sich die Zeit des Anfangs und der Eingewöhnung organisatorisch und zeitlich.
- ✔ So beschreiben wir die Aufgaben der Bezugserzieherin / des Bezugserziehers.
- ✔ So kann die Zeit des Anfangs unterstützt werden: mit Willkommensbuch, Familienbuch, Übergangsobjekt etc.
- ✔ So unterstützen Sie uns, Ihr Kind und seine Gewohnheiten kennenzulernen.
- ✔ So unterstützen Sie den Prozess des Anfangs bei uns in der Kita und bei Ihnen zu Hause.
- ✔ Ihre Anliegen und Fragen richten Sie an ...

Zum Abschluss

- ✔ Daran machen wir fest, dass die Zeit des Anfangs abgeschlossen ist.
- ✔ So wollen wir uns für das weitere Vorgehen vereinbaren.

Quelle: Höhn 2016a, S. 34

Eine **Checkliste der mitzubringenden Gegenstände** für den Start in der Kita könnte wie folgt aussehen:

Tab. 22: Checkliste der mitzubringenden Gegenstände für den Start in der Kita

Wichtige Gegenstände zum Trösten

- ✔ Übergangsobjekt (z. B. Kuscheltier oder Kuscheldecke)
- ✔ Eventuell etwas als Schlafbegleitung, das nach zu Hause riecht (z. B. T-Shirt der Mutter oder des Vaters)
- ✔ Schnuller (sofern erforderlich)

Für den Alltag

- ✔ Beschriftete Hausschuhe und Gummistiefel
- ✔ Beschriftete Kleidung: Regenjacke und -hose, Matschhose, Mütze, Sonnenhut, Schlafkleidung
- ✔ Wechselwäsche: Unterwäsche, Socken, Hose, T-Shirt, Pullover (je nach Jahreszeit)
- ✔ Windeln und Feuchttücher (sofern erforderlich)
- ✔ Zahnbürste und Zahnpasta
- ✔ Trinkflasche oder persönlicher Becher für die Trinkstation
- ✔ Gegebenenfalls Bettzeug (z. B. Kopfkissen und Schlafsack)

Sonstiges

- ✔ Fotos für das Familienbuch und die Anmeldetafel, das Garderobenfach, den Wickelkorb und den Porfolio-Ordner (wie viele Fotos Sie insgesamt brauchen, sagt Ihnen das Team)
- ✔ Ein »kleiner Steckbrief«, der umfasst, was Sie über Ihre Familie und Ihr Kind, vielleicht dargestellt an einer Tafel der Kita oder am Schwarzen Brett, berichten wollen (z. B. wie Sie heißen, wie alt Sie sind, wo Sie wohnen, aus welchem Land Sie kommen, auf was Sie sich in der Kita freuen)

Quelle: Höhn 2016, S. 38; Bethke, Braukhane & Knobeloch 2009, S. 77f.

4.6.3 Der erste Elternabend – Mitgestaltungsmöglichkeiten – Gesprächstermine

Der erste Elternabend

Der erste Elternabend kann zu verschiedenen Zeitpunkten veranstaltet werden. So können zum Beispiel alle Eltern, die ihr Kind neu in der Kita angemeldet haben, im Vorfeld zu einem Info-Elternabend eingeladen werden, bei dem nochmals ausführlich die Konzeption und der Ablauf der Eingewöhnung vorgestellt werden (vgl. Kapitel 4.5.1). Eine weitere bzw. zusätzliche Möglichkeit besteht darin, den Elternabend kurze Zeit nach dem Start des neuen Kita-Jahres bzw. nach Abschluss aller Eingewöhnungen (sofern diese nicht über das Jahr verteilt, sondern zu Beginn des Kita-Jahres stattfinden) durchzuführen. Dann können sich die neuen Eltern – vielleicht mit einem Foto ihres Kindes – kurz vorstellen, und die Eltern lernen sich untereinander gut kennen.

Sehr sinnvoll ist es, vorab den Zeitrahmen und die Themen des Elternabends festzulegen und gegebenenfalls eine kleine Foto- oder Videopräsentation über das pädagogische Tagesgeschehen vorzubereiten, sofern die Einverständniserklärung aller Eltern dazu vorliegt (vgl. Bethke, Braukhane & Knobeloch 2009, S. 102f.)

Weitere Themen, die die Eltern gerne besprechen möchten, können von der Elternvertreterin bzw. dem Elternvertreter und der Stellvertretung, die meistens auch beim ersten Elternabend im neuen Kita-Jahr gewählt werden, gesammelt und den pädagogischen Fachkräften übermittelt werden.

Mitwirkungs- und Mitgestaltungsmöglichkeiten für Eltern

Einen leichten Einstieg in die Mitwirkungs- und Mitgestaltungsmöglichkeiten für Eltern bietet das Faltblatt »Elternmitwirkung in der Kita« (www.leak-berlin.de/wp-content/uploads/2013/08/LEAK-Faltblatt.pdf) bzw. der »Leitfaden für die Elternvertretung in Berliner Kindertagesstätten«, der auch Orientierung für andere Bundesländer geben kann (www.leak-berlin.de/wp-content/uploads/2013/08/LEAK-Leitfaden.pdf). Alle Informationen in Videoform gibt es unter: www.leak-berlin.de/wp-content/uploads/2013/08/LEAK-Leitfaden.pdf.

Die Elternvertreterinnen und -vertreter aus allen Bundesländern haben eine Bundeselternvertretung gegründet, die sich für Kinder in Tageseinrichtungen und in der Kindertagespflege einsetzt (www.bevki.de). Viele Eltern wissen häufig gar nicht, dass ihr Engagement von der Mitwirkung in einer kleinen Kita bis zur aktiven Beteiligung an der Landes- und Bundespolitik reichen kann. Dabei sind diese Mitwirkungsmöglichkeiten sowohl im SGB VIII (auch als Kinder- und Jugendhilfe-Gesetz bekannt) als auch in den meisten Landesgesetzen festgeschrieben. Das Berliner Bildungsprogramm hebt in diesem Zusammenhang den notwendigen, »professionellen und initiativ handelnden Part« der pädagogischen Fachkräfte hervor: »Um die Erziehungspartnerschaft zu fördern und geeignete Beteiligungsformen für Eltern zu schaffen, übernehmen die Pädagoginnen und Pädagogen den professionellen und initiativ handelnden Part. Sie laden die Eltern zu Elternversammlungen und Gesprächskreisen ein und führen gemeinsam mit den Elternvertreterinnen und -vertretern Elternbefragungen durch. Sie besprechen auch mit einzelnen Eltern, welche Beteiligungsformen zu ihrer Lebenssituation passen und treffen entsprechende Regelungen« (Senatsverwaltung für Bildung, Jugend und Wissenschaft 2014, S. 51).

Auch die meisten anderen Bildungsprogramme der Länder weisen der Bildungs- und Erziehungspartnerschaft sowie insbesondere der Elternmitwirkung in Elterngremien eine hohe Bedeutung zu.

Gesprächstermine mit Eltern

Sehr wichtig beim Aufbau einer Bildungs- und Erziehungspartnerschaft im Rahmen der Eingewöhnung sind regelmäßig stattfindende Gespräche. Nach dem **Aufnahmegespräch**, das vor dem Start der Eingewöhnung stattfindet (vgl. Kapitel 4.6.2), sollte nach circa zwei Wochen ein **Reflexionsgespräch** zwischen den Eltern und der eingewöhnenden Fachkraft erfolgen. In diesem etwa ein- bis eineinhalb Stunden dauernden Gespräch tauschen sich beide Gesprächspartner über den (bisherigen) Verlauf der Eingewöhnung und die Entwicklung sowie das Verhalten des Kindes aus ihren jeweiligen Perspektiven aus. Zu Beginn sollten sich beide Seiten über besondere Begebenheiten sowie positive, negative und/oder unerwartete Entwicklungen in der ersten elternbegleitenden Zeit, in der Zeit der Trennungen sowie in Bezug auf das Ankommen des Kindes in der Gruppe, seine Teilhabe am Tagesablauf und hinsichtlich des Beziehungsaufbaus zur eingewöhnenden Fachkraft unterhalten. Des Weiteren ist ein Austausch über zunehmende Kompetenzen sowie Veränderungen im Verhalten des Kindes von Bedeutung. Insbesondere Veränderungen in den Alltagsroutinen (z. B. beim Essen, beim Ruhen und Schlafen, bei der Pflege des Kindes, in seinem Spielverhalten) sowohl in der Kita als auch zu Hause sollten ebenso gemeinsam besprochen werden. Zum Abschluss des Gesprächs ist ein Austausch über die bisherige Zusammenarbeit zwischen den Eltern, der eingewöhnenden Fachkraft und dem Team während der Eingewöhnung und auch im Hinblick auf die zukünftige Kooperation zu empfehlen (vgl. Höhn 2016b, S. 19ff.).

Dauert die Eingewöhnung etwas länger, so wird am Ende häufig ein **Abschlussgespräch** durchgeführt. Dabei erfolgt dann noch einmal ein Austausch darüber, wie die Eingewöhnung erlebt wurde, und Wünsche bzw. Absprachen im Hinblick auf die weitere Zusammenarbeit finden hier Raum. Manche Einrichtungen führen nach Abschluss der Eingewöhnung auch eine **schriftliche Befragung** der Eltern durch, um zu erfahren, ob bezogen auf die gesamte Einrichtung Wünsche oder Verbesserungspotenzial im Hinblick auf die Gestaltung der Eingewöhnungsphase besteht. Nicht alle Eltern offenbaren nämlich sofort ihre Bedürfnisse im Gespräch.

Diese Gesprächstermine sollten möglichst rechtzeitig im Vorfeld vereinbart und auf einen zeitlichen Umfang festgelegt werden. So wirkt es für die Eltern auch nicht wie ein Rauswurf, wenn die pädagogische Fachkraft nach einer halben oder Dreiviertelstunde wieder zurück in ihre Gruppe bzw. ihren Bereich geht. Das Team sollte sich überlegen, wie flexibel es Termine gegebenenfalls auch am Abend anbieten kann, wenn beide Elternteile berufstätig sind (vgl. Bethke, Braukhane & Knobeloch 2009, S. 101f.).

4.6.4 Professionelle Haltung für eine gelingende Bildungs- und Erziehungspartnerschaft

Beim Aufbau von Beziehungen – auch in professionellen Zusammenhängen wie der pädagogischen Arbeit – kommt es nicht nur auf methodisches Know-how an. Es zeigt sich immer wieder, dass es Haltungen sind, die das Gelingen oder Scheitern einer kommunikativen Beziehung maßgeblich beeinflussen.

Roth (2014) zählt mehrere Elemente einer Grundhaltung auf, die die Bildung von tragfähigen Bildungs- und Erziehungspartnerschaften zwischen pädagogischen Fachkräften und Eltern befördern. Viernickel u.a. (2011) formulieren ähnliche Kernkompetenzen für die Arbeit mit Kindern und ihren Familien. Zusammenfassend sollen daher nun zentrale Merkmale einer professionellen Grundhaltung der pädagogischen Fachkräfte gegenüber den Familien aufgezeigt werden:

Respektvolle Haltung und Wertschätzung

Ausschlaggebend ist, dass pädagogische Fachkräfte die Eltern als Expertinnen und Experten ihrer Kinder anerkennen, ihren Erziehungsauftrag achten und ihrer Erziehungsleistung Respekt und Wertschätzung erweisen. Respekt und Wertschätzung zeigen sich auch darin, dass Eltern ein Recht auf Anderssein eingeräumt wird. Das bedeutet nicht, dass Fachkräfte gleichgültig gegenüber den Wertvorstellungen und dem Erziehungsverständnis von Eltern sein sollen. Stattdessen besteht nach Roth (2014, S. 27) die aktive Leistung und Herausforderung der pädagogischen Fachkräfte darin, »dem Anderen zu begegnen und ihm nicht auszuweichen, seine Beweggründe zu erforschen (...), seine Ressourcen zu ergründen und diese wertschätzend in den Vordergrund zu stellen«.

Vorurteilsbewusstsein

Vorurteilsbewusstsein bedeutet, dass pädagogische Fachkräfte eigene Vorurteile nicht abstreiten, sondern sich diese bewusst machen. Dies ist die Bedingung, um dem Anderssein des Gegenübers offen und mit Interesse begegnen und sich in dessen Denk- oder Handlungsmuster einfühlen zu können. Gleichzeitig sollten die eigenen, biografisch bedingten Werte und Überzeugungen in den Blick genommen werden. Eine besondere Herausforderung für Fachkräfte in Kindertageseinrichtungen ist es daher nach Viernickel (2009a, S. 61), »sich der eigenen Normalitätserwartungen bewusst zu werden, sie als eine von mehreren möglichen Perspektiven aufzufassen und sie zumindest zu hinterfragen, vielleicht auch zu erweitern und zu verändern«.

Ressourcenorientierung

Von hoher Bedeutung ist auch eine ressourcenorientierte Haltung, die die Stärken und Fähigkeiten des Gegenübers in den Fokus nimmt und dem anderen spiegelt, was er kann und weiß. Dazu gehört auch, Eltern nicht mit anderen Eltern zu vergleichen und sie nicht an den eigenen Normen und Maßstäben zu messen. Dies ermöglicht den Eltern nicht nur eine positive Beziehungserfahrung, sondern fördert auch das Selbstwirksamkeitserleben und das Zutrauen in die eigenen Fähigkeiten. Besonders in der Zusammenarbeit mit Familien, deren Erleben eher von Defiziten, Misserfolgserlebnissen und einer geringen Selbstwirksamkeitsüberzeugung geprägt ist, ist es wichtig, an den Stärken anzusetzen, den defizitorientierten Blick bewusst aufzuheben und mit einer wertschätzenden, respektvollen und interessierten Haltung die persönlichen Kompetenzen der Eltern in den Blick zu nehmen. Das ist die Voraussetzung, damit ein Dialog auf Augenhöhe entstehen und tatsächlich eine gemeinsame Erziehungs- und Bildungspartnerschaft gelingen kann (vgl. Roth 2014, S. 43ff.; Viernickel u. a. 2011, S. 43).

Dialogorientierung

Eine dialogische Orientierung trägt dazu bei, Erziehungs- und Bildungspartnerschaften mit Eltern auch in konflikthaften Situationen konstruktiv weiterzuentwickeln. Basierend auf dem personenzentrierten Ansatz Carl Rogers (1961 / 2016) sollte die Kommunikation durch Akzeptanz und Annahme des Gegenübers, Empathie und Mitgefühl, die Fähigkeit zum aktiven Zuhören und die Bereitschaft, kongruent im Erleben und Handeln zu sein, geprägt sein. Das bedeutet, dass die pädagogische Fachkraft sich jederzeit authentisch verhält und auch weiß, dass sich Echtheit nicht nur in Worten, sondern genauso in der Körpersprache zeigt. Ernsthaft und mit Ausdauer entgegengebrachter Respekt und Wertschätzung eröffnen beim Gegenüber – auch in schwierigen Situationen – in der Regel Zugänge (vgl. Roth 2014, S. 45ff.).

Bereitschaft zur Selbstreflexion

Zu einer professionellen Haltung gehört es auch, stets bereit zur Selbstreflexion zu sein; sich immer wieder erneut bewusst zu machen, wie das eigene Denken, Fühlen und Handeln das Bild von sich selbst und vom Gegenüber prägen. Dieses Bild als geworden, aber auch veränderlich zu verstehen, ist eine wichtige Grundlage, um sich neuen Perspektiven und Blickwinkeln zuwenden zu können. Besonders in der Zusammenarbeit mit Eltern, deren Erziehungs- und Wertvorstellungen von den eigenen Orientierungen stark abweichen, ist die Bereitschaft zur Selbstreflexion eine wesentliche Voraussetzung für eine respektvolle Beziehungsgestaltung (vgl. Roth 2014, S. 49ff.; Viernickel u. a. 2011, S. 41ff.).

Wissen um systemische Denk- und Arbeitsansätze

Das Wissen um systemische Denk- und Arbeitsansätze ist ebenso eine wichtige Grundlage für eine gelungene Erziehungs- und Bildungspartnerschaft mit den Eltern. Systemisches Denken verfolgt die Annahme, dass jede Handlung und jedes Verhalten aus der Perspektive des Handelnden einen Sinn ergeben müssen, auch wenn das Verhalten offenbar in der aktuellen Situation unpassend erscheint.

So kann es zum Beispiel sein, dass den pädagogischen Fachkräften aus ihrer Sicht manches, was Eltern tun oder sagen, nicht nachvollziehbar oder falsch erscheint. Parallel fühlen sich aber auch die Eltern häufig missverstanden oder nicht ernst genommen. Systemisch zu denken bedeutet, Hypothesen über die Gründe des Verhaltens der Eltern zu bilden. Anstatt Schuldzuschreibungen wird nach dem möglichen Sinn elterlichen Handelns gefragt. Eine solche systemische Denk- und Arbeitsweise trägt dazu bei, die Hintergründe besser zu verstehen sowie die eigenen Perspektiven und Handlungsmöglichkeiten zu erweitern.

Zum Abschluss dieses Kapitels sollen einige Fragen zur Selbstreflexion dazu anregen, über das Thema der Zusammenarbeit mit Eltern und den Aufbau einer Bildungs- und Erziehungspartnerschaft noch einmal nachzudenken (vgl. Roth 2014, S. 51ff.).

Reflexion

- Welches Grundverständnis von Bildungs- und Erziehungspartnerschaft habe ich?
- Wo sehe ich Übereinstimmungen mit meiner eigenen Praxis, wo große Unterschiede?
- Was davon möchte ich für meine eigene Arbeit sichern?
- In welchen Bereichen der Zusammenarbeit mit Eltern sehe ich bei mir und im Team große Stärken? Wo möchte ich mich weiterentwickeln? Was wäre ein erster Schritt?
- Welche Aspekte dieses Grundverständnisses könnten für die Konzeption meiner Einrichtung relevant sein und wo könnte gegebenenfalls angepasst werden?

4.7 Organisation in der Kita

Elementar bei der Eingewöhnung ist auch die Schaffung **organisatorischer Grundlagen.** Dazu gehören zuerst einmal das Aufnahmeverfahren und die Aufnahmeplanung. Des Weiteren werden in diesem Kapitel Tipps gegeben, wie bei bestimmten Vorfällen während der Eingewöhnung (z. B. das Kind oder die Bezugserzieherin erkrankt) vorgegangen werden kann. Außerdem gibt es Hinweise, was bei der Tagesgestaltung für Kinder, die sich noch in der Eingewöhnungsphase befinden, zu berücksichtigen ist. Es folgen Anregungen zur Raumgestaltung und zum Materialangebot und Überlegungen dazu, welche Einrichtungs- und Gruppenstrukturen sich bei der Aufnahme von unter Dreijährigen anbieten. Abschließend werden verschiedene Verfahren der Beobachtung und Dokumentation vorgestellt, die sich eignen, im Eingewöhnungsprozess verwendet zu werden.

4.7.1 Aufnahmeverfahren und Aufnahmeplanung

Einen ersten wichtigen Punkt im Hinblick auf die organisatorischen Grundlagen bilden im Rahmen der Eingewöhnung das Aufnahmeverfahren und die Aufnahmeplanung.

Aufnahmeverfahren

Das Aufnahmeverfahren besteht aus zwei Teilen – einem formal-organisatorischen Teil und einem pädagogischen Teil. Im **formal-organisatorischen Teil** sind folgende Punkte zu bearbeiten (vgl. Höhn 2016a, S. 28):

- Als erstes sind ein **Nutzervertrag** als öffentlich-rechtlicher und eine **Benutzervereinbarung** als privat-rechtlicher Rahmen mit den Rechten und Pflichten zur Nutzung des Angebots von den Eltern bzw. den Sorgeberechtigten zu unterzeichnen.
- Außerdem sind **individuelle Regelungen** zu treffen, wenn zum Beispiel Nahrungsmittelunverträglichkeiten oder Allergien bestehen. Manchmal werden auch **Assistenzleistungen** im Rahmen der Eingliederungshilfe etc. benötigt.
- Des Weiteren sind verschiedene **Datenschutzregelungen**, die in die Datenschutzkonzeption des Trägers eingebunden sind, zu berücksichtigen.
- Sofern dies nicht über das Jugendamt geregelt ist, wird auch über die **Höhe des Elternbeitrags** abhängig von der Nutzungsdauer des Angebots sowie den **Verpflegungsbeitrag** informiert. Manche Träger verlangen auch einen **zusätzlichen Elternbeitrag für besondere Leistungen** (z. B. Bio-Nahrung, besondere Angebote).

Im **pädagogischen Teil** des Aufnahmegesprächs stehen das Kind und seine Familie im Fokus, und es erfolgt ein Austausch über die Entwicklung des Kindes, seinen bisherigen Lebensweg bis zur Aufnahme in die Kita (z. B. bisherige Betreuungspersonen, Umzüge) und seine Gewohnheiten. Außerdem wird über die Gestaltung der Zusammenarbeit zwischen Kita und Eltern informiert (vgl. ebd.).

Aufnahmeplanung

Ein besonderer Fokus sollte bei der Aufnahmeplanung auf den **zeitlichen Rahmen** gelegt werden, in dem die Eingewöhnungen stattfinden. Nach Möglichkeit ist gemeinsam im Team zu entscheiden, wann neue Kinder eingewöhnt werden sollen. Hierzu gibt es in der Praxis verschiedene Varianten des Vorgehens:

Aufnahmeplanung bei Neuaufnahmen und interner Übergangsregelung

Häufig findet man noch das Modell vor, dass eine neue Krippengruppe mit Beginn des Kita-Jahres eröffnet wird und alle Kinder innerhalb eines Monats eingewöhnt werden sollen. Diese Vorgehen ist aus bindungstheoretischer Sicht infrage zu stellen, denn normalerweise dauert es zwischen einem und drei Monaten, bis ein Kind eine stabile und tragfähige Bindungsbeziehung zur eingewöhnenden Fachkraft aufgebaut hat, auch wenn nach ein bis drei Wochen die Grundlage dafür bereits gelegt wurde. Die Fachkraft, zu der das Kind eine Bindung aufgebaut hat, muss ihm in der Folgezeit stets bei Verlangen zur Verfügung stehen und seine Signale feinfühlig, angemessen und prompt beantworten.

Auch wenn es in der Praxis häufig nicht handhabbar ist, nur ein Kind pro Vierteljahr einzugewöhnen, empfehlen Bethke, Braukhane und Knobeloch (2009), nicht mehr als zwei Kinder pro Monat aufzunehmen: »Je größer die Abstände zwischen den einzelnen einzugewöhnenden Kindern sind, desto besser« (ebd., S. 103). Denn: »Auch wenn ein Kind bereits nach zwei Wochen eingewöhnt ist und damit eine vertrauensvolle Beziehung zur Erzieherin entstanden ist, heißt das nicht, dass die Beziehung bereits ein so festes Fundament besitzt, dass Störungen sie überhaupt nicht mehr irritieren« (ebd., S. 104). Dazu führen die Autoren folgendes Praxisbeispiel an:

> *»Ein Kind hat sich gerade daran gewöhnt, dass die zuständige Erzieherin seine Bindungsperson ist. Nun kommt ein neues Kind in die Gruppe, welches die Aufmerksamkeit, liebevolle Zuwendung und schlichtweg den Arm der Erzieherin beansprucht. Dies ist für das Kind, welches am Ende seiner eigenen Eingewöhnungszeit steht, frustrierend und enttäuschend. Die sich nun entwickelnden Empfindungen wird das Kind vermutlich durch Protest äußern. Es weint oder lehnt plötzlich seine Erzieherin ab. Dieses Verhalten erscheint dieser dann häufig unverständlich: ›Warum lehnt mich das Kind plötzlich ab? Wir hatten doch eine so gute Basis miteinander gefunden?‹ Schnell kann so eine Abwärtsspirale entstehen, die die zuvor gute Eingewöhnung zunichtemacht und einen erneuten Einsatz der Eltern erfordert oder das Kind mit seinen Bedürfnissen allein lässt« (ebd.).*

Laewen, Andres und Hédervári-Heller (2011) empfehlen, dass pro Woche nicht mehr als höchstens ein Kind aufgenommen wird, sofern in einer Gruppe die Mehrzahl der Kinder neu aufgenommen werden sollte. Kann eine solche Staffelung der Aufnahme im Ausnahmefall nicht realisiert werden, dann sollte zumindest versucht werden, die Anwesenheit der Kinder auf verschiedene Zeiten zu legen – zum Beispiel das erste Kind von 8 bis 9 Uhr und das zweite Kind von 10 bis 11 Uhr. Diese Regelung soll die Fachkraft vor Überlastung schützen, wenn sie mehr als ein Kind aufmerksam beobachten und vorsichtig Kontakt zu ihm aufnehmen soll: »Der Beziehungsaufbau verlangt von der Erzieherin ein Höchstmaß an Sensibilität und Offenheit gegenüber dem zunächst fremden Kind und führt leicht zur Erschöpfung oder Abwehr, wenn hier zu viel verlangt wird« (Laewen, Andres & Hédervári-Heller 2011, S. 53). Beobachtungen an fast 200 Kindern in Berlin haben deutlich gemacht, dass die gleichzeitige Aufnahme von mehr als einem Kind pro Woche und Gruppe auch bei den Kindern zu Stressreaktionen führt, die mehrere Wochen andauern können.

Aber auch bei gestaffelten Aufnahmen ist nach Bethke, Braukhane und Knobeloch (2009, S. 104) zu beachten, »dass diese Form der konzentrierten Eingewöhnung eine nicht unerhebliche Belastung für die bereits bestehende Kindergruppe darstellt, da täglich mehrere fremde Personen und Kinder das Gruppengeschehen beeinflussen. Auch für Erzieherinnen ist es eine physische und psychische Herausforderung, sich gleichzeitig auf verschiedene Kinder emotional neu einzulassen und allen Familien gerecht zu werden«. Daher brauche es viel Rückendeckung vom Team.

Für alle Beteiligten am stressfreiesten und am flexibelsten gelingt die Eingewöhnung, wenn sie über das ganze Jahr verteilt möglich ist. Aus der Umsetzung des Rechtsanspruchs auf einen Kinderbetreuungsplatz ab der Vollendung des ersten Lebensjahres folgt auch, dass Kinder nicht zu bestimmten Stichtagen, sondern im Jahresverlauf aufgenommen werden.

Mit der Aufnahmeplanung sind nach Höhn (2016a, S. 28) viele andere Prozesse in einer Kita verbunden, wie zum Beispiel:

- »die Belegung der Plätze und damit die Auslastung – mit Konsequenzen für die personelle Besetzung (Nachbesetzung offener Stellen)
- der konkrete Personaleinsatz unter Beachtung von Urlaub und Fortbildung
- die Zusammensetzung der Gruppen hinsichtlich Alter, Geschlecht, Lebenslangen (neben den Vorgaben aus der Betriebserlaubnis)
- Konsequenzen für die Alltagsgestaltung, zum Beispiel die Beachtung der Tischgemeinschaft, der Schlafgruppe, die Organisation von Bildungsprojekten und Angeboten, die Planung von Aktivitäten mit und für Eltern etc.«.

Aus diesem Grund ist es wichtig, dass ein Überblick darüber besteht, wer wann kommt und wer wen wann und wie in den neuen Ort hineinbegleitet. Das betrifft auch die Kinder, die von der Krippe in den Elementarbereich oder in den Hort, sofern dieser in die Kita integriert ist, wechseln.

Sobald feststeht, welche der pädagogischen Fachkräfte die Bezugsperson für das neue Kind sein wird, muss vorausschauend festgelegt werden, wer diese vertreten kann, sofern sie (z. B. krankheitsbedingt) ausfällt. Es ist notwendig, dass diese Fachkraft dem Kind und seinen Eltern im Vorfeld bereits vertraut gemacht wurde, damit sie dann im Bedarfsfall der Familie nicht mehr fremd ist. Auch in Zeiten von akutem Personalmangel und ungünstigen Rahmenbedingen ist dies unbedingt zu gewährleisten. Die Bezugserzieherin bzw. der Bezugserzieher sollte während der ersten Wochen in der Eingewöhnung außerdem keine Fortbildungen besuchen und keinen Urlaub nehmen. Außerdem ist es wichtig, dass die eingewöhnende Fachkraft von anderen dienstlichen Verpflichtungen freigestellt wird, damit sie sich ganz auf das neue Kind konzentrieren kann.

Aufnahmeplanung beim Aufbau einer neuen Kita

Wird eine Kita neu gebaut oder in einer bestehenden Kita eine neue Betriebsform, wie zum Beispiel eine Krippe, errichtet, dann ist das für alle Beteiligten eine herausfordernde Aufgabe. Gerade bei der Gründung von neuen Gruppen oder gar neuen Einrichtungen ist es wichtig, gestaffelte Eingewöhnungen zu planen. Dabei sollten Träger Regelungen, Kinder gegebenenfalls zeitversetzt aufzunehmen, und mit den Eltern Absprachen über den Beginn der Eingewöhnung treffen. Van Dieken (2012) empfiehlt, mit vier bis fünf Kindern und dementsprechend vielen Fachkräften zu beginnen. Dann fänden die ersten Kinder zumindest bereits eine kleine Gruppe vor. Sobald sich die Kinder dieser Gruppe wohlfühlen und eingewöhnt sind, könnten dann langsam auch weitere Kinder – ebenso gestaffelt – aufgenommen werden. »Es ist niemandem zuzumuten, weder den Kindern noch den Erzieherinnen, erleben zu müssen, wie ›am Fließband‹ eine komplette Gruppe ohne Unterbrechung aufgrund äußeren Drucks (Belegungszahlen, Auslastung etc.) eröffnet werden muss. Eingewöhnung ist Beziehungsarbeit und erfordert Emotionalität, Feinfühligkeit und kostet Kraft« (van Dieken 2012, S. 77). Aus diesem Grund sollten pädagogische Fachkräfte nach einer Zeit der Eingewöhnung (etwa vier bis fünf Wochen) die Möglichkeit zu einer Eingewöhnungspause haben, damit sie neue Kraft schöpfen können.

Ähnlich sieht dies Höhn (2016a), die auch für einen Start mit einer kleinen Gruppe plädiert. Exemplarisch skizziert sie den **Verlauf der Eingewöhnung von drei bis vier neuen Kindern ab drei Jahren in einer Kleingruppe,** welcher voraussetzt, dass eine Bezugserzieherin bzw. ein Bezugserzieher nicht mehr als zwei Dreijährige einzugewöhnen hat:

Tab. 23: Mögliche Etappen beim gemeinsamen Anfangen in einer kleinen Gruppe neuer Dreijähriger

1. Tag (Dienstag) Jedes Kind wird mit seinem Elternteil von seiner Bezugserzieherin / seinem Bezugserzieher begrüßt und eingeführt. Das bedeutet, dass die / der Bezugserzieher / in an diesem Tag zu verschiedenen Zeiten die beiden Kinder getrennt willkommen heißt.
2. Kind (Mittwoch) Die neuen Kinder treffen sich zusammen mit den Bezugserzieher / innen, begleitet von ihren Eltern, in einem eigenen Raum, in dem Spielmaterialien zur Verfügung stehen, die idealerweise beide Kinder aktuell interessieren. Der Raum lädt zur Begegnung und zum Rückzug auf Podeste, kleine Teppiche etc. ein. Die Bezugserzieher / innen sorgen für eine gemeinsame Aktivität und für individuelle Spielmöglichkeiten.
3. Tag (Donnerstag) Die Vierergruppe spielt in einem Teilbereich eines (Gruppen-)Raums, in dem sich auch andere Kinder vergleichbaren Entwicklungsstandes aufhalten. Die Situation wiederholt sich. Die Aufenthaltszeit wird gesteigert.
4. Tag (Freitag) In die Kleingruppen kommen für eine gewisse Zeit die (Kinder-)Paten der neuen Gruppe hinzu. Gemeinsames Spiel wird angeleitet – eventuell trennt sich die Gruppe und sucht verschiedene Funktionsräume auf.
5. Tag (Montag) Verlauf wie am Donnerstag oder Freitag.
6. Tag (Dienstag) Die Gruppe ist geteilt in je zwei Kinder und eine / n Bezugserzieher / in. Die Trennung von den Eltern erfolgt.
7. Tag (Mittwoch) Abhängig vom Verlauf des Vortages und der ersten Trennung kommt es zu einer Wiederholung in den geteilten Gruppen oder in der zusammengeführten »Startergruppe«.
Für die weitere Planung des Verlaufs ist die Reaktion der einzelnen Kinder maßgeblich. Zu beachten ist unter anderem: • Zieht sich ein Kind zurück und nimmt die Möglichkeit, sich in einer Kleingruppe aufzuhalten, ungern oder gar nicht an? • Reagiert ein Kind sehr dominant und bestimmend? Entsteht der Eindruck, dass die anderen Neuen gehemmt reagieren? • Kann die / der Bezugserzieher / in in der Zeit der Trennung jedem der beiden Kinder gerecht werden? • Nehmen die neuen Kinder zu anderen Kindern Kontakt auf oder beziehen sie sich erst einmal auf sich als Kleingruppe? Welche Folgen kann das für die weiteren Schritte haben?

Quelle: Höhn 2016a, S. 32f.

Bei diesem Modell erfolgt also der Start in eine neue Einheit oder Kita nicht mit gestaffelten Einzelaufnahmen, sondern in »einem Doppelschritt aus individueller Aufmerksamkeit und Begleitung in einem kleinen Gruppensetting der Neuen« (Höhn 2016a, S. 31). »Je älter die Kinder sind und je homogener die Startergruppe ist, desto einfacher wird es sein, den Doppelschritt aus Individuellem und Gemeinsamem umzusetzen« (ebd.).

Außerdem wird der Eingewöhnungsverlauf neben dem **Alter** bzw. dem **Entwicklungsstand des Kindes** auch durch dessen Vorerfahrungen beeinflusst. Vorerfahrungen der Kinder können nach Höhn (ebd.) sein:

- Zusammensein mit Gleichaltrigen in Krabbel- oder Stillgruppen
- Zeit als Tageskind
- Ältere Geschwister, die bereits Kitas besuchen
- Wohnformen, in denen regelmäßig Gruppenspielsituationen auch außerhalb der Familienwohnung stattfinden.

Von den Rahmenbedingungen, wie zum Beispiel dem Umfang der Personalstellen und dem Betreuungsumfang der Kinder, ist wiederum abhängig, ob parallel in zwei Gruppensettings am Vormittag und am Nachmittag jeweils drei Kinder aufgenommen werden können oder nicht. Dabei ist zu beachten, wann und wie dann diese beiden Kleingruppen zusammengeführt werden. Eine erste Begegnung der beiden Kleingruppen sollte spätestens acht Tage nach dem gemeinsamen Start stattfinden. Wichtig ist sicherzustellen, dass die Kinder Rückzugsmöglichkeiten haben, die sie aus eigenem Antrieb aufsuchen können, damit sie individuell erfahrenen Stress selbst regulieren können.

Bei einer **Neueinrichtung einer Krippe** empfiehlt Höhn (2016a) eine Aufnahmeplanung nach dem Prinzip der gruppenorientierten Eingewöhnung:

Tab. 24: Aufnahmeplanung bei Neueinrichtung einer Krippengruppe nach dem Prinzip der gruppenorientierten Eingewöhnung

Ausgangssituation: Aufnahme von sechs Kindern in sechs Wochen mit zwei pädagogischen Fachkräften aus der »Basisgruppe«

Um die einzelnen Kinder am ersten Tag individuell zu begrüßen und begleiten zu können, empfiehlt sich ein gestaffelter Start:

- Kind 1 startet mit pädagogischer Fachkraft 1 am Montag.
- Kind 3 startet mit pädagogischer Fachkraft 2 am Montag.
- Kind 2 startet mit pädagogischer Fachkraft 1 am Dienstag, jedoch zu einer anderen Uhrzeit.
- Kind 4 startet mit pädagogischer Fachkraft 2 am Dienstag, jedoch zu einer anderen Uhrzeit.
- Kind 5 kommt nach vier Wochen mit pädagogischer Fachkraft 1 dazu.
- Kind 6 kommt nach fünf Wochen mit pädagogischer Fachkraft 2 dazu.

Nach sechs Wochen sollte eine Aufnahmepause zur Konsolidierung der Gruppe und zum weiteren Aufbau der Routinen erfolgen – am besten über einen Zeitraum von vier Wochen.

Frühestens nach zehn Wochen könnte dann schrittweise im Abstand von zwei Wochen wieder ein neues Kind aufgenommen werden:

- Kind 7 startet nach zehn Wochen mit pädagogischer Fachkraft 1.
- Kind 8 startet nach zwölf Wochen mit pädagogischer Fachkraft 2.
- Kind 9 startet nach 14 Wochen mit pädagogischer Fachkraft 1.
- Kind 10 startet nach 16 Wochen mit pädagogischer Fachkraft 2.

Bei der Fortführung der Aufnahme sind sowohl die Zusammensetzung der Gruppe als auch das Alter bzw. der Entwicklungsstand und die Vorerfahrungen der Kinder zu berücksichtigen.

Quelle: Höhn 2016a, S. 31

Wichtig gerade bei der Eingewöhnung unter Dreijähriger ist, dass der Prozess immer den Bedürfnissen und dem Entwicklungsstand der Kinder angepasst ist. Einem Säugling, der bislang nur familiär betreut wurde und seine Aktivitätsphasen eher nachmittags hat, hilft es sicherlich, wenn die Eingewöhnung ebenfalls am Nachmittag in einer kleineren Runde stattfindet. Hinzu kommt, dass dann wahrscheinlich auch der Geräuschpegel niedriger und die Aufmerksamkeit der pädagogischen Fachkraft höher ist, weil weniger Kinder in der Gruppe sind. Für ein zweijähriges Kind, das gerne isst, kann wiederum die Einladung zu einem Frühstück ein schönes erstes Kita-Erlebnis sein und den Start erleichtern (vgl. Bethke, Braukhane & Knobeloch 2009, S. 104).

Eine besondere Herausforderung bei der Aufnahmeplanung besteht darin, dass immer die individuelle Situation berücksichtigt werden muss und daher Eltern nur schwer verbindliche Zusagen gemacht werden können. Kita-Träger sowie Verantwortliche der Kommunen müssen sich – auch in Zeiten des Ausbaudrucks – darauf einstellen, dass neue Gruppen und Einrichtungen nicht ab dem ersten Tag voll belegt sein können. Hier sind politische Entscheidungen gefragt, die die Praxis am Wohl und den Bedürfnissen der Kinder ausrichten. Das ist eine der wichtigsten Investitionen in die Zukunft der Kinder, der Zukunft unserer Gesellschaft.

4.7.2 Besondere Vorfälle bei der Eingewöhnung

Während der Eingewöhnung kann es zu einer Reihe an Vorfällen kommen, auf die im Folgenden eingegangen werden soll:

Erkrankung des Kindes

Wird das Kind kurz vor seiner Aufnahme krank, sollte die Eingewöhnung verschoben werden, bis es wieder gesund und völlig erholt ist. Erkrankt ein Kind während der Eingewöhnung, dann hängt es in der Regel von der Dauer der bereits erfolgten Eingewöhnung sowie der Dauer der Erkrankung ab, ob und, wenn ja, wie ein sensibler Neuanfang gemacht werden muss.

Hat ein Kind bereits zwei Wochen oder länger die Einrichtung besucht, scheint es sich in den meisten Fällen nach seiner Erkrankung wieder relativ schnell und unproblematisch auf die bereits begonnene Beziehung zur Fachkraft einzulassen. Dauerte die Eingewöhnungszeit vor der Erkrankung aber weniger als eine Woche, ähnelt die Rückkehr des Kindes häufig mehr einem Neubeginn.

Es ist auf jeden Fall davon abzuraten, ein Kind, nachdem es ein paar Tage krank war, einfach nur morgens in der Einrichtung abzugeben. Die Eltern sollten auch nach einer Fehlzeit von wenigen Tagen die Ankommenszeit etwas ausdehnen dürfen. Nach einer längeren Erkrankung ist gemeinsam zu überlegen, wie der Neustart sensibel gestaltet werden kann (vgl. Bethke, Braukhane & Knobeloch 2009, S. 93; Laewen, Andres & Hédervári-Heller 2011, S. 55, 84).

Erkrankung der eingewöhnenden Fachkraft

Erkrankt die eingewöhnende Fachkraft während der Eingewöhnung, muss für jedes Kind individuell abgewogen werden, wie weiter vorgegangen wird. Sofern die Möglichkeit besteht, dass das Kind die Eingewöhnung unterbricht und währenddessen zu Hause betreut wird, muss nach der Rückkehr der Fachkraft entschieden werden, ob und in welcher Phase die Eingewöhnung weiter durchgeführt wird und wie ein vorsichtiger Neuanfang aussehen kann.

Erkrankt die Fachkraft jedoch länger oder kann das Kind während dieser Zeit nicht zu Hause betreut werden, muss die Eingewöhnung mit einer anderen Fachkraft von vorne beginnen. Für solche Fälle sollte es in jeder Einrichtung vor dem Beginn einer Eingewöhnung einen Notfall- und Stellvertretungsplan geben. Aus diesem muss genau hervorgehen, wer wann wo einspringt, wenn eine eingewöhnende Fachkraft aufgrund von Erkrankung ausfällt. Das zu organisieren, ist eine zentrale Leitungsaufgabe. Zur Absicherung einer stabilen Personaldecke wird in vielen Einrichtungen außerdem während der Eingewöhnungszeit eine Urlaubs- und Fortbildungssperre verhängt.

Sinnvoll ist zudem, wenn ein Kind von Anfang an von einem »Tandem« eingewöhnt wird. Das bedeutet, dass eine Fachkraft direkt versucht, mit dem neuen Kind in Kontakt zu treten, während die andere im Hintergrund mit der Gruppe agiert. Dieses Vorgehen hat den Vorteil, dass das Kind bereits Kontakt zu einer zweiten Fachkraft hat, die dann dem Kind im Falle der Erkrankung der anderen Fachkraft nicht mehr ganz so fremd ist (vgl. Bethke, Braukhane & Knobeloch 2009, S. 105f.; Laewen, Andres & Hédervári-Heller 2011, S. 55f.).

Die Eingewöhnung wird offensichtlich besonders erschwert, wenn Kolleginnen und Kollegen der eingewöhnenden Fachkraft fehlen, sodass sie deren Bezugskinder bzw. Gruppe neben der Eingewöhnung mitbetreuen muss. Nach Beobachtungen von Laewen, Andres und Hédervári-Heller (2011, S. 85f.) handelt es sich dabei um eine Situation, die unbedingt vermieden werden sollte und in der sich eine unzulängliche Personalausstattung der Kita sehr nachteilig für die Kinder bemerkbar macht.

Unüberwindbare Meinungsverschiedenheiten

Sollten tatsächlich alle Beteiligten an der Eingewöhnung den Eindruck haben, sie passen nicht zueinander, oder sich unüberwindbare Meinungsverschiedenheiten zeigen, ist ein Abbruch der Eingewöhnung durchaus in Erwägung zu ziehen. Ein schlechtes Verhältnis zwischen den Beteiligten wird sich nämlich früher oder später auch auf das Kind auswirken.

Eine Eingewöhnung ist gewissermaßen auch mit einer Probezeit zu vergleichen, in der die Eltern eine Vorstellung davon bekommen, wie der pädagogische Alltag in der Einrichtung gestaltet wird, welche Maßstäbe dort herrschen und wie es dem Kind in der Kita weiter ergehen wird. Ob Kinder als Subjekte gesehen und ihre Bedürfnisse feinfühlig wahrgenommen und beantwortet werden, sind zum Beispiel Fragen, deren Beantwortung darauf hindeuten lässt, ob sich das neue Kind in der Kita wohlfühlen und gut entwickeln wird.

Dennoch sollte klar sein, dass Kinder in zwei unterschiedlichen Systemen leben und es völlig normal ist, dass dort verschiedene Maßstäbe gelten (z. B. was die Tagesgestaltung betrifft). Kinder können hier in aller Regel sehr gut differenzieren, sodass es für sie kein Problem darstellt, sich in beiden Systemen sicher zu bewegen.

Ungünstig ist es jedoch auf jeden Fall, wenn ein Kind spürt, dass seine Eltern mit seiner Betreuung in der Kita nicht einverstanden sind. Jemandem zu vertrauen, dem die Eltern nicht vertrauen, ist ein Widerspruch, den Kinder schnell bemerken und in entsprechendem Protestverhalten, mit Tränen oder mit psychosomatischen Beschwerden zum Ausdruck bringen (vgl. Bethke, Braukhane & Knobeloch 2009, S. 93f.).

Übergangslose Aufnahme des Kindes in Notsituationen

Es kann Situationen geben, in denen ein Kind übergangslos in eine Kita aufgenommen werden muss. Ein unbegleitetes Flüchtlingskind hat zum Beispiel kaum die Möglichkeit, in einer Kita durch eine vertraute Bezugsperson eingewöhnt zu werden. Dennoch können auch in solchen Fällen die Belastungen, denen ein Kind während dieser Übergangszeit ausgesetzt ist, verringert werden.

So sollte grundsätzlich sichergestellt werden, dass das Kind zunächst einmal eine Beziehung zu einer Fachkraft aufbaut, die ihm dann bereits nach wenigen Tagen des Beziehungsaufbaus in der Eingewöhnungszeit Hilfe und Trost geben kann. Sollte das Kind bereits während des Frühdienstes gebracht werden, so ist auch dann zu gewährleisten, dass es von seiner Bezugserzieherin bzw. seinem Bezugserzieher und nicht von jemand ihm Fremden empfangen wird (Laewen, Andres & Hédervári-Heller 2011, S. 52f.).

Sofortiger Arbeitsantritt eines Elternteils

Auch kann es passieren, dass zum Beispiel eine Mutter wegen eines plötzlichen Stellenangebotes sofort anfangen muss zu arbeiten. Hier ist dennoch sicherzustellen, dass eine Eingewöhnung zum Wohl des Kindes stattfindet. Möglich wäre dann zum Beispiel, dass der Vater, ein Großelternteil oder eine andere dem Kind vertraute Person die Eingewöhnung übernimmt. Es ist Aufgabe der pädagogischen Fachkräfte, den Eltern die besondere Bedeutung und Wichtigkeit der Begleitung während der Eingewöhnung nahzulegen und auch das entsprechende Engagement von ihnen einzufordern. Gleichzeit sollte aber die Lebenswirklichkeit der Eltern dabei nicht völlig aus dem Blick geraten (vgl. Bethke, Braukhane & Knobeloch 2009, S. 105).

4.7.3 Der Tagesablauf

Der Tagesablauf stellt gerade für Kinder, die sich noch in der Eingewöhnungsphase befinden, eine wichtige Struktur dar, die ihnen hilft, sich zu orientieren und in der Einrichtung anzukommen. Sind die einzelnen Abläufe in der Kita ritualisiert und folgen einem übergeordneten System, werden sie den Kindern rasch vertraut und geben ihnen Sicherheit.

Wiederkehrende Ereignisse im Tagesablauf wie zum Beispiel der gemeinsame Morgenkreis, ein Glöckchenklang beim gemeinsamen Aufräumen oder ein Zahnputzlied beim Zähneputzen haben Kinder in aller Regel schon nach kurzer Zeit verinnerlicht. Diese Rituale teilen den Tag in Abschnitte ein und bieten den Kindern, wie eine innere Uhr, Orientierung.

Gutknecht (2015, S. 39) verdeutlicht, dass sich die Handlungsabläufe im Alltag des Kindes, wie zum Beispiel Mahlzeiten, Wickeln, Baden und Spazierengehen, welche sich mit seinen Bezugspersonen immer wiederholen, ähnlich wie in einem Drehbuch zu Skripts verdichten. Aus der Menge der einzelnen Skripts formt sich dann die soziale Matrix. Auch Höhn (2016a, S. 54) hebt hervor: »Ein Anfangs- und ein Übergangsritual halten diese Etappen zusammen und unterstützen die Konzentration der Kinder. Sie können auf diese Weise ›soziale Skripts‹ für bestimmte Handlungseinheiten entwickeln, die durch die tägliche Wiederholung immer wieder abgesichert werden.«

Gleichzeitig sollten aber auch der individuelle Tagesrhythmus jedes Kindes, seine Essens- und Schlafzeiten sowie seine Bedürfnisse und Vorlieben Berücksichtigung finden. Wichtig ist zudem ein ausgewogener Wechsel zwischen Ruhe und Aktivität. Kuschelecken, Nischen, Podeste und andere Rückzugsorte ermöglichen den Kindern, selbstbestimmt zur Ruhe zu finden. Gerade Säuglinge und Kleinstkinder benötigen zudem einen ruhigen Schlafplatz, den sie zu allen Tageszeiten nutzen können (vgl. Bethke, Braukhane & Knobeloch 2009; Dreyer 2013a).

Der Tagesablauf sollte gerade in der Eingewöhnungszeit unbedingt beibehalten werden, damit sich das Kind darin integrieren kann. Wird nur eine Kleinigkeit verändert, kann eine Eingewöhnung sensibel gestört werden. Aus diesem Grund sollten Eingewöhnungen auch in den Räumen stattfinden, in denen die Kinder dann später betreut werden und nicht zum Beispiel auf einem nahegelegenen Spielplatz, weil die pädagogischen Fachkräfte einen Ausflug dorthin planen. Generell sind Ausflüge und Feste, so Bethke, Braukhane und Knobeloch (2009), in der Eingewöhnungsphase und kurz danach eher hinderlich, denn sie machen das Vertraute wieder fremd: »Feste in der Kita sind von einer erhöhten Anzahl an fremden Personen und einem gesteigerten Geräuschpegel geprägt. (…) Die Umgebung [bei Ausflügen] ist ungewohnt, die Gerüche fremd, und die Zeitstruktur, in der es aktive Phasen, Ruhe und Essen gibt, ist verändert« (ebd., S. 108). Auch Verkleidungsfeste werden als eher ungünstig betrachtet, denn sie »irritieren gerade kleine Kinder hochgradig, da sich die ihnen bekannten Personen in Fremde verwandeln. Darüber hinaus ist an solchen Tagen alles anders als gewohnt: Der Raum ist geschmückt, der Tagesablauf ist ein anderer und selbst das Essen unterscheidet sich vom gewohnten Alltag« (ebd.).

Jeder Bruch in der Kontinuität und Vorhersagbarkeit der Abläufe, Orte und Personen stellt für Kinder im Eingewöhnungsprozess und ganz generell für unter Dreijährige eine zusätzliche Belastung dar. Damit sie Situationen als vertraut erleben und sich sicher fühlen können, sind Rituale (z. B. der Morgenkreis) sowie räumliche und zeitliche Kontinuität sehr wichtig. Nur wenn Kinder sich sicher fühlen und in klaren Strukturen bewegen, sind sie offen, ihre Umgebung zu erkunden und können überhaupt von dem Bildungsangebot profitieren.

Da auch unter günstigen Voraussetzungen im Eingewöhnungsprozess hohe Anpassungsleistungen von den Kindern verlangt werden, die sehr erschöpfend sein können, sollten sie während der ersten Wochen die Kita in aller Regel nur halbtags besuchen.

4.7.4 Raumgestaltung und Materialangebot

Raumgestaltung

Damit sich Eltern und Kinder – und das gilt nicht nur für Familien, die gerade im Eingewöhnungsprozess sind – jeden Morgen aufs Neue willkommen fühlen, sollten der **Eingangsbereich** und auch die **Garderobe** möglichst ansprechend gestaltet sein. Denn das sind Orte, die sie als erste empfangen, noch ehe sie von der pädagogischen Fachkraft begrüßt werden.

Für von der Beek, Buck und Rufenach (2007, S. 27), den Begründern des Hamburger Raumgestaltungsmodells, sind Eingänge die »Visitenkarte der Kita« und stellen eine »Verbindung zwischen Drinnen und Draußen« dar. Eine erkennbare Kita-Architektur und eine niedrigschwellige Eingangszone tragen ihrer Auffassung nach dazu bei, dass sich Eltern von Anfang an willkommen geheißen fühlen und auch interessierte Besucher eingeladen werden, hereinzukommen. Wechselnde Dokumentationen an den Wänden mit großformatigen Fotos und erläuternden Texten bieten den Eltern im Eingangsbereich die Möglichkeit, Einblicke in die pädagogische Arbeit zu erhalten und Anteil an den Prozessen der Einrichtung zu nehmen (vgl. ebd., S. 29).

Eingangsbereich und Garderobe als Orte des Willkommenseins

Auch ein **Elterncafé** und eine **Elternsitzecke**, wo sich die Familien während der Eingewöhnung aufhalten können und die auch andere Eltern zum Verweilen einladen, mögen die Willkommenskultur der Einrichtung noch erhöhen.

Elternsitzecke als Ort der Begegnung

Kinder, deren Eingewöhnung gut verläuft, zeigen einen immer größeren Explorationsradius. Während sie zunächst vielleicht erst einmal den Gruppenraum oder einen ersten Funktionsraum kennengelernt haben, erkunden sie dann nach und nach auch die übrigen Räume und schließlich das Außengelände.

Die Bedeutung einer anregenden Lern- und Erfahrungsumwelt in der Kita wird auch im Nationalen Kriterienkatalog hervorgehoben: »Räume und (Spiel-)Materialien sind Elemente der Umwelt, die zur aktiven Auseinandersetzung und Erkundung auffordern. Eine gestaltete Umwelt ermöglicht Spielen, Lernen, Bewegung und sozialen Kontakt. Sie bietet Reize bzw. Anregungen in vielfältiger, alle Sinne ansprechender und entwicklungsangemessener Form. Die Gestaltung des Umfelds, der Räume und Materialien werden vom Verständnis geleitet, dass eine Balance zwischen Stetigkeit und anregender Veränderung ein wichtiger Impuls für die Entwicklung der Kinder ist« (Tietze & Viernickel 2016, S. 33).

Der Raum erfüllt für Kinder daher zwei Hauptaufgaben: Er gibt ihnen Geborgenheit (Bezug) und Herausforderung (Stimulation), wodurch wiederum Selbstständigkeit und Autonomie gefördert werden. In Abwandlung eines Satzes von Paul Watzlawik könnte man sagen: Man kann nicht nicht raumgestalten! Egal, was man mit ihnen macht: Räume wirken!

Aus der Reggio-Pädagogik kommt daher auch die Metapher vom **Raum als dritter Erzieher.** Damit wird ausgedrückt, dass Räumlichkeiten, ihre Gestaltung und die damit verbundene Strukturierung und Herstellung einer bestimmten Atmosphäre einen nicht zu unterschätzenden Einfluss auf die dort stattfindenden Interaktionen und Aktivitäten ausüben (vgl. Malaguzzi 2002, S. 40; Rinaldi 2006, S. 77). Das hebt auch Höhn (2016a, S. 53) hervor: »Räume wirken auf alle Sinne. Auf diese Weise verknüpfen sich Raumwirkungen mit unserem Gefühlsgedächtnis und führen dazu, dass wir emotional bedeutsame Situationen wie ›das Anfangen‹ auch mit der Atmosphäre im Raum verknüpfen und später in vergleichbaren Situationen erinnern – dazu zählen förderliche wie hemmende Erinnerungen.«

Von der besonderen Wirkung der Räume einer Kita geht auch das Hamburger Raumgestaltungsmodell aus, in dessen Fokus die Herstellung von räumlichen Beziehungen steht. Aus diesem Grund sollten Räume für Kinder nicht unverbunden nebeneinander stehen. »Räume zu gestalten bedeutet, Übergänge zu schaffen. Übergänge unterstützen die kindliche Neugier, vermitteln aber auch Sicherheit, indem sie allmählich vom Vertrauten zum Fremden hinübergleiten. Übergänge stiften Beziehungen, indem sie vorher Getrenntes miteinander verbinden. Wenn zwischen Räumen, vor allem aber zwischen den Räumen im Raum, Übergänge vorhanden sind, können die Kinder komplexere Aktivitäten entfalten als bei unverbunden nebeneinander liegenden Räumen. Dabei können Übergänge sowohl durch ›Brücken‹ als auch durch Durchbrüche zwischen zwei Räumen geschaffen werden« (von der Beek, Buck & Rufenach 2007, S. 30).

Wichtig ist, dass pädagogische Fachkräfte Kindern Erfahrungsräume ermöglichen, in denen zum einen ihr Streben nach Sicherheit und Geborgenheit berücksichtigt wird, aber auch ihr Bedürfnis nach Selbstständigkeit und Autonomie (vgl. Dreyer 2013a, S. 3). Da Kleinkinder sich die Welt über ihren Körper und ihre Sinne aneignen, benötigen sie eine die **Sinne anregende Umgebung,** gleichzeitig aber auch Rückzugsmöglichkeiten, in denen sie Gelegenheiten zum Ausruhen, Alleinsein sowie stillen Beobachten haben oder sich konzentriert einem Spiel zuwenden können. Klar erkennbare **Schlaf- und Rückzugsorte,** in denen sie sich so lange aufhalten können, wie sie möchten, und zu denen sie jederzeit zurückkehren können, helfen Kindern, die notwendige Balance zwischen Ruhe und Bewegung zu finden (vgl. von der Beek 2008, S. 143ff.).

Schlaf- und Rückzugsorte

Von den Eltern mitgebrachte und selbst gewaschene Bettwäsche mag durch den Geruch von zu Hause die Vertrautheit gerade zu Beginn des Übergangs unterstützen. Kissen und weiche Teppiche sind insbesondere bei Kindern im Krippenalter beliebt. Kleine Nischen, Höhlen und abgegrenzte Kuschelecken sollten jederzeit frei von den Kindern genutzt und eigenständig aufgesucht werden können. Gerade Kinder, die eingewöhnt werden, brauchen Rückzugsmöglichkeiten, um dort das Erlebte verarbeiten zu können. Diese Orte tragen dazu bei, dass es nicht zu schnell für sie zu einer Reizüberflutung kommt (vgl. Bethke, Braukhane & Knobeloch 2009, S. 110).

Nischen und Rückzugsmöglichkeiten

Nicht nur Kindern in der Eingewöhnung hilft es, wenn an den Wänden Fotos von ihnen und ihren Familien auf ihrer Augenhöhe hängen. Damit die Bilder möglichst lange halten, können sie in einem Bilderrahmen oder laminiert aufgehängt werden.

Empfehlenswert ist außerdem die Einrichtung von **altersspezifischen Zonen,** wie zum Beispiel einem geschützten Bereich für Säuglinge sowie Renn- und Fahrstrecken für diejenigen, die schon laufen können (vgl. Dreyer 2013a, S. 3).

Renn- und Fahrstrecken

Ein **Kinderrestaurant** oder **Bistro** ermöglicht unter anderem, Tische und Stühle auf ein Minimum zu reduzieren und somit zusätzliche freie Flächen zum Spielen auf dem Boden für die Jüngsten zu gewinnen (vgl. von der Beek, Buck & Rufenach 2007, S. 46ff.). Während der Eingewöhnungszeit, aber auch im Anschluss an diese Phase gibt es den Kindern Sicherheit und Orientierung, wenn sie einen festen Sitzplatz bei den Mahlzeiten haben (vgl. Bethke, Braukhane & Knobeloch 2009, S. 110).

Kinderrestaurant mit familiären Sitzgruppen

Kletter- und Schaukelmöglichkeiten sowie Geräte, die zum **Bewegen** einladen, sind gerade für Kinder im Krippenalter genauso wichtig wie **Erzähl- und Vorlesebereiche** mit angenehmem Licht und bequemen Sitzmöglichkeiten (vgl. Dreyer 2013a, S. 3).

Spielpodeste mit Kletter- und Schaukelmöglichkeiten

Spielpodeste und **schiefe Ebenen** ermöglichen den Kindern einen veränderten Blick und damit eine neue Perspektive auf den Raum, der nicht nur für die Kinder sehr spannend ist, sondern auch ihre motorischen Fähigkeiten trainiert (vgl. von der Beek, Buck & Rufenach 2007, S. 20f.). Bei neuen Kindern, die noch in der Eingewöhnung sind, sollte jedoch achtsam beobachtet werden, ob sie mit den Raumbesonderheiten eventuell noch etwas überfordert sind (vgl. Bethke, Braukhane & Knobeloch 2009, S. 109).

Bodentiefe Glasausschnitte in den Türblättern und neben dem Türrahmen sowie **bodentiefe Fenster,** die allen Personen unabhängig von ihrer Größe einen Ausblick erlauben, ermöglichen Aus- und Einblicke zwischen den einzelnen Räumen (vgl. von der Beek, Buck & Rufenach 2007, S. 22f.). **Farbleitsysteme** und **wiederkehrende Elemente** können gerade in größeren, offenen Räumen Orientierung bieten. Bebilderungen, die die Funktion des Raumes anzeigen und dabei helfen, wichtige Bereiche wie zum Beispiel die sanitären Anlagen zu finden, geben den Kindern zusätzlich eine wichtige Struktur (vgl. Höhn 2016a, S. 53).

Ein besonderes Augenmerk sollte auf den **diskreten Räumen für eine beziehungsvolle Pflege** und den Waschräumen liegen, die nicht nur der Hygiene dienen, sondern auch der **Freude an Wasserspielen** entgegenkommen (vgl. von der Beek, Buck & Rufenach 2007, S. 22f.; von der Beek 2008, S. 118ff.).

Waschräume mit Möglichkeiten für Wasserspiele

Auch das **Außengelände** sollten die Kinder bereits während der Eingewöhnung kennenlernen. Viele Kinder reagieren anfangs etwas verunsichert auf den Wechsel von drinnen nach draußen, begegnen ihnen im Außenbereich doch häufig auch sehr viele andere Kinder und Erwachsene. Das Außengelände sollte so gestaltet sein, dass es vielfältige Sinnes- und Bewegungserfahrungen bietet (vgl. Dreyer 2013a, S. 5).

Sinnes- und Bewegungserfahrungen im Außengelände

Je jünger die Kinder sind, desto wichtiger sind **Erfahrungen mit Sand und Wasser,** die jedoch auch in den Innenräumen ermöglicht werden können (z. B. durch die Bereitstellung von Sand- und Matschtischen oder Waschrinnen als Spielmöglichkeit) (vgl. ebd.).

Erfahrungen mit Wasser und Sand

Materialangebot

Kinder profitieren hinsichtlich ihres Explorationsverhaltens, ihrer Engagiertheit und Konzentrationsspanne von klar strukturierten Räumen und Aktivitätsbereichen, einem hohen Aufforderungscharakter von Spielbereichen und -material sowie einer generellen hohen Entwurfsqualität (vgl. zusammenfassend Bensel u. a. 2015).

Alle **Spielmaterialien** sollten stets einen **hohen Aufforderungscharakter** für die entsprechende Altersgruppe haben und gut für die Kinder erreichbar sein. Hierfür bieten sich offene Regale auf Höhe der Kinder an. Da gerade Kleinkinder noch nicht gut teilen und sich abwechseln können, sollte es attraktive Materialien und Bewegungsspielzeuge in einer größeren Anzahl geben. Dennoch ist es sinnvoll, wenn insgesamt eine überschaubare Menge an Material vorhanden ist, das immer an demselben Ort aufbewahrt wird. Das gibt gerade neuen Kindern Struktur und Orientierung. Fotos an den Fronten von geschlossenen Bereichen können helfen zu erkennen, welche Gegenstände sich in den Schubladen bzw. hinter Türen befinden (vgl. Bethke, Braukhane & Knobeloch 2009, S. 111f.).

Materialien mit Aufforderungscharakter auf Augenhöhe der Kinder

Entwicklungsangemessene Spielmaterialien für die unter Dreijährigen sind zum Beispiel Bewegungsspielzeug, Musik- und Rhythmusinstrumente, Spiegel und Rollenspielrequisiten sowie Bücher und Puzzles, aber auch Gebrauchsgegenstände aus Haushalt und Küche (z. B. Gefäße, Behälter und Naturmaterialien) (vgl. Dreyer 2013a, S. 5).

Behälter mit Naturmaterialien und Gegenständen aus Haushalt und Küche

Ebenso wichtig sind große und leicht transportierbare Gegenstände, wie zum Beispiel **Schaumstoffpolster** und **Umzugskartons,** in die sich die Kinder hineinsetzen können und die das soziale Spiel im Kleinkindalter fördern (vgl. ebd., S. 6).

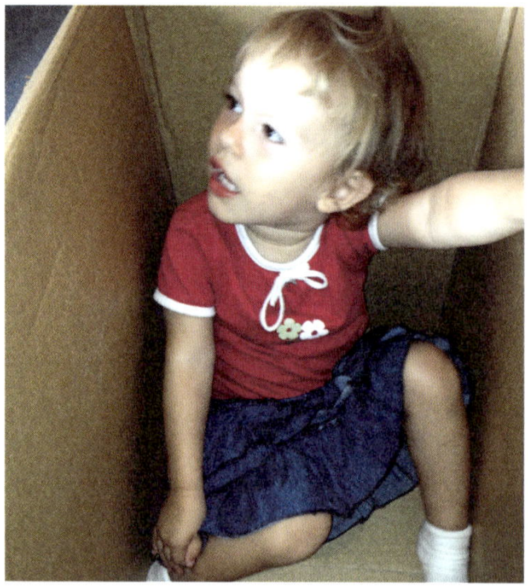

Schaumstoffpolster und Umzugskartons

Geeignete Spielmaterialien für ältere Kinder sind zum Beispiel realitätsnahe Requisiten für Rollenspiele, Werkzeuge sowie Bau- und Experimentiermaterialien. Außerdem sollten Bilderbücher, CDs, Haushaltsgegenstände und Spiele in den Sprachen und aus den Kulturen der Familien, die in der Einrichtung vertreten sind, ihren Platz haben (vgl. Bertelsmann Stiftung 2004).

Kindern aller Altersstufen sollte Gelegenheit gegeben werden, gestalterisch tätig zu werden und Spuren zu hinterlassen. Dazu sind Materialien wie **dicke Stifte** und **Pinsel, flüssige Farben** sowie viele Arten von **Papier und Ton** erforderlich (vgl. von der Beek 2008).

Gestalterisch tätig werden mit Pinsel und Fingerfarbe

Zusammenfassend konstatieren auch Bensel u. a. (2013), dass Kinder hinsichtlich ihres Explorationsverhaltens, ihrer Engagiertheit und Konzentrationsspanne von klar strukturierten Räumen und Aktivitätsbereichen, einem hohen Aufforderungscharakter von Spielbereichen und - material und einer generellen hohen Entwurfsqualität profitieren.

Während der Eingewöhnung ist eine von der pädagogischen Fachkraft speziell dafür vorbereitete Umgebung förderlich, da sie die Integration des Kindes unterstützt. Kennt die eingewöhnende Fachkraft die Interessen des Kindes, kann sie abgestimmt auf seine Bedürfnisse entsprechende Materialen vorbereiten, wodurch das Kind schnell ins Spiel findet und zugleich ein Interaktionsanlass ermöglicht wird (vgl. Bethke, Braukhane & Knobeloch 2009, S. 112).

Im Eingewöhnungsprozess sollten die Räume möglichst nicht renoviert oder umgebaut werden. Jede Veränderung des Raumes bewirkt eine Störung der Eingewöhnung, abgesehen von dem Stress, der durch einen Umbau oder eine Renovierung für alle Beteiligten entsteht. Ein neu gestalteter Raum ist für das einzugewöhnende Kind wie ein vollständig neuer Raum, die Veränderungen sind für es nicht nachvollziehbar (vgl. ebd., S. 111).

4.7.5 Einrichtungs- und Gruppenstruktur

Im Zuge der Ausweitung der Betreuungsplätze für Kinder unter drei Jahren stehen viele Träger und Kindertageseinrichtungen vor der Frage, wie insbesondere unter Dreijährige, wenn sie neu in die Einrichtung aufgenommen werden, am besten integriert werden können und welches Organisationskonzept für diese Kinder am geeignetsten ist. Ob Ein- und Zweijährige in altershomogenen Krippengruppen bzw. »Nestern« oder in einer Gruppe gemeinsam mit älteren Kindern, ob sie in einer festen Gruppenstruktur oder in der offenen Arbeit betreut werden sollen, sind wichtige Entscheidungen.

Allerdings ist bisher noch nicht hinreichend wissenschaftlich belegt, welche Vor- und Nachteile diese unterschiedlichen Gruppenorganisationsformen für das kindliche Wohlbefinden und die kindliche Entwicklung haben können. Zwar gibt es auf jeder Seite überzeugte Vertreterinnen und Vertreter – jedoch (noch) keine wissenschaftlich fundierten Entscheidungshilfen (vgl. auch Aigner 2011).

Obwohl kaum empirische Untersuchungen vorliegen, überwiegt in der deutschsprachigen Literatur ein positives Bild altersheterogener und offener Gruppen, indem zum Beispiel förderliche Effekte für die soziale und kognitive Entwicklung von Kindern von null bis sechs Jahren hervorgehoben werden (vgl. z. B. Griebel u. a. 2004; Haberkorn 1994; Kasüschke 2010; Störmer 2009; Völkel 2010; Wüstenberg & Riemann 2004). Schneider (2008, S. 13) kritisiert dagegen die fehlende Auseinandersetzung mit notwendigen Bedingungen, die gegeben sein müssen, damit zum Beispiel altersgemischte Gruppen tatsächlich die Ansprüche erfüllen, die ihnen zugeschrieben werden. Lediglich zum Beispiel Riemann und Wüstenberg (2004), Liegle (2007), Niesel und Wertfein (2010) sowie Sommer und Sechtig (2016) verweisen auf die Notwendigkeit der Anpassung von strukturellen

Rahmenbedingungen bei der Aufnahme von unter Dreijährigen in reguläre Kindergartengruppen.

Riemann und Wüstenberg (2004) empfehlen **drei unterschiedliche Organisationsmodelle**, wie Kinder von null bis drei Jahren integriert werden können:

- Im ersten Modell gestalten **zwei altersgemischte Gruppen mit Kindern von einem bis sechs Jahren** den Alltag in enger Zusammenarbeit. Die unter Dreijährigen, von denen höchstens sechs Kinder betreut werden sollten, beginnen in einem der beiden Gruppenräume gemeinsam den Tag, bevor im anschließenden Freispiel gemeinsame Aktivitäten aller Kinder vorgesehen sind.
- Das zweite Modell sieht ein **halboffenes Konzept mit Stammgruppen** vor. Hierbei stehen allen Kindern außerhalb ihrer Stammgruppenzeit Funktionsräume (z. B. Bewegungsraum, Rollenspielzimmer, Bau- und Konstruktionsraum, Atelier) zur Verfügung. Kinder unter drei Jahren werden zu Beginn in »Nestgruppen« von ihrer Bezugserzieherin betreut, mit der gemeinsam sie dann nach und nach die anderen Handlungs- und Spielmöglichkeiten im Haus erkunden.
- Im dritten Modell sind die Kinder in einer reinen **Krippengruppe**, die nach Möglichkeit nicht mehr als zehn Kinder umfassen sollte. Die Krippengruppe ist zum einen häufig am einfachsten organisatorisch zu integrieren. Zum anderen gestattet sie ein Optimum an Vorhersagbarkeit und Kontinuität für die Kinder. Wichtig sind allerdings regelmäßige Kontakte zu den älteren Kindern, damit spätere Übergangsprobleme vermieden werden. Einige Einrichtungen arbeiten hier auch mit »Umgewöhnungskonzepten«, die zum Beispiel Besuche von jüngeren Kindern im Elementarbereich vorsehen.

Diese drei Modelle stellen auch die in der Praxis am häufigsten vertretenen Formen der Integration von unter Dreijährigen dar. Nied u. a. (2011) benennen noch zwei weitere Modelle, die aber seltener vorzufinden sind:

- Beim vierten Modell handelt es sich um eine **altersspezifische Aufteilung der Altersgruppe von zwei bis sechs Jahren.** Hier werden die Kinder in zwei altersspezifische Gruppen aufgeteilt, nämlich in die Gruppe der Zwei- bis Dreijährigen und die Gruppe der Vier- bis Sechsjährigen. Einjährige oder jüngere Kinder werden nicht aufgenommen. Für die beiden Altersgruppen existieren angemessene Tagesstrukturen und getrennte Raumkonzeptionen. In jeder Gruppe gibt es ausreichend Gleichaltrige, aber dennoch liegt keine Homogenität vor. Wichtig ist, dass die beiden Gruppen miteinander kooperieren und es ein Übergangskonzept gibt.
- Im fünften Modell bleibt die **Gleichaltrigen-Gruppe bis zum Ende der Kita-Zeit** zusammen. Diese Situation kommt häufig zustande, wenn in einer Elterninitiativ-Einrichtung Kinder desselben Jahrgangs aufgenommen werden und mit den gleichen Fachkräften bis zu ihrer Einschulung zusammenbleiben. Hier ist allerdings sicherzustellen, dass ein ausgewogenes Geschlechterverhältnis vorliegt und das Konzept der Gleichaltrigkeit vom Gesamtteam getragen, reflektiert und evaluiert wird.

Nied u. a. (2011) weisen darauf hin, dass alle Modelle zur Aufnahme von Ein- und Zweijährigen in altersgemischten Einrichtungen ihre Chancen haben, aber sie formulieren gleichzeitig auch Anforderungen und zeigen Konsequenzen für die Praxis auf, auch wenn sie nicht auf empirisch gesicherte Befunde zurückgreifen können.

Nach Empfehlungen der Bertelsmann Stiftung sollte eine altersgemischte Kitagruppe aus maximal 15 Kindern zwischen einem und sechs Jahren bestehen, darunter nicht mehr als fünf Ein- bis Zweijährige. Außerdem empfiehlt sie Kitas, die Ein- und Zweijährige aufnehmen, mindestens 74 Quadratmeter für einen Gruppen- und einen Nebenraum sowie zusätzlich einen Schlafraum und weitere Räume zur Verfügung zu stellen, damit auf die Spiel- und Rückzugsbedürfnisse der verschiedenen Altersgruppen eingegangen werden kann. Außerdem sollten mindestens zwei altersgemischte Gruppen parallel bestehen, damit mit den unter Dreijährigen in beiden Gruppen Subgruppen gebildet werden können (vgl. Bertelsmann Stiftung 2004).

In amerikanischen und schwedischen Studien hingegen konnten die formulierten entwicklungsförderlichen Effekte altersheterogener und offener Gruppen aus dem deutschsprachigen Raum nicht bestätigt werden. Es wurden sowohl positive als auch negative Faktoren der altersheterogenen Gruppenbetreuung und offenen Arbeit für die Bildung und Entwicklung von Kindern im Krippenalter aufgezeigt (vgl. Bailey u. a. 1993; Pramling 1998; Sundell 1994).

Eine erste kritische Auseinandersetzung mit offener und altersheterogener Arbeit in Deutschland, die auf empirischen Erkenntnissen basiert, ist in der NUBBEK-Studie erfolgt. Sie wies nach, dass zweijährige Kinder je nach Organisationsform mit sehr unterschiedlichen Rahmenbedingungen (Fachkraft-Kind-Schlüssel, Gruppengröße) konfrontiert sind und dass sowohl Kinder im Kindergartenalter als auch Kinder im Krippenalter in altersgemischten Gruppen eine niedrigere Prozessqualität erfahren als in den stärker altershomogenen Kindergarten- und Krippengruppen. Für Kinder im Kindergartenalter war offene Arbeit im Vergleich zu gruppenbezogener Arbeit dagegen mit einer höheren Prozessqualität verbunden. Das traf jedoch nicht auf Kinder im Krippenalter zu (vgl. Tietze u. a. 2013).

Bensel u. a. (2015) konnten in einer differenzierten Re-Analyse der NUBBEK Daten belegen, dass die Unterschiede in der Prozessqualität zwischen altersgemischten und altershomogenen Gruppen, insbesondere für Kinder unter drei Jahren, zu einem gewichtigen Teil auf Unterschiede in den Strukturmerkmalen zurückzuführen sind (z. B. schlechterer Fachkraft-Kind-Schlüssel und höherer Anteil von Kindern mit Migrationshintergrund in altersgemischten Gruppen). Auch bei über dreijährigen Kindern wurde ein Einfluss derselben Strukturvariablen auf die Prozessqualität festgestellt, die aber nicht den Einfluss der Altersgruppierung minimieren. Für unter Dreijährige war der Einfluss der Gruppenstruktur weitgehend vernachlässigbar, der Einfluss der Altersgruppierung jedoch bedeutsam.

Für Kinder über drei Jahren hingegen zeigten sich sowohl Einflüsse der Gruppenstruktur wie der Altersgruppierung als relevant: Für die Prozessqualität in den Bildungsbereichen (KES-E) ist der Effekt der Gruppenstruktur und für die globale Prozessqualität (KES-RZ) der Effekt der Altersgruppierung gewichtiger (vgl. Bensel u. a. 2015).

Eingrenzend ist jedoch anzumerken, dass in den vorliegenden Studien das Konstrukt der Offenen Arbeit nur unzureichend, nämlich lediglich über die Zuschreibungen der befragten Personen, operationalisiert wurde und somit weder Erkenntnisse über die Heterogenität bzw. Homogenität offenen Arbeitens in Kitas vorliegen noch differenzierte Analysen möglich sind. Außerdem standen nicht einjährige Kinder im Zentrum der Untersuchung, die mit zunehmendem Anteil in Kindertageseinrichtungen betreut werden. Aktuelle Untersuchungen zeigen Zusammenhänge mit der pädagogischen Prozessqualität auf, treffen aber keine Aussagen zu Effekten auf das Wohlbefinden, das Verhalten und die Entwicklung von Kindern. Mit Aigner (2011) ist daher festzuhalten, dass die wissenschaftliche Aussagekraft von bisherigen Publikationen aus dem deutschsprachigen Raum zu altersgemischten und offenen Gruppen in Kindertageseinrichtungen hinterfragt werden muss.

Ein aktuelles Forschungsprojekt an der Alice Salomon Hochschule Berlin zum Thema »Stimulation oder Stress? Der Einfluss von Gruppenkonzepten auf Verhalten und Wohlbefinden junger Kinder in Kindertageseinrichtungen (StimtS)« greift diese Forschungslücke auf und beschäftigt sich nun mit der zentralen Fragestellung, ob und wie das Verhalten und das emotionale Wohlbefinden von ein- und zweijährigen Kindern in Kindertagesbetreuung durch das Gruppenorganisationskonzept (altershomogene vs. altersgemischte Gruppe / feste Gruppenstrukturen vs. teiloffene / offene Arbeit) beeinflusst werden. Verhalten und emotionales Wohlbefinden sind Indikatoren dafür, inwieweit sich die Kinder auf die vielfältigen Bildungsimpulse in Kindertageseinrichtungen einlassen und von ihnen profitieren können. Die geplante Studie zielt darauf ab, empirisch fundierte Erkenntnisse über diesbezügliche Stärken und Schwächen unterschiedlicher Gruppenorganisationskonzepte – unter Berücksichtigung möglicher weiterer Einflussvariablen (wie z. B. Alter, Persönlichkeitsmerkmale, Kita-Erfahrung und Bindungsstatus) – zu gewinnen und für träger- und einrichtungsseitige Entscheidungen nutzbar zu machen (vgl. https://www.ash-berlin.eu/forschung/forschungsprojekte-a-z/stimts/).

Bei der Entscheidung für eine bestimmte Organisations- und Gruppenstrukturform müssen auf jeden Fall Kontinuität und Verlässlichkeit der Beziehungen zu den Bezugserzieherinnen und -erziehern sowie zu ausreichend vielen gleichaltrigen, möglichst auch gleichgeschlechtlichen Spielpartnern gewährleistet sein (vgl. Riemann & Wüstenberg 2004; Dreyer 2013a).

Das ist insbesondere in der offenen Arbeit sicherzustellen. Die häufig gängige Praxis in der offenen Arbeit, nach der Kinder ihre Bezugsperson selber aussuchen, ist für unter Dreijährige als ungünstig anzusehen. Um die Bindungsbedürfnisse von Kindern dieser Altersgruppe zu befriedigen, ist es aus bisherigem Erkenntnisstand wichtig, so Hédervári-Heller (2012, S. 8), »dass die Erwachsenen eine Struktur vorgeben und den Eingewöhnungsprozess gut vorbereiten. Das Kind muss wissen, welche Erzieherin sich zunächst als Bindungsperson anbietet und sich ihm während der Eingewöhnungszeit vollständig widmet. Ist der Eingewöhnungsprozess abgeschlossen und bleibt das Kind ohne seine Eltern in der Einrichtung, wird es selbstständig und selbstverständlich Bindungen zu anderen Erzieherinnen aufbauen«. In Bezugnahme auf Gopnik u.a. (2003) weißt Hédervári-Heller nämlich darauf hin, dass **stabile und sichere Bindungsbeziehungen** nicht, wie häufig in der offenen Arbeit angenommen, zu Abhängigkeit führen, sondern – ganz im Gegenteil – »die Autonomieentwicklung des Kindes, seine Neugier und seinen ›Forschergeist‹ begünstigen«(ebd.).

Damit immer eine vertraute Person während des ganzen Tages für die unter Dreijährigen zur Verfügung steht, muss eine **ausreichende und entsprechend gesicherte Personalsituation** ausschließen können, dass »mal eben irgendjemand« die Jüngsten übernimmt. Um auch stabile Beziehungen und Freundschaften zu anderen Kindern zu fördern, sollte bei der Aufnahme der Kinder außerdem auf eine **ausgewogene Alters- und Geschlechterzusammensetzung** geachtet werden (vgl. Dreyer 2011, S. 39f.). Die Fachkräfte sollten auch über **entwicklungspsychologisches Fachwissen** sowie die Fähigkeit verfügen, parallel ablaufende, unterschiedliche Tagesstrukturen für verschiedene Altersstufen und Bedürfnisse zu organisieren. Dazu müssen sich die Fachkräfte auf eine gelingende Grundstruktur einigen, die dies zulässt. Wiederkehrende Rituale im Tagesablauf geben den Jüngsten Orientierung, andererseits sollte aber auch flexibel auf ihre jeweiligen Bedürfnisse eingegangen werden. Durch eine genaue Beobachtung der Kinder sowie Gespräche mit deren Bezugspersonen lassen sich die besonderen Bedürfnisse und Vorlieben eines jeden Kindes herausfinden. Auch das muss der Rahmen der Tagesstruktur personell und zeitlich hergeben.

Beabsichtigt man, in einer offen arbeitenden Einrichtung Kinder in den ersten drei Lebensjahren aufzunehmen, sind auch hier **altersspezifische Konzeptionen für Raum- und Materialangebote** erforderlich (vgl. Kapitel 4.7.4). Aus diesem Grund sind – insbesondere bei der Aufnahme von unter Dreijährigen in sehr großen Einrichtungen – **Nestgruppen** oder ein **Nestbereich** zu empfehlen. Das heißt, die Kinder verbringen Teile des Tages zusammen mit ihrer Bezugserzieherin bzw. ihrem Bezugserzieher und vertrauten »Peers« in einem für ihre Altersgruppe gestalteten Raum oder Bereich. Von hier aus haben die Kinder die Möglichkeit, sich außerhalb ihrer »Nestzeiten« und in Begleitung einer vertrauten Fachkraft als sichere Basis auf Erkundungstour zu begeben und behutsam die einzelnen Funktionsräume und Strukturen der Kita kennenzulernen (vgl. Dreyer 2011, S. 39; Hédervari-Heller 2012, S. 6).

Besonders wichtig in der offenen Arbeit sind auch der **Austausch und die Zusammenarbeit der pädagogischen Fachkräfte.** Es gilt, die Ansprüche der Kinder zu erfüllen und zugleich die Kompetenzen der Erwachsenen zu nutzen. Deshalb sollte im Team offen darüber gesprochen werden, welche Kolleginnen und Kollegen sich gerne und vorrangig für die Jüngsten zuständig und verantwortlich fühlen. Sie werden bereit sein, sich weiteres Fachwissen anzueignen und persönliche Kompetenzen auszubilden, die sie benötigen, um die Kinder in ihrer individuellen Entwicklung zu verstehen und zu begleiten.

Die Aufnahme von Kindern von null bis drei Jahren erfordert ein hohes Maß an Aufmerksamkeit und Sensibilität, da die Fachkraft die besonderen Äußerungsformen der kleinen Kinder wahrnehmen und erkennen muss – oft noch jenseits von eindeutigen sprachlichen Äußerungen. Es gilt einerseits, ständig auf den individuellen Rhythmus des einzelnen Kindes zu achten und eventuell Lösungen zu finden, die unter Umständen im Widerstreit mit dem offenen Prinzip sowie dem sicheren Rahmen der Rituale stehen. Andererseits sollte die Fachkraft bei den ihr anvertrauten Kleinstkindern die augenblickliche Entwicklungsstufe erkennen und in der Lage sein, geeignete Bildungsimpulse zu setzen. Es empfiehlt sich, Verantwortungsbereiche innerhalb des Teams regelmäßig zu überdenken und bei Bedarf zu verändern. Das eigene Handeln immer wieder zu überprüfen und sich im Team oder von anderen Personen Rückmeldungen zu holen, ist eine Form von Professionalität, die besonders auch von Eltern geschätzt wird. Gerade für diese ist die Betreuung ihrer noch sehr jungen Kinder in einer »offenen Einrichtung« unter Umständen verunsichernd, und es ist überaus wichtig, dass sie sich in dem gesamten Prozess miteinbezogen und »gehört« fühlen. Der Dialog mit den Eltern ermöglicht auch, selbst »offen« zu bleiben gegenüber anderen Blickwinkeln und neuen Einsichten.

Die Aufnahme von unter Dreijährigen in einer offen arbeitenden Einrichtung erfordert intensive Vorüberlegungen und einen beständigen reflexiven Umgang mit der Grundstruktur der offenen Arbeit. Werden unter Dreijährige erstmals in einer offen arbeitenden Kita aufgenommen, sind konzeptionelle Überlegungen und Veränderungen erforderlich. Diese brauchen Zeit, kosten Kraft und sollten bereits vor der Aufnahme der Kinder vorgenommen werden. Die Akzeptanz durch das gesamte Team und auch die Zusammenarbeit mit den Eltern sind dafür eine unentbehrliche Voraussetzung. Anderenfalls ist die Aufnahme von unter Dreijährigen in die offene Arbeit auf der Grundlage des bisherigen Erkenntnisstandes nicht zu verantworten, was es auch dem Träger zu vermitteln gilt (vgl. Dreyer 2011, S. 41).

4.7.6 Beobachtung und Dokumentation

In der Eingewöhnungszeit und auch im weiteren Prozess des Miteinandervertrautwerdens ist es wichtig, das Kind genau zu beobachten und es darauf aufbauend zu unterstützen. Hier gibt es verschiedene Verfahren der Beobachtung und Dokumentation, die sich dafür besonders eigenen.

Eingewöhnungsdokumentation nach Höhn (2016) in Anlehnung an die Bildungs- und Lerngeschichten

In der systematischen Beobachtung und Dokumentation des Eingewöhnungsprozesses eines Kindes sieht Höhn (2016b, S. 2) die Chance, »das Kind, sein Wesen, seine Signale in dieser Zeit noch gezielter zu beobachten und kennenzulernen«. Diese Form der Beachtung und vor allem auch die Konsequenzen, die die Fachkraft daraus in ihrem Handeln zieht, unterstützen ihren Beziehungsaufbau zum Kind. Tägliche, stichwortartige Notizen zum Verlauf der Eingewöhnung sollen dazu beitragen, die »oft dichte Situation des Anfangs neben den ›ganz alltäglichen‹ Aufgaben zu begleiten« (Höhn 2016a, S. 58). Die Dokumentation ermöglicht, individuelle Handlungen des Kindes bei der Gestaltung des Übergangs bewusst wahrzunehmen und auszuwerten.

Bei der Dokumentation des Übergangs von der Krippe in den Elementarbereich richtet sich der Fokus auf den Abschied aus Beziehungen in der Krippe und den Aufbau der Beziehungen im Elementarbereich der Kita. Aus diesen Beobachtungen sollen dann wiederum »Konsequenzen für das Handeln der begleitenden Bezugserzieherin oder anderer Beteiligter bei der Unterstützung des Kindes in der Übergangsphase folgen« (Höhn 2016c, S. 2).

Zur Reflexion der Eingewöhnung empfiehlt Höhn (2016a) – in Anlehnung an das in Neuseeland von Margaret Carr (2001) entwickelte Konzept der »Learning stories«, welches in Deutschland über die Bildungs- und Lerngeschichten des Deutschen Jugendinstituts (DJI) bekannt wurde (vgl. Leu u. a. 2007) –, eine **Eingewöhnungsgeschichte** zu verfassen. Die beachtenswerten Kompetenzen und Leistungen des Kindes während seiner Eingewöhnung stehen hier im Fokus und sollen damit eine besondere Wertschätzung und Aufmerksamkeit erfahren. In Form eines Briefes der Bezugserzieherin bzw. des Bezugserziehers an das Kind sollen diese, beschrieben über die folgenden **Lerndispositionen,** kommentiert werden (vgl. ebd., S. 72):

- interessiert sein
- engagiert sein
- standhalten
- sich mitteilen
- an einer Lerngemeinschaft teilhaben.

Ergänzt wird die Eingewöhnungsgeschichte durch Fotos des Kindes, auf denen es in Interaktionen mit anderen, im Spiel oder bei Alltagsroutinen (Essen, Waschen etc.) zu sehen ist. Das Verhältnis von Text und Bild sollte dabei am Entwicklungsstand des Kindes orientiert sein. Bei Einjährigen sind zum Beispiel laminierte Fotos im DIN-A5-Format, die mit Bildunterschriften versehen und über eine Spiralbindung oder einen Schlüsselring miteinander verbunden sind, sehr sinnvoll. Werden alle Eingewöhnungsgeschichten an einem besonderen Ort in der Kita, der allen Kindern zugänglich ist, verwahrt, haben die Kinder die Möglichkeit, diese immer wieder anzusehen und sich darüber selber erneut ein positives Feedback einzuholen.

Folgende Themen könnten **Inhalt einer Eingewöhnungsgeschichte** sein (vgl. ebd.):

- eigene Begrüßungs- und Verabschiedungsrituale des Kindes
- Spielbereiche (drinnen und draußen), die es gerne aufgesucht hat
- Spielthemen und -gegenstände, die in den ersten Tagen für das Kind besonders wichtig waren oder an denen es sich etwas erarbeitet hat
- Aktivitäten im Tagesablauf, an denen das Kind teilgenommen (z. B. Morgenkreis) und die es eigenständig bewältigt hat (z. B. sich aktiv am Morgenkreis beteiligen, selber Händewaschen, sich selbst Essen auftun).

Erfahrungen zeigen, dass über das Vorlesen einer Bildungs- und Lerngeschichte wie auch einer Eingewöhnungsgeschichte eine besondere Beziehung zwischen der Fachkraft und dem Kind entstehen kann. Durch die Eingewöhnungsgeschichte erhalten die Eltern zum einen eine Rückmeldung zum Verlauf der Eingewöhnungszeit und zum anderen auch Informationen über das Selbstverständnis und die Arbeitsweise der Kita. Das schafft in der Regel Vertrauen und Respekt sowie eine gute Grundlage für die weitere Zusammenarbeit. Gerade **Eltern aus anderen Kulturen,** bei denen stärker instruktionsorientierte Ansätze mit schulischen Formen des Lernens im Vordergrund stehen, erhalten über dieses Medium einen Einblick in das ganzheitliche Lernverständnis der Kita und einen positiven Blick auf ihr Kind.

Aber auch andere offene Beobachtungsverfahren, die die Stärken des Kindes sowie seine besonderen Interessen und Vorlieben im Fokus haben, eignen sich dazu, den Eingewöhnungsprozess zu dokumentieren.

Beobachtung von Kindern während der Eingewöhnung in Anlehnung an die Leuvener Engagiertheits-Skala

Ein weiteres geeignetes Beobachtungsverfahren, das sich auch in der Eingewöhnungszeit gut einsetzen lässt, ist die Leuvener Engagiertheits-Skala, die an der Universität Belgien entwickelt wurde. Auch wenn sie in erster Linie dazu dient, »räumliche, materielle und zeitliche Rahmenbedingungen so zu gestalten, dass sich die Kinder mit Ausdauer und Konzentration einer selbst gewählten Aufgaben widmen können« (Viernickel & Völkel 2009, S. 60), lässt sie sich auch sehr gut für die Beobachtung von Kindern im Eingewöhnungsprozess verwenden. Bei diesem Verfahren stehen nämlich nicht gelerntes Wissen oder einzelne Fertigkeiten im Fokus, sondern vielmehr Fragen wie zum Beispiel:

- »Wie geht es dem Kind in der Einrichtung?
- Wie reagiert es auf die gebotenen Möglichkeiten?
- Verhält es sich so, dass eine Weiterentwicklung zu erwarten ist?«
  (Vandenbussche & Leavers 2009, S. 8).

Die Frage »Wie geht es dem Kind in der Einrichtung?« wird noch einmal in zwei Teilfragen untergliedert:

- »Wie ist sein emotionales Wohlbefinden? Ein hohes Wohlbefinden weist darauf hin, dass die Wechselwirkung zwischen Kind und Umgebung optimal verläuft und dass seine Grundbedürfnisse befriedigt werden.
- Wie ist die Engagiertheit bei seinen Aktivitäten? Engagiertheit weist darauf hin, dass Kinder aus ihrem Forschungsdrang heraus durch intensive geistige Aktivität ihre Umwelt entdecken und erforschen« (ebd.).

Denn: »Nur ein Kind, dass sich wohlfühlt, kann sich intensiv auf eine Sache einlassen. Andererseits: Wenn ein Kind in seiner Umgebung nichts findet, was es anregt oder herausfordert, wird es nicht einfach sein, wirklich engagiert beteiligt zu sein. Die Folge kann sein, dass es sich nicht wohlfühlt und Langeweile, Unterforderung, Lustlosigkeit vorherrschen. Wenn diese beiden Bedingungen erfüllt sind, wissen wir, dass die Kinder sich weiterentwickeln. Wenn nicht, dann ist dies Anlass für uns, aktiv zu werden« (ebd.).

So ist auch bei der Eingewöhnung stets darauf zu achten, ob sich das Kind auch wirklich wohlfühlt. Das kann es nur, wenn es sich in der neuen Umgebung durch (zunächst) die Begleitung einer Bezugsperson sicher fühlt und die Möglichkeit hat, eine Beziehung zur eingewöhnenden Fachkraft aufzubauen. Dazu ist es wichtig, dass die Bezugserzieherin oder der Bezugserzieher herausfindet, welche Materialien das Kind anregen und interessieren, aber auch nicht überfordern. Das Aufnahmegespräch eignet sich hervorragend, um bereits im Vorfeld zu erfahren, welches die besonderen Interessen und Lieblingsmaterialien des Kindes sind (vgl. auch Kapitel 4.6.2).

Das **Beobachtungssystem der Leuvener Engagiertheits-Skala** ist prozessorientiert und besteht aus mehreren Schritten. Bezogen auf den Eingewöhnungsprozess könnten sich diese wie folgt vollziehen (vgl. Vandenbussche & Leavers 2009, S. 9):

Schritt 1 – Signalisieren: Das Kind wird im Rahmen seiner Eingewöhnung nach Wohlbefinden und Engagiertheit beobachtet. So wird zum Beispiel beobachtet, ob sich das Kind in dem Raum bzw. der Umgebung, in dem die Eingewöhnung stattfindet, wohlfühlt; ob es engagiert ist, bei dem, was es tut und wie es sich allgemein (z. B. in Bezug auf den Beziehungsaufbau zur Fachkraft und zu anderen Kindern) entwickelt. Dies lässt sich an einer Reihe von Signalen festmachen, die von der Fachkraft zu bemerken sind und auf die hin sie sich angemessen verhalten kann. Der Gesichtsausdruck und die Körperhaltung des Kindes können durchaus angespannt sein, wenn es konzentriert und engagiert bei einer Aktivität ist. Wendet das Kind jedoch seinen Kopf ab oder versteift ihn beim Hochheben, dann ist das ein Stoppsignal, das zeigt, dass es sich dabei nicht wohlfühlt. Außerdem wird beobachtet, ob sich der Beziehungsaufbau zur Bezugserzieherin bzw. zum Bezugserzieher und auch zu anderen Kindern positiv entwickelt oder besondere Unterstützung braucht. Dabei verhält sich die Fachkraft offen und abwartend, das heißt, sie drängt sich dem Kind nicht auf und überlässt ihm die Initiative.

Schritt 2 – Analysieren: Hierbei wird genau beobachtet, was das Wohlbefinden und die Engagiertheit des Kindes fördert oder beeinflusst. Es wird überprüft, ob sich der Raum, in dem die Eingewöhnung stattfindet, und die Materialien, die dem Kind angeboten werden, eignen, um eine Atmosphäre herzustellen, in dem sich das Kind wohl und sicher fühlt. Auch der Zeitpunkt und der Zeitraum der Eingewöhnung sind in dieser Hinsicht einzuschätzen. Außerdem ist zu analysieren, ob die eigene Interaktion mit dem Kind und auch die Interaktionen, die immer mehr mit anderen Kindern aus der Gruppe entstehen, förderlich für sein Wohlbefinden und/oder seine Engagiertheit sind.

Schritt 3 – Handeln und Reflektieren: Es werden Handlungsansätze zur Förderung und Unterstützung des Eingewöhnungsprozesses des Kindes entwickelt. Dazu werden die Beobachtungen dokumentiert und reflektiert.

Beobachtung und Dokumentation bei der Eingewöhnung nach Strätz und Demandewitz (2007)

Anregungen für die Beobachtung und Dokumentation der Eingewöhnung geben auch Strätz und Demandewitz (2007) in ihrem Buch »Beobachten und Dokumentieren in Tageseinrichtungen für Kinder«. Sie beschreiben anhand zahlreicher Beispiele, wie Beobachten unter den Bedingungen der Praxis gelingen kann und erläutern Möglichkeiten der Dokumentation und der Umsetzung von Beobachtung in pädagogisches Handeln. Als mögliche Themen der Beobachtung benennen sie unter anderem auch »Neue Kinder in der Gruppe« und stellen verschiedene Analysefragen an die beobachtende Person im Eingewöhnungsprozess (vgl. ebd., S. 77f.).

Diese Analysefragen werden im Folgenden leicht abgewandelt und erweitert um Reflexionsfragen, die sich aus dem Konzept der Sensitiven Responsivität von Remsperger (2011) sowie bindungstheoretischen Erkenntnissen ergeben, vorgestellt:

- Wie verläuft der **Abschied von der Bezugsperson,** die das Kind in die Kita bringt? Welche Reaktionen zeigt das Kind auf die Trennung? Zeigt es starkes Bindungsverhalten (z. B. Weinen, Klammern, Hinterherlaufen), Bewegungsstarre oder gar tranceähnliche Zustände oder eher gleichgültiges Verhalten? Wann treten die Reaktionen auf? Direkt nach der Verabschiedung oder erst mit einer gewissen Zeitverzögerung? Wie lange dauern die Reaktionen? Wie reagiert die pädagogische Fachkraft auf das Verhalten? Lässt sich das Kind von ihr trösten? Gibt es ein Ritual, das das Kind bei der Verabschiedung pflegt?
- Wie verhält sich das Kind während der **Abwesenheit der Bezugsperson?** Dominiert das Bindungsverhalten oder das Erkundungs- und Spielverhalten bzw. besteht eine ausgewogene Balance?
- Wie reagiert das Kind auf den **Raum?** Was tut es gerne und worauf freut es sich? Zeigt es während der Eingewöhnung eine Entwicklungsleistung oder einen Kompetenzzuwachs? Wie verlaufen die Pflege-, Essens- und Schlafsituationen?
- Wie verhält sich das Kind **gegenüber der pädagogischen Fachkraft?** Äußert es ihr gegenüber Befürchtungen und Probleme, sucht es bei ihr bei Bedarf Unterstützung und

Hilfe? Wie reagiert es, wenn die Fachkraft kurzfristig den Raum verlässt und wenn sie wiederkehrt?

- Wie verhält sich die **Fachkraft gegenüber dem einzugewöhnenden Kind** und den anderen Kindern? Ist sie dem Kind bzw. den Kindern gegenüber zugänglich und aufmerksam? Zeigt sie gegenüber der Persönlichkeit des Kindes mit seinen Emotionen, Gedanken, Sichtweisen, Absichten, Äußerungen und Handlungen Akzeptanz und Wertschätzung? Zeigt sie Interesse und Respekt vor der kindlichen Autonomie? Ist sie in der Lage, sich in der Interaktion mit dem einzugewöhnenden Kind und der Kindergruppe auch auf diese einzulassen und zeigt sie »Involvement«, ein inneres Beteiligtsein (Remsperger 2011, S. 120)? Ist sie fähig, ein gutes emotionales Klima herzustellen, zum Beispiel die Emotionen des Kindes empathisch aufzugreifen und ihm Begeisterung, Freude, Interesse und Stolz mitzuteilen, aber auch sensitiv auf seine Ängste zu reagieren? Regt sie neue Aktivitäten, Denkprozesse sowie deren Kommunikation an?
- Wie verhält sich die **Fachkraft gegenüber den Eltern** bzw. der begleitenden Bezugsperson? Begegnet sie diesen – auch wenn sie andere Wertvorstellungen und Überzeugungen haben – mit Wertschätzung und Respekt? Versucht sie, sich in deren/dessen Denk- und Handlungsmuster einzufühlen? Ist sie in der Lage, Trennungsängste bei den Eltern zu erkennen und sensibel und professionell darauf zu reagieren?
- Wie verhalten sich die **Eltern** bzw. das die Eingewöhnung begleitende Elternteil **gegenüber der Fachkraft?** Haben sie Vertrauen in die Fachkraft oder zeigen sie Anzeichen von Misstrauen? Bestehen Anzeichen von Trennungsängsten?
- Wie ist das Kind bereits – abhängig von der Phase der Eingewöhnung und dem Entwicklungsstand – **in die Gruppe integriert?** Ist es noch primär mit sich selbst beschäftigt und tritt kaum in Kontakt zu anderen Kindern? Schaut es – abhängig auch vom Alter des Kindes – den anderen Kindern bei deren Aktivitäten zu und lässt dabei erkennen, dass es gerne mitspielen würde? Oder unternimmt es keinen Versuch, einbezogen zu werden? Kommt ein gemeinsames Spiel zustande und, wenn ja, auf wessen Initiative? Wie lange dauert es und wodurch wird es beendet? Oder ist das Kind noch stärker an der einzugewöhnenden Fachkraft orientiert?
- Wie verhalten sich die **anderen Kinder** der Gruppe? Suchen sie aktiv Kontakt zu dem neuen, einzugewöhnenden Kind oder zeigen sie »freundliches Desinteresse« oder gar Abwehrverhalten (Strätz & Demandewitz 2007, S. 78)?
- Welche **Spielformen** zeigen sich zwischen dem **neu aufgenommenen Kind** und den **anderen Kindern** (z. B. Zeigen und Reichen von Spielzeug, Parallelspiel, Einladungen zum Mitspielen)?
- An welchen **Orten** bzw. bei welchen **Gelegenheiten** sind diese Kontakte häufiger wahrzunehmen (z. B. beim Freispiel, am Esstisch, auf dem Außengelände)?
- Gibt es Anzeichen für **Barrieren**, die eventuell durch Verhaltensweisen des einzugewöhnenden Kindes entstehen, die den anderen Kindern nicht bekannt sind?
- Wie reagiert das **Kind auf die Wiederkehr der Bezugsperson?** Zeigt es freudigen Blickkontakt? Oder meidet es den Blick?

- Wie reagiert die **Bezugsperson auf die Wiederkehr?** In welcher Form nimmt sie Kontakt mit dem Kind auf (Worte, Gesten, Blickkontakt)?

Literaturtipps

Einen guten Überblick über verschiedene Beobachtungs- und Dokumentationsverfahren bieten:

Gartinger, S. (2009): Früheste Beobachtung und Dokumentation: Bildungsarbeit mit Kleinstkindern. Troisdorf: Bildungsverlag Eins.

Viernickel, S. & Völkel, P. (2009): Beobachten und Dokumentieren im pädagogischen Alltag. Freiburg: Herder.

4.8 Die Einrichtungskonzeption – unverzichtbar für den Start ins Kita-Leben

Eine professionelle Eingewöhnung sowie das Vorhandensein eines Eingewöhnungskonzeptes sind wichtige Qualitätsmerkmale einer Kindertageseinrichtung. Aus diesem Grund sollte auch der Ablauf der Eingewöhnung ein fester Bestandteil der Konzeption einer Kita sein.

Die Konzeption dient als »Aushängeschild der Kita« und veranschaulicht, nach welchem pädagogischen Konzept in der Einrichtung gearbeitet wird (Bethke, Braukhane & Knobeloch 2009, S. 118). Sie sollte die »Handschrift des gesamten Teams tragen« und damit die gemeinsame Grundlage für die pädagogische Arbeit darstellen (ebd.). Vielen Eltern dient sie auch als Entscheidungshilfe für die Wahl der Kita, denn hier finden sie die pädagogischen Grundsätze, nach denen in der Einrichtung gearbeitet wird. Anhand der Konzeption können sie überprüfen, ob die darin formulierten Überzeugungen zu den eigenen passen.

> »Kein Schriftstück kann Eltern in der Kita so viel Orientierung und Sicherheit bieten wie eine gute Einrichtungskonzeption. Gerade für den Start ins Kita-Leben ist sie von unschätzbarem Wert. Viele Fragen zur Eingewöhnung lassen sich mit einer ausführlichen Konzeption schnell und unkompliziert beantworten. Gut informierte Eltern werden sichere Eltern. Und sicheren Eltern gelingt es besser, ihrem Kind zu Beginn der Kita-Zeit genau das zu geben, was es braucht: Halt und Geborgenheit« (Bethke, Braukhane & Knobeloch 2009, S. 118).

Was aber ist eigentlich genau eine Konzeption und worin unterscheidet sie sich von einem Konzept?

Exkurs: Konzept und Konzeption

Die Begriffe »Konzept« und »Konzeption« werden in der Praxis häufig synonym verwendet, in der Fachliteratur sind sie jedoch klar voneinander abgegrenzt. Während mit dem **Konzept** ein erster Entwurf, eine »offene Planung von Zielen und/oder Schwerpunkten« gemeint ist, der eher »undifferenzierte Absichtserklärungen« zugrunde liegen (Krenz 2008, S. 12), gibt eine **Konzeption** darüber Auskunft, wie tatsächlich gearbeitet wird, und ist damit »Visitenkarte der Einrichtung für die Innen- und Außendarstellung« (Groot-Wilken 2009, S. 8).

Krenz definiert Konzeption als »eine schriftliche Ausführung aller inhaltlichen Schwerpunkte, die in der betreffenden Kindertagesstätte für Kinder, Eltern, die Mitarbeiter/-innen selbst, den Träger und die Öffentlichkeit bedeutsam sind und wirksam werden. Dabei spiegelt die Konzeption die Realität wider und verzichtet auf bloße Absichtserklärungen. Jede Konzeption ist damit individuell und trifft in ihrer Besonderheit nur für diese spezifische Einrichtung zu, um das besondere Profil zu verdeutlichen und unverwechselbar mit anderen Institutionen zu sein. Ihre Aussagen sind für Mitarbeiter/-innen verbindlich und stellen in ihrer Gesamtheit einen festen Bestandteil des Dienstvertrages dar« (Krenz 2008, S. 10f.).

Eine Konzeption ist das Ergebnis eines »individuellen Prozesses« des gesamten Teams, innerhalb dessen ein »unverwechselbares Profil« der Einrichtung geschaffen wird (ebd., S. 11). Sie hat für alle Mitarbeitenden einer Einrichtung einen »verbindlichen Wert«, der zur Realisierung der getroffenen Aussagen verpflichtet (ebd.). Dadurch bietet sie die »Möglichkeit zur Kontrolle« und macht die pädagogische Arbeit greifbar und transparent (ebd., S. 12). Als »Spiegelbild der Realität«, die sich durchaus verändern kann, hat sie nur eine »zeitbegrenzte Gültigkeit«, sodass Überarbeitungen von Teilen der Konzeption immer wieder notwendig sind (ebd., S. 11).

Sowohl das Tagesbetreuungsausbaugesetz (TAG) als auch die meisten Landesgesetze zur Kindertagesbetreuung fordern das Vorhandensein einer schriftlichen Konzeption. So steht in § 22a Abs. 1 TAG: »Die Träger der öffentlichen Jugendhilfe sollen die Qualität der Förderung in ihren Einrichtungen durch geeignete Maßnahmen weiterentwickeln. Dazu gehört die Entwicklung und der Einsatz einer pädagogischen Konzeption als Grundlage für die Erfüllung des Förderungsauftrages sowie der Einsatz von Instrumenten und Verfahren zur Evaluation der Arbeit in den Einrichtungen.«

4.8.1 Nutzen und Ziele der Konzeptionsentwicklung

Die Entwicklung und Überarbeitung einer Konzeption ist ein Prozess, der zwar viel Zeit und inneren Raum in Anspruch nimmt, aber für die Leitung und das Team einer frühkindlichen Bildungseinrichtung von großem Nutzen ist. Die **pädagogischen Fachkräfte** treten in einen intensiven Gedanken- und Erfahrungsaustausch, wenn sie gemeinsam eine Konzeption (weiter-)entwickeln. Indem sie sich mit frühpädagogischen Ansätzen, Erziehungszielen, Einstellungen und Werten, dem Bild vom Kind, gesellschaftlichen Entwicklungen und familialen Bedingungen auseinandersetzen, kann sich das Team besser kennenlernen und über unterschiedliche Überzeugungen austauschen. Es wächst dadurch zusammen und entwickelt eine gemeinsame Haltung. Die eigene Arbeit wird ins Verhältnis zum fachwissenschaftlichen Diskurs gesetzt.

Die gemeinsam erarbeitete Konzeption dient den pädagogischen Fachkräften schließlich als Orientierungshilfe. Klare Zielsetzungen und Leitlinien helfen, den pädagogischen Alltag zu strukturieren. Durch eine Reflexion der praktischen Arbeit und die Überprüfung der Ziele kommt es häufig auch zu positiven Veränderungen in der Erziehungspraxis, und es wird ein »Professionalisierungsschub« ausgelöst (Textor 1996, o. S.).

Doch nicht nur die pädagogischen Fachkräfte profitieren von der Entwicklung bzw. der Existenz einer Konzeption, sondern es ergeben sich auch für andere Zielgruppen vielerlei Vorteile:

- »**Kinder** gewinnen durch verlässliche Abläufe und Personen Sicherheit und Orientierung. Dies ist Voraussetzung für gelingende Bildungsprozesse.
- **Eltern** wird das pädagogische Profil der Einrichtung transparent dargestellt. Sie erhalten damit eine Entscheidungshilfe, ob sie ihr Kind in der jeweiligen Einrichtung anmelden möchten oder nicht.
- **Bewerberinnen und Bewerber** erhalten vorab einen Eindruck von dem Bildungsverständnis, den Erziehungszielen und der Alltagsgestaltung der Institution.
- **Leitungen** erhalten einen guten Überblick über die Arbeitsweisen der einzelnen Fachkräfte. Die inhaltlichen Diskussionen bei der Entwicklung einer Konzeption helfen ihnen, Fort- und Weiterbildungen für Einzelne, aber auch für das gesamte Team gezielt auszusuchen.
- Dem **Träger** verleiht die Konzeption ein klares Profil und ermöglicht ihm, seine Einrichtung in der Öffentlichkeit zu vertreten und zu präsentieren« (Dreyer i. D.).

4.8.2 Inhalte einer Konzeption

Bevor mit der Erarbeitung einer Konzeption begonnen wird, sollte ihre Struktur feststehen. Im Idealfall wird sie gemeinsam im Team, in Zusammenarbeit mit dem Träger und unter Einbeziehung der Eltern entwickelt. Auch wenn sich Konzeptionen in ihrer Struktur unterscheiden und in der Fachliteratur unterschiedliche Themenfelder hervorgehoben werden, gibt es Punkte, die in jeder Konzeption vorkommen sollten (vgl. Baum 2012; Groot-Wilken 2009; Hees 2006; Knauf 2005):

- Vorwort
- Beschreibung der Einrichtung und ihres Umfeldes
- Gesetzliche und normative Grundlagen
- Beschreibung der pädagogischen Arbeit
- Zusammenarbeit mit Familien / Bezugspersonen
- Arbeit im Team und in der Institution
- Vernetzung mit dem Umfeld
- gegebenenfalls Anhang.

Vorwort

Das Vorwort verfolgt das Ziel, Interesse am Lesen zu wecken und den Leser bzw. die Leserin neugierig auf die Konzeption zu machen. Dazu sollte es einladend, ansprechend, interessant und auffordernd formuliert sein. Häufig werden dafür Zitate bekannter Pädagoginnen und Pädagogen, Zeichnungen oder Bilder, Kinderaussagen oder selbst formulierte Reime benutzt (vgl. Krenz 2008, S. 65). Im Vorwort können auch Adressaten benannt und möglichen Unterstützern gedankt werden (vgl. Groot-Wilken 2009, S. 11). Das Vorwort ermöglicht auch, den Träger und / oder die Leitung der Einrichtung zu Wort kommen zu lassen (vgl. Baum 2012; Hees 2006, S. 16).

Beschreibung der Einrichtung und ihres Umfeldes

In jeder Konzeption sollten die wichtigsten **Einrichtungsdaten** aufgeführt sein, wie zum Beispiel:

- Geschichte der Einrichtung
- Trägervorstellung
- Name und Anschrift der Einrichtung
- Größe der Einrichtung
- Räumliche Ausstattung
- Finanzierung der Einrichtung
- Öffnungszeiten; Abhol- und Bringzeiten
- Qualifikation des Personals
- Aufnahmekriterien.

Ebenso wird das **soziale Umfeld** der Einrichtung beschrieben:

- Die Lebenssituationen der Kinder und ihrer Familien, die die Einrichtung besuchen (z. B. Familienformen, Berufstätigkeit der Eltern, häufige Belastungen der Familien)
- Der Einzugsbereich und die Sozialstruktur (z. B. Erwerbsstruktur, Einkommenssituation, Anteil der Familien mit Migrationshintergrund)
- Gestaltung des Umfeldes (z. B. Schulen, Freizeiteinrichtungen, Spielplätze, Grünflächen, Industrie) (vgl. Groot-Wilken 2009, S. 11f.; Hees 2006, S. 15ff., 28, 54ff.).

Gesetzliche und fachlich-normative Grundlagen

Ein weiterer, wichtiger Bestandteil der Konzeption sind die gesetzlichen und fachlich-normativen Grundlagen. Hier wird zum Beispiel konkretisiert, wie eine bestimmte **Rahmen- oder Gesetzesvorgabe** auf Einrichtungsebene aussieht oder aussehen soll. Was trägt die Einrichtung zum Beispiel dazu bei, dass die Kinder – wie in § 22 Abs. 2 SGB VIII gefordert – eigenverantwortlich und gemeinschaftsfähig agieren können? Wie sieht das konkret in der jeweiligen Einrichtung aus und welche weiteren Ziele ergeben sich daraus? (vgl. Dupuis 2001).

Eine weitere wichtige Grundlage ist der **Bildungsplan** des jeweiligen Bundeslandes. **Aufgabe der Kita-Leitung** ist es, gemeinsam mit ihrem **Team** auf Grundlage des in ihrem Bundesland geltenden Bildungsplans Ableitungen für die Arbeit in ihrer Einrichtung zu ziehen und diese schriftlich zu fixieren. Auch wenn nicht in allen Bildungsplänen das Thema Eingewöhnung in einem eigenen Kapitel behandelt wird, so wird es jedoch überall thematisiert und als Grundlage einer professionellen Bildungsarbeit gesehen.

Im **Berliner Bildungsprogramm** werden zum Beispiel **Qualitätskriterien** definiert, wie Pädagoginnen und Pädagogen die Eingewöhnung des Kindes in die Kita oder Tagespflege zu gestalten haben und wie sie innerhalb einer Einrichtung bzw. aus und zwischen Tagespflegestellen gestaltet werden soll:

Tab. 25: Qualitätskriterien zur Eingewöhnung des Kindes in die Kita oder Tagespflegestellen

Pädagoginnen und Pädagogen gestalten eine sanfte Eingewöhnung des Kindes in die Kindertageseinrichtung bzw. in die Kindertagespflegestellen.
• Die Pädagoginnen und Pädagogen in Kita und Kindertagespflege sind sich der entwicklungspsychologischen Bedeutung der Eingewöhnungsphase bewusst und verfügen über ein schriftliches Konzept zur Eingewöhnung der Kinder.
• Die Leitung und / oder die Pädagoginnen und Pädagogen der Kita bzw. die Kindertagespflegepersonen informieren alle Eltern, die ihr Kind in der Kita / Kindertagespflege anmelden wollen, über das Eingewöhnungskonzept und empfehlen im Sinne einer sanften Eingewöhnung, dass das Kind bei seinem Übergang von Vater, Mutter oder einer anderen vertrauten Bindungsperson begleitet wird.
• Sie beraten die Eltern hinsichtlich des geeigneten Aufnahmetermins und der Begleitung des Kindes durch eine vertraute Bezugsperson – insbesondere dann, wenn die Eltern die Begleitung nicht selbst übernehmen können.
• Die für die Eingewöhnung des Kindes zuständigen Pädagoginnen und Pädagogen begleiten einfühlsam den Eingewöhnungsprozess des Kindes und stehen als verlässliche Bindungspersonen für das Kind zur Verfügung.
• Sie gestalten die täglichen Übergangssituationen sowie alle Pflegesituationen gemeinsam mit den Kindern und in enger Absprache mit den Eltern.
• Sie unterstützen die Eltern sensibel im Loslösungsprozess und bestärken sie in der Entscheidung, ihr Kind in die Kita bzw. in die Kindertagespflegestelle zu bringen.
• Sie bestärken die Eltern darin, dass sie auch weiterhin die wichtigsten Bezugspersonen für ihr Kind sind und suchen zu vermeiden, dass zwischen ihnen und den Eltern Konkurrenzgefühle entstehen.
• Sie beobachten aufmerksam, wie das Kind seine Umgebung erkundet und wie sich die Beziehung zwischen dem Kind und ihnen entwickelt.
• Dabei geben sie dem Kind aktiv Beziehungsangebote und lassen es nach Möglichkeit selbst bestimmen, wie und in welchem Umfang es diese Angebote annimmt.
• Sie beachten, dass jedes Kind individuell verschieden auf die Beziehungsangebote eingeht und dass Kinder unterschiedlich lange brauchen, bis sie eingewöhnt sind.
• Sie beziehen die anderen Kinder von Anfang an aktiv in die Eingewöhnung ein.

Quelle: Senatsverwaltung für Bildung, Jugend & Wissenschaft 2014, S. 58f.

Tab. 26: Qualitätskriterien zur Gestaltung des Übergangs zwischen und innerhalb von Kitas bzw. aus und zwischen Kindertagespflegestellen

Pädagoginnen und Pädagogen gestalten Übergänge zwischen und innerhalb von Kitas bzw. aus und zwischen Kindertagespflegestellen einfühlsam.
• Die Leitung und/oder die Bezugserzieherinnen bzw. -erzieher des Kindes in der aufnehmenden Kita bzw. die Kindertagespflegepersonen der aufnehmenden Tagespflegestelle führen mit den Eltern ein ausführliches Gespräch über den Verlauf des ersten Eingewöhnungsprozesses.
• Die Pädagoginnen und Pädagogen der aufnehmenden Kita bzw. Kindertagespflegestelle informieren sich über die Abläufe und Gepflogenheiten, die dem Kind aus seiner vorhergegangenen Betreuungssituation vertraut und wichtig sind.
• Sie greifen die positiven Erfahrungen auf und überlegen gemeinsam mit den Eltern, wie sie diese in der neuen Situation weiterführen können.
• Beim Wechsel aus einer Tageseinrichtung bzw. Tagespflegestelle wird die Anwesenheit einer Bindungsperson beim Übergang gesichert, wenn auch für kürzere Zeit als bei der ersten Eingewöhnung.
• Die Pädagoginnen und Pädagogen der aufnehmenden Kita bzw. Tagespflegestelle nehmen, sofern möglich und unter der Zustimmung der Eltern, Kontakt mit dem/der bisherigen Bezugserzieher/in bzw. Kindertagespflegeperson auf und tauschen sich kollegial über die bisherigen Entwicklungs- und Bildungsprozesses des Kindes aus.
• Sie lassen das Kind in der neuen Kindergemeinschaft von seinen bisherigen Erfahrungen ›berichten‹, indem sie z. B. Fotos oder andere Dokumente zu den vorangegangenen Erfahrungen des Kindes gemeinsam betrachten und besprechen.

Quelle: Senatsverwaltung für Bildung, Jugend & Wissenschaft 2014, S. 59.

Auch im **Nationalen Kriterienkatalog (NKK)** ist ein eigener Qualitätsbereich der Eingewöhnung gewidmet und bestimmt anhand folgender Leitgesichtspunkte die pädagogische Qualität (vgl. Tietze u. a. 2016, S. 217ff.):

- Räumliche Bedingungen
- Pädagogische Fachkraft-Kind-Interaktion
- Planung
- Individualisierung
- Partizipation.

Beispiele von Qualitätskriterien für den Leitgesichtspunkt »Pädagogische Fachkraft-Kind-Interaktion« wurden bereits in Kapitel 2.3 gegeben.

Literaturtipp

Eine komplette Übersicht der Qualitätskriterien im Qualitätsbereich Eingewöhnung ist im Nationalen Kriterienkatalog auf Seite 217ff. zu finden:

Tietze, W., Viernickel, S. (Hrsg.), Dittrich, S., Grenner, K., Hanisch, A. & Marx, J. (2016): Pädagogische Qualität in Tageseinrichtungen für Kinder. Ein Nationaler Kriterienkatalog. Weimar: verlag das netz.

Beschreibung der pädagogischen Arbeit

Das **Kernstück der pädagogischen Konzeption** stellt die Beschreibung der pädagogischen Arbeit dar. Es werden darin die Inhalte, Methoden, die Didaktik, die pädagogischen Prozesse und Handlungen sowie die beabsichtigen Ziele dargestellt (vgl. Groot-Wilken 2009, S. 12).

Die pädagogischen Fachkräfte einer Einrichtung arbeiten nach bestimmten Teilaspekten eines oder mehrerer pädagogischer Ansätze, wie zum Beispiel:

- Montessori-Pädagogik
- Reggio-Pädagogik
- Situationsansatz
- Waldorf-Pädagogik
- Freinet-Pädagogik
- Offener Bildungsansatz
- Natur- und Waldpädagogik
  (vgl. Knauf, Düx & Schlüter 2007).

Welche Variante in einer Einrichtung auch vorherrscht – entscheidend ist, dass sich alle Mitglieder des Teams des jeweiligen pädagogischen Ansatzes bzw. der verschiedenen verwendeten Ansätze bewusst sind und die damit verbundenen pädagogischen Ideen in der Konzeption beschreiben. Es ist darzulegen, wie der Bildungsauftrag verstanden und in der Kita-Praxis realisiert wird. Welches Bildungsverständnis teilt das Team? Was für ein Bild vom Kind hat es, und wie prägt dieses die konzeptionellen Ausführungen zur Eingewöhnung? Wie kann es die Bildungsprozesse der Kinder pädagogisch begleiten? Welche Rolle haben die pädagogischen Fachkräfte dabei? Welche Maßnahmen müssen in der Konzeption im Sinne von zu erreichenden Zielen bei der Umsetzung festgeschrieben werden? (vgl. Hees 2006, S. 19; Krenz 2008, S. 73; Dreyer i. D.).

Gibt es in der Einrichtung **besondere Schwerpunkte** oder eine besondere Ausrichtung der Arbeit, sollte dies in der Konzeption ebenso erläutert werden (vgl. Hees 2006, S. 25). Dabei kann es sich zum Beispiel um eine religiöse Ausrichtung der Einrichtung oder die Bewegungsförderung von Kindern (wie z. B. in einem zertifizierten Bewegungskindergarten) handeln.

In der Einrichtungskonzeption wird auch der **pädagogische Rahmen des Alltags** beschrieben (vgl. Groot-Wilken 2009, S. 19). Dazu zählen zum Beispiel folgende Bereiche:

- Raumgestaltung
- Tagesgestaltung
- Ruhen und Schlafen
- Mahlzeiten und Ernährung
- Sicherheit
- Gesundheit und Körperpflege
- Begrüßung und Verabschiedung.

Themenfelder, die in diesem Zusammenhang ebenfalls unbedingt beschrieben werden sollten, sind:

- die Besonderheiten der **Arbeit mit Kindern unter drei Jahren** sowie
- die Gestaltung einer individuellen **Eingewöhnung** in Begleitung eines Elternteils (vgl. Dreyer 2013a, 2013b, i. D.).

Um den pädagogischen Fachkräften eine Orientierung für ihre pädagogische Arbeit zu geben und sicherzustellen, dass die Eingewöhnung für alle an diesem Prozess Beteiligten optimal verläuft, sollte das Eingewöhnungskonzept in der Konzeption der Einrichtung fest verankert sein (Bethke, Braukhane & Knobeloch 2009, S. 131).

In einem detaillierten **Eingewöhnungskonzept** wird beschrieben, »was die Grundlagen der Eingewöhnung sind, wie sie im Einzelnen abläuft, welche Erwartungen an die Eltern gestellt werden (sicherer Hafen), was in Notfällen passiert (z. B. Kind oder Erzieherin wird krank) und wie der Austausch mit den Eltern gehandhabt wird« (ebd., S. 121).

Ein wichtiger Bestandteil in der pädagogischen Arbeit mit Kindern ist auch die **Beobachtung und Dokumentation.** Das schriftliche Festhalten von Informationen aus Beobachtungen, Prozessen und Gesprächen ist notwendig, um daraus die Bedürfnisse, Interessen und Wünsche der Kinder ablesen und Konsequenzen für das pädagogische Handeln ziehen zu können (vgl. Groot-Wilken 2009, S. 31). Aus diesem Grund sollte sich das Team einer Einrichtung darauf verständigen, mit welchen Verfahren es in der Einrichtung arbeiten möchte und diese in der Konzeption schriftlich fixieren (vgl. auch Kapitel 4.7.6).

Zusammenarbeit mit Familien / Bezugspersonen

Die Zusammenarbeit mit Eltern hat im Kita-Alltag eine große Bedeutung (vgl. hierzu auch Kapitel 4.6) und ist mit ihrem familienunterstützenden und familienergänzenden Charakter gesetzlich verankert. Nach § 22a Abs. 2 SGB VIII sind die pädagogischen Fachkräfte verpflichtet, mit den Erziehungsberechtigten zum Wohl der Kinder und zur Sicherung der Kontinuität des Erziehungsprozesses zusammenzuarbeiten. Außerdem sind die Eltern an den Entscheidungen in wesentlichen Angelegenheiten der Erziehung, Bildung und Betreuung zu beteiligen. Auch in fast allen Bildungsplänen wird die Zusammenarbeit mit Eltern thematisiert, wenngleich sie unterschiedliche Aspekte und Konkretisierungsgrade aufweist (z. B. Elternmitarbeit, Elternmitbestimmung, Elternbildung, Elternberatung). Das Team einer Einrichtung sollte sich daher auch über die Ziele und Formen der Zusammenarbeit mit Eltern verständigen (vgl. Dreyer i. D.). Die wichtigsten Formen, die in den meisten Einrichtungen immer wiederkehren und daher auch in die Konzeption mit aufgenommen werden sollten, sind laut Hees (2006, S. 31): das Aufnahmegespräch, die gemeinsame Gestaltung der Eingewöhnung, die Tür-und-Angelgespräche, regelmäßige Sprechstunden, Elternabende, Feste und Feiern sowie Hospitationen.

Arbeit im Team und in der Institution

Genauso grundlegend wie die Zusammenarbeit mit den Eltern ist auch die Arbeit im Team. Eine **effiziente Teamarbeit** wird durch fünf Elemente nachhaltig geprägt: »**Ziele** (z. B. Themen, Aufgaben, Arbeitsinhalte), **Personen** (z. B. Lernbereitschaft, Arbeitsmotivation, Anstrengungsbereitschaft, Belastbarkeit, Visionen, Reflexionsfähigkeit), **Gruppe** (z. B. Arbeitsatmosphäre. Vertrauen, direkte Kommunikation, Selbstdisziplin), **Struktur** (z. B. Sachorientierung, ein gutes Zeitmanagement, Mitverantwortung aller, Aufgabenorientierung, Differenzierung von Wesentlichem und Unwesentlichem), **Leitungskontext** (Leitungsstil, Fachkompetenz der Leitungskraft, humane und effiziente Leitungsqualitäten)« (Krenz 2008, S. 35). Aus diesem Grund sollte in einer Konzeption festgehalten werden, wie die Teamarbeit konkret gestaltet wird. Dazu zählen die Vereinbarung von Zuständigkeiten (Arbeitsweisen, Aufgaben und Verantwortlichkeiten der Team-Mitglieder und der Leitung), pädagogische Planungen, Mitarbeiterbesprechungen, die Dienstplangestaltung, die Einarbeitung neuer Fachkräfte, Fortbildungen und vieles mehr (vgl. Textor 1996; Dreyer i. D.).

Vernetzung mit dem Umfeld

In der Konzeption sollte auch die Zusammenarbeit mit anderen Einrichtungen und Diensten hervorgehoben werden (z. B. Schulen, Kirchengemeinden, Beratungsstellen, psychosozialen Diensten, Frühförderstellen, kulturellen Einrichtungen, Vereinen). Wird die eigene Vernetzungsarbeit verständlich dargestellt, so erleichtert dies die Kooperation mit dem Umfeld erheblich. Die verschiedenen Kooperationspartner können auch einzeln benannt werden (vgl. Dreyer i. D.; Groot-Wilken 2009, S. 9; Hees 2006, S. 43).

4.8.3 Arbeitsschritte der Konzeptionsentwicklung

Es gibt verschiedene Arbeitsschritte, die dabei helfen können, eine Konzeption im Team erfolgreich zu entwickeln und zu dokumentieren (vgl. Hollmann & Benstetter 2001):

Schritt 1: Vorbereiten und Absprachen treffen

Eine wichtige Aufgabe der Leitung als verantwortlicher Person in diesem Prozess ist es, ein Zielbewusstsein, Selbstmotivation und Begeisterungsfähigkeit zu entwickeln, damit die anderen Teammitglieder dieses Interesse spüren und sich für den Entwicklungsprozess öffnen. Außerdem sollten mit dem Team die rechtlichen Folgen einer Konzeptionsentwicklung reflektiert werden, denn die Konzeption ist hinterher für alle verbindlich. Um die Motivation zu erhöhen und einen Konsens für das Vorhaben zu erlangen, sind vorab die Erwartungen und Befürchtungen im Kollegium zu klären. Auch ist zu klären, welche Ressourcen (Zeit, Geld, Raum) für einen effektiven Prozess der Konzeptionserarbeitung benötigt werden. Auch sollten die Eltern einbezogen werden. Zu prüfen ist außerdem, welche Kompetenzen im Team bereits vorhanden sind und welche Unterstützung zum Beispiel durch eine interne oder externe Fachberatung benötigt wird. Am Ende der Vorbereitungsphase wird notiert, wer wie am Prozess der Konzeptionsentwicklung beteiligt ist und welche finanziellen Mittel benötigt werden (vgl. Hollmann & Benstetter 2001, S. 97ff.).

Bei diesem zeitintensiven Prozess spielt die Leitung eine entscheidende Schlüsselrolle. Ihre Aufgabe ist es, die Motivation des Teams aufrechtzuerhalten. Besonders wichtig ist es, »dass sie die Teamsitzung gut strukturiert, alle Kolleginnen in die Gespräche einbezieht, ausufernde Diskussionen abbricht und bei Konflikten schlichtet« (Textor 1996, o. S.).

Schritt 2: Sich einstimmen

Nun ist allen Beteiligten der Ablauf nahezubringen. Zeit sollte investiert werden, um voneinander über die Hintergründe des pädagogischen Alltagshandelns zu erfahren und sich auf diesem Wege besser kennenzulernen. Außerdem sind ein gemeinsames Verständnis von Konzeptionsentwicklung sowie eine Einigung darüber zu erzielen, welche Inhalte in die Konzeption aufgenommen werden (vgl. Hollmann & Benstetter 2001, S. 114ff.).

Schritt 3: Einflussfaktoren analysieren und verstehen

Anschließend sind die rechtlichen Grundlagen zu erfassen (z. B. SGB VIII, Landesgesetze bzw. -richtlinien), Trägervorgaben zu reflektieren (z. B. Satzung, Leitbild, Personalschlüssel), die Struktur und Kultur der Einrichtung zu untersuchen (z. B. Einrichtungsform, räumliche Bedingungen, Leistungsangebot) und das Umfeld zu erkunden (z. B. Wohnsituation, Schulen, Infrastruktur). Des Weiteren wird das Angebot der Einrichtung mit der Lebenssituation der Kinder und ihrer Familien abgeglichen werden, sodass es auf deren Bedürfnisse abgestimmt ist. Außerdem ist in den Blick zu nehmen, wie sich zum Beispiel die demografische Entwicklung und die aktuelle Entwicklung im frühkindlichen Bildungsbereich darstellen (vgl. ebd., S. 124ff.).

Schritt 4: Ziele herleiten, formulieren und Umsetzungsbeispiele anführen

Dieser Schritt hat nun die Zukunftsgestaltung der Kita und die Begleitung aller Beteiligten in der Entwicklung ihrer Ziele im Blick. Zielbereiche sind herauszufinden und Zielsätze zu definieren. Die Ziele sollten außerdem durch Praxisbeispiele belegt und mit den Träger- und Elternvertretern überprüft sein (vgl. ebd., S. 153ff.).

Schritt 5: Ziele umsetzen, entwickelnd handeln

Nun muss das Team bei der Umsetzung seiner Ziele begleitet und darin unterstützt werden, Veränderungen auf strukturierte und transparente Weise vorzunehmen. Für eine zielführende Planung von Veränderungen ist es wichtig, vorab Erfolgsmerkmale zu definieren, Umsetzungsideen zu beschreiben sowie Verantwortlichkeiten und Zeitpläne zu erstellen. Die Leitung sollte in ihrer Funktion als Entwicklungsbegleiterin und Vorgesetzte eine unterstützende und Anteil nehmende Haltung einnehmen. Durch »Nachfragen, Rückmeldungen, Zwischenauswertungen und gemeinsamen Suchen nach neuen Lösungen« kann sie ihr Interesse an der Umsetzung der Ziele zeigen (Hollmann & Benstetter 2001, S. 163). Stellt sich doch einmal heraus, dass Ziele unrealistisch geplant und nicht umsetzbar sind, sollte Schritt 3 wiederholt und die Analyse vertieft werden (vgl. ebd.).

Schritt 6: Konzeption dokumentieren und veröffentlichen

Nun werden die Visionen, Ziele und Umsetzungsideen in einer Konzeption dokumentiert. Hollmann und Benstetter (2001, S. 169) heben hierbei hervor: »Es geht dabei sowohl um die Gestaltung schriftlicher und visueller Darstellungsformen als auch um Möglichkeiten, eine schriftliche Konzeption öffentlichkeitswirksam und imagebildend zu präsentieren.« Sobald eine erste Rohfassung der Konzeption vorliegt, sollte bereits überprüft werden, »ob Ziele, Inhalte und Methoden in einem sinnvollen Zusammenhang stehen« (Textor 1996, o. S.).

Schritt 7: Konzeption überprüfen und weiterentwickeln

Der letzte Schritt beinhaltet die Auswertungsphase, die das Ziel verfolgt, den Konzeptionsentwicklungsprozess abschließend mit dem gesamtem Team zu reflektieren und Weiterentwicklungen zu ermöglichen (vgl. Hollmann & Benstetter 2001, S. 182ff.). Nach einiger Zeit sollte überprüft werden, ob sich die Konzeption bewährt hat, ob wirklich nach ihr gearbeitet wird und die Ziele der Beteiligten erreicht werden. In regelmäßigen Abständen wird sowohl eine Situations- als auch eine Bedarfsanalyse nochmals durchgeführt werden, da sich auch die Zusammensetzung des Teams, der Elternschaft und der Kindergruppe ändern können. Davon abhängig ist es, ob es nach der Überprüfung der bestehenden Konzeption zu einer Konzeptionsfortschreibung kommen wird (vgl. Dreyer i. D., Textor 1996).

Wird die Konzeption als ein Instrument zur Sicherung und Weiterentwicklung der pädagogischen Qualität in der Einrichtung genutzt, so kann sie dazu beitragen, dass das Angebot der Kita immer wieder neu an den Bedürfnissen der Kinder und ihrer Eltern ausgerichtet wird und auch neue Eltern bereits vor Aufnahme ihres Kindes einen umfassenden Eindruck erhalten, wie in der zukünftigen Einrichtung ihres Kindes konkret gearbeitet wird (vgl. Bethke, Braukhane & Knobeloch 2009, S. 129).

Literatur

Ahnert, L. (1998). Die Betreuungssituation von Kleinkindern im Osten Deutschlands vor und nach der Wende. In L. Ahnert (Hrsg.), Tagesbetreuung für Kinder unter drei Jahren. Theorien und Tatsachen (S. 29–44). Bern: Huber.

Ahnert, L. (2003a). Die Bedeutung von Peers für die frühe Sozialisation des Kindes. In H. Keller (2003), Handbuch der Kleinkindforschung (S. 493–528). Bern: Huber.

Ahnert, L. (2003b). Die Frühsozialisation in der DDR und die Entwicklung von Bindungsbeziehungen. In D. Kirchhöfer, G. Neuner, I. Steiner & Ch. Uhlig (Hrsg.), Kindheit in der DDR. Die gegenwärtige Vergangenheit (S. 177–188). Frankfurt a. M.: Peter Lang.

Ahnert, L. (2005). Entwicklungspsychologische Erfordernisse bei der Gestaltung von Betreuungs- und Bildungsangeboten im Kleinkind- und Vorschulalter. In L. Ahnert, H.-G. Roßbach, U. Neumann, J. Heinrich & B. Koletzko (Hrsg.), Bildung, Betreuung und Erziehung von Kindern unter sechs Jahren. Hrsg. von der Sachverständigenkommission Zwölfter Kinder- und Jugendbericht: Materialien zum Zwölften Kinder- und Jugendbericht (S. 9–54). München: Deutsches Jugendinstitut.

Ahnert, L. (2007). Von der Mutter-Kind- zur Erzieherinnen-Kind-Bindung. In F. Becker-Stoll & M. R. Textor (Hrsg.), Die Erzieherin-Kind-Beziehung. Zentrum von Bildung und Erziehung (S. 31–41). Berlin, Düsseldorf, Mannheim: Cornelsen.

Ahnert, L. (2008). Bindungsbeziehungen außerhalb der Familie: Tagesbetreuung und Erzieherinnen-Kind-Bindung. In L. Ahnert (Hrsg.), Frühe Bindung. Entstehung und Entwicklung (S. 256–277). München, Basel: Ernst Reinhardt.

Ahnert, L. (2010). Wieviel Mutter braucht ein Kind? Bindung – Bildung – Betreuung: öffentlich und privat. Heidelberg: Springer.

Ahnert, L., Pinquart, M. & Lamb, M. E. (2006). Security of children's relationships with nonparental care providers: A meta-analysis. Child development, 77, pp. 664–679.

Ahnert, L., Kappler, G. & Eckstein-Madry, T. (2012). Eingewöhnung in der Kinderkrippe: Forschungsmethoden zu Bindung, Stress und Coping. In S. Viernickel & L. Ahnert (Hrsg.), Krippenforschung Methoden, Konzepte, Beispiele (S. 74–88). München u. a.: Ernst Reinhardt.

Aigner, K. (2011). Altersgemischte und offene Gruppen in Kindertagesstätten – Darstellung und Analyse der vorliegenden Publikationen und ihrer Ergebnisse unter besonderer Berücksichtigung der Methodenkritik (unveröffentlichte Diplomarbeit). Universität Wien, Österreich.

Ainsworth, M. D. S. (1967). Infancy in Uganda: Infant care and the growth of love. Baltimore: James Hopkins University Press.

Ainsworth, M. D. S. (1971a). Cooperation vs. Interference With Baby's Ongoing Behavior. Verfügbar unter http: //www.psychology.sunysb.edu/attachment/measures/content/ainsworth_scales.html (Zugriff am 30.09.2016). Deutsche Fassung (2003). Skala »Zusammenspiel versus Beeinträchtigung«. In K. E. Grossmann & K. Grossmann (Hrsg.), Bindung und menschliche Entwicklung. John Bowlby, Mary Ainsworth und die Grundlagen der Bindungstheorie (S. 422–430). Stuttgart: Klett-Cotta, S. 422–430.

Ainsworth, M. D. S. (1971b). Physical and Psychological Availability vs. Ignoring and Neglecting. Verfügbar unter http: //www.psychology.sunysb.edu/attachment/measures/content/ainsworth_scales.html (Zugriff am 30.09.2016). Deutsche Fassung (2003): Skala »Annahme versus Zurückweisung des Kindes«. In K. E. Grossmann & K. Grossmann (Hrsg.), Bindung und menschliche Entwicklung. John Bowlby, Mary Ainsworth und die Grundlagen der Bindungstheorie (S. 414–421). Stuttgart: Klett-Cotta.

Ainsworth, M. D. S. (1973). The development of infant-mother-attachment. In B. M Caldwell & H. N. Ricuitti (Eds.), Review of child development research (Vol. 3, pp. 1–94) Chicago: University of Chicago Press.

Ainsworth, M. D. S. (1977). Infant development and mother-infant-interaction among Ganda and American families. In P. H. von Leiderman, S. R. Tulkin & A. Rosenfeld (Eds.), Culture and infancy: Variations in human experience (pp. 119–149). New York: Academic Press.
Ainsworth, M. D. S. & Bell, S. M. (1974). Mother-infant interaction and the development of competence. In K. J. Connolly & J. Bruner (Eds.), The growth of competence (pp. 97–118). London, New York: Academic Press. Deutsche Fassung (2003). Die Interaktion zwischen Mutter und Säugling und die Entwicklung von Kompetenz. In K. E. Grossmann & K. Grossmann (Hrsg.), Bindung und menschliche Entwicklung. John Bowlby, Mary Ainsworth und die Grundlagen der Bindungstheorie (S. 217–241). Stuttgart: Klett-Cotta.
Ainsworth, M. D. S., Blehar, M. C., Waters, E. & Wall, S. (1978). Patterns of attachment: A psychological study of the Strange Situation. Hillsdale, NJ: Erlbaum.
Andres, B. & Laewen, H.-J. (Hrsg.) (1993). Ich verstehe besser, was ich tue – Erfahrungen mit einem Eingewöhnungsmodell. INFANS – Kleine Fachreihe zur Frühsozialisation, Bd. 2. Berlin: FIPP.
Arbeitsgruppe Professionalisierung frühkindlicher Bildung (Hrsg.) (2005). Beobachtung und Dokumentation in der Praxis. Arbeitshilfen zur professionellen Bildungsarbeit in Kindertageseinrichtungen nach der Bildungsvereinbarung NRW. München, Kronach: Carl Link.
Arnett, J. (1989). Caregiver Interaction Scale. Verfügbar unter http://www.eec.state.ma.us/docs1/qris/20110121_arnett_scale.pdf (Zugriff am 03.09.2016).
Bailey, D. B., McWilliam, R. A., Ware, W. B. & Burchinal, M. A. (1993a). Social interactions of toddlers and preschoolers in same-age and mixed-age groups. Journal of Applied Developmental Psychology 14, pp. 261–276.
Bailey, D. B., McWilliam, R. A. & Burchinal, M. A. (1993b). Age of peers and early childhood development. Child Development 64 (3), pp. 848–862.
Barnas, M. V. & Cummings, E. M. (1994). Caregiver stability and toddlers' attachment-related behavior towards caregivers in day care. Infant Behavior Development 17, pp. 141–147.
Barnett, W. S. (1996). Lives in the balance: Age-27 benefit-cost analysis of the High/Scope Perry Preschool Programm. Ypsilanti: High Scope.
Baum, H. (2012). Raster für die Entwicklung einer Konzeption für Kindertagesstätten. Verfügbar unter http://www.kindergartenpaedagogik.de/2239.html (Zugriff am 30.09.2016).
Bayerisches Staatsministerium für Arbeit und Sozialordnung, Familie und Frauen & Staatsinstitut für Frühpädagogik München (Hrsg.) (2012). Der Bayerische Bildungs- und Erziehungsplan für Kinder in Tageseinrichtungen bis zur Einschulung. Berlin: Cornelsen.
Becker-Stoll, F. (2007). Eltern-Kind-Bindung und kindliche Entwicklung. In F. Becker-Stoll & M. R. Textor (Hrsg.), Die Erzieherin-Kind-Beziehung. Zentrum von Bildung und Erziehung (S. 14–30). Berlin, Düsseldorf, Mannheim: Cornelsen.
Becker-Stoll, F., Niesel, R. & Wertfein, M. (2009). Handbuch Kinder in den ersten drei Lebensjahren. Theorie und Praxis für die Tagesbetreuung. Freiburg: Herder.
Beller, K. (2002). Eingewöhnung in die Krippe. Ein Modell zur Unterstützung der aktiven Auseinandersetzung aller Beteiligten im Veränderungsstress. Frühe Kindheit 2, S. 9–14.
Bensel, J., Haug-Schnabel, G., & Aselmeier, M. (2015). Prozessqualität in verschiedenen Formen der Altersmischung in der Kindertagesbetreuung. Macht's die Mischung? Stuttgart: GEW.
Bernitzke, F. & Schlegel, P. (2004). Das Handbuch der Elternarbeit. Troisdorf: Bildungsverlag EINS.
Bertelsmann Stiftung (Hrsg.) (2004). Qualität für Kinder unter DREI in Kitas. Empfehlungen an Politik, Träger und Einrichtungen. Verfügbar unter https://www.bertelsmann-stiftung.de/fileadmin/files/user_upload/Qualitaet_fuer_Kinder_unter_drei_in_KiTas_Empfehlungen_an_Politik__Traeger_und_Einrichtungen.pdf (Zugriff am 30.09.2016).
Bethke, C., Braukhane, K. & Knobeloch, J. (2009). Bindung und Eingewöhnung von Kleinkindern. Hrsg. von S. Viernickel & P. Völkel. Troisdorf: Bildungsverlag EINS.

Bohlin, G., Hagekull, B. & Rydell, A. (2000). Attachment and social functioning: a longitudinal study from infancy to middle childhood. Social Development 9, pp. 24–40.

Borke, J., Döge, P. & Kärtner, J. (2011). Kulturelle Vielfalt bei Kindern in den ersten drei Lebensjahren. Anforderungen an frühpädagogische Fachkräfte. Eine Expertise der Weiterbildungsinitiative Frühpädagogische Fachkräfte. Verfügbar unter http://www.weiterbildungsinitiative.de/uploads/media/WiFF_Expertise_Nr_16_Borke_Doege_Kaertner_Internet_PDF.pdf (Zugriff am 30.09.2016).

Bowlby, J. (1951). Maternal care and mental health. Genf: World Health Organization Monograph. Deutsche Fassung (1973). Mütterliche Zuwendung und geistige Gesundheit. München: Kindler.

Bowlby, J. (1969). Attachment and loss, Vol. 1: Attachment. New York: Basic Books. Deutsche Fassung (1975). Bindung. München: Kindler; (2006a). Bindung. München: Ernst Reinhardt.

Bowlby, J. (1973). Attachment and loss. Vol. 2: Separation. Anxiety and anger. New York: Basic Books. Deutsche Fassung (1973): Trennung: Angst und Zorn. München: Kindler; (2006b). Trennung: Angst und Zorn. München: Ernst Reinhardt.

Bowlby, J. (1980). Attachment an loss. Vol. 3. Loss: Sadness and depression. New York: Basic Books. Deutsche Fassung (1983). Verlust: Trauer und Depression. Frankfurt a. M.: Fischer; (2006c): Verlust: Trauer und Depression. München: Ernst Reinhardt.

Bowlby, J. (2008). Bindung als sichere Basis. Grundlagen und Anwendung der Bindungstheorie. München, Basel: Ernst Reinhardt.

Bowlby, J. (2010). Frühe Bindung und kindliche Entwicklung (6. Auflage). München: Ernst Reinhardt.

Braukhane, K. & Knobeloch, J. (2011). Das Berliner Eingewöhnungsmodell – Theoretische Grundlagen und praktische Umsetzung. Verfügbar unter http://www.kita-fachtexte.de/uploads/media/KiTaFT_Braukhane_Knobeloch_2011.pdf (Zugriff am 27.09.2016).

Braun, K., Bock, J., Gruss, M., Helmeke, C., Ovtscharoff, W., Schnabel, R., Ziabreva, I. & Poeggel, G. (2002). Frühe emotionale Erfahrungen und ihre Relevanz für die Entstehung und Therapie psychischer Erkrankungen. In B. Strauss, A. Buchheim & H. Kächele (Hrsg.): Klinische Bindungsforschung – Methoden und Konzepte (S. 121–128). Stuttgart: Schattauer.

Brisch, K. H. (2010). Prävention von aggressiven Störungen in der kindlichen Entwicklung. In K. H. Brisch & T. Hellbrügge (Hrsg.) (2010), Bindung, Angst und Aggression (S. 273–295). Klett Cotta: Stuttgart.

Brisch, K. H. (2015). SAFE. Sicher, Ausbildung für Eltern (7. Auflage). Stuttgart: Klett Cotta.

Broberg, A., Hwang, P., Lamb, M. E. & Ketterlinus, R. D. (1989). Childcare effects on socio-emotional and intellectual competence in Swedish preschoolers. In J. S. Lande, S. Scarr & N. Gunzenhauser (Eds.), Caring for children. Challenge to America (pp. 49–75). Erlbaum: Hillsdale.

Bronfenbrenner, U. (1979/1989). Die Ökologie der menschlichen Entwicklung. Frankfurt a. M.: Fischer.

Bundesjugendkuratorium (BJK) (2008). Zukunftsfähigkeit von Kindertageseinrichtungen. Verfügbar unter http://www.bundesjugendkuratorium.de/assets/pdf/press/bjk_2008_2_stellungnahme_zukunftsfaehigeKitas.pdf (Zugriff am 21.09.2016).

Bundesministerium für Familie, Senioren, Frauen und Jugend (BMFSFJ) (2016). Kinderbetreuung: Betreuung für Kinder in den ersten drei Lebensjahren. Verfügbar unter http://www.familien-wegweiser.de/wegweiser/stichwortverzeichnis,did=38652.html (Zugriff am 30.09.2016).

Carr, M. (2001). Assessment in Early Childhood Settings. Learning Stories. London: Sage.

Chung, L. C. (2001). A Study of Teacher Factors in Teacher-Child Relationships With Preschool Children. Dissertation Abstracts International Section A: Humanities and Social Sciences, 61 (7-A), S. 2586.

Crittenden, P. M. (2000). A dynamic-maturational exploration of the meaning of security and adaption. In P. M. Crittenden & A. H. Claussen (Eds.), The organization of attachment relationships. Maturation, culture and context (pp. 358–383). New York: Cambridge University Press.

Cummings, E. (1980). Caregiver stability and daycare. Developmental Psychology 16, pp. 31–37.

Datler, W., Ereky-Stevens, K., Hover-Reisner, N. & Malmberg, L.-E. (2012). Toddlers' Transition to Out-of-Home Day Care: Settling into a New Care Environment. Infant Behavior & Development 35, pp. 439–451.

Davis, P. T., Sturge-Apple, M. L., Cicchetti, D. & Cummings, E. M. (2008). Adrenorcortical underpinnings of children's psychological reactivity to interparental conflict. Child Development 79, pp. 1693–1706.

Derksen, B. & Lohmann, S. (2013). Babylesen. Die Signale des Säuglings sehen und verstehen (2. aktualisierte Auflage). Stuttgart: Hippokrates.

De Schipper, E. J., Riksen-Walraven, J. M., Geurts, S. S. E. & de Werth, C. (2009). Cortisol levels of caregivers in child care centers as related to the quality of the caregiving. Early Childhood Research Quartely 24, pp. 55–63.

Diekmann, L.-C., Plünnecke, A. & Seyda, S. (2008). Sozialbrillianz Familie. Eine ökonomische Analyse mit Schlussfolgerungen für die Familienpolitik. Institut der deutschen Wirtschafts-Analysen, 40, Köln: Deutscher Instituts-Verlag.

Doherty-Sneddon, G. (2005). Was will das Kind mir sagen. Die Körpersprache des Kindes verstehen lernen. Bern: Huber.

Dreier, A. (2006). Was tut der Wind, wenn er nicht weht? Begegnung mit der Kleinkindbewegung in Reggio Emilia. Weinheim: Beltz.

Dreyer, R. (2008a). Ergebnisse und Erkenntnisse der Bindungsforschung. Das Leitungsheft – kindergarten heute, 2, S. 28–29.

Dreyer, R. (2008b). Welchen Einfluss haben KiTa und Kindergarten auf die Bindungsqualität? Aktuelle Forschungsergebnisse und Gefahren der Fehlinterpretation. Das Leitungsheft – kindergarten heute, 2, S. 11.

Dreyer, R. (2010a). Aspekte der Bildung von unter 3-jährigen Kindern. In: W. Beudels, N. Kleinz & S. Schönrade (Hrsg.), Bildungsbuch Kindergarten: Erziehen, Bilden und Fördern im Elementarbereich (S. 275–280). Dortmund: Modernes Lernen.

Dreyer, R. (2010b). Frühkindliche Bildung, Betreuung und Erziehung in Deutschland und Frankreich. Strukturen und Bedingungen, Bildungsverständnis und Ausbildung des pädagogischen Personals im Vergleich. Hamburg: Verlag Dr. Kovač.

Dreyer, R. (2011). Können wir weiter offen arbeiten, wenn wir Kinder von null bis drei Jahren aufnehmen? kindergarten heute, 5, S. 39–41.

Dreyer, R. (2013a). Die Jüngsten in der Kita. Anforderungen an die pädagogische Arbeit mit Kindern unter drei Jahren. Zweijährige im Kindergarten. Praxismaterialien für Leitung und Teams, Nr. 2477.18, S. 1–12 (20.20).

Dreyer, R. (2013b). Gemeinsam einleben. Was die Eingewöhnung in Krippe und Kita erleichtert. Meine Kita, 3, S. 4–7.

Dreyer, R. (i. D.). Konzeption und Konzeptionsentwicklung. In P. Strehmel & D. Ulber (Hrsg.), Kindertageseinrichtungen führen, leiten und entwickeln. Handbuch Kita-Management. Stuttgart: Kohlhammer.

Dupuis, A. (2001). Konzeptionsarbeit als Bestandteil von Qualitätsentwicklung. Verfügbar unter http://www.kindergartenpaedagogik.de/624.html (Zugriff am 30.09.2016).

Dusolt, H. (2008). Elternarbeit als Erziehungspartnerschaft. Ein Leitfaden für den Vor- und Grundschulbereich (3. vollst. überarb. Auflage). Weinheim und Basel: Beltz.

Gartinger, S. (2009). Früheste Beobachtung und Dokumentation. Bildungsarbeit mit Kleinstkindern. Troisdorf: Bildungsverlag EINS.

Ebert, S. (2008). Krippenerziehung als Profession. Anforderungen an ein modernes Berufskonzept. In J. Maywald & B. Schönborn (Hrsg.), Krippen. Wie frühe Betreuung gelingt. Fundierter Rat zu einem umstrittenen Thema (S. 178–207). Weinheim, Basel: Beltz.

Egeland, B. & Hiester, M. (1995), The long-term consequences of infant day-care and mother-infant attachment. Child Development, 66, pp. 474–485.

Erickson, M. F. & Egeland, B. R. (2014). Die Stärkung der Eltern-Kind-Bindung. Frühe Hilfen für die Arbeit mit Eltern von der Schwangerschaft bis zum zweiten Lebensjahr des Kindes durch das STEEP-Programm. Stuttgart: Klett-Cotta.

Eurydice (2016). Finanzierung des Elementar- und Schulbildungsbereichs. Verfügbar unter https://webgate.ec.europa.eu/fpfis/mwikis/eurydice/index.php/Deutschland:Finanzierung_des_Elementar-_und_Schulbildungsbereichs (Zugriff am 27.03.2017).

Fagot, B. I. & Kavanagh, K. (1993). Parenting during the Second Year: Effects of Children's Age, Sex, and Attachment Classification. Child Development, 64 (1), pp. 258–271.

Falk, J. (2013). Die Einheit von Pflege und Erziehung. In E. Pikler & A. Tardos (Hrsg.), Miteinander vertraut werden (S. 35–43). Freiburg, Basel, Wien: Herder.

Farran, D. C. & Ramey, C. T. (1977). Infant day care and attachment behaviors toward mothers and teachers. Child Development, 48, pp. 1112–1116.

Fatzer, G. (1994). Supervision und Beratung. Köln: Edition Humanistische Psychologie.

Figura, U. (2011). Bedürfnisse von Kleinkindern unter drei Jahren erkennen und deuten. Entwicklung und Erprobung eines Instruments für die pädagogische Praxis. Aachen: Shaker.

Grawe, K. (2004). Neuropsychotherapie. Göttingen: Hogrefe.

Griebel, W. & Niesel, R. (2004). Transitionen. Fähigkeit von Kindern in Tageseinrichtungen fördern, Veränderungen erfolgreich zu bewältigen. Weinheim, Basel: Beltz.

Griebel, W. & Niesel, R. (2013). Übergänge verstehen und begleiten. Transitionen in der Bildungslaufbahn von Kindern. Berlin: Cornelsen.

Griebel, W., Niesel, R., Reidelhuber, A. & Minsel, B. (2004). Erweiterte Altersmischung in Kita und Schule. Grundlagen und Praxishilfen für Erzieherinnen, Lehrkräfte und Eltern. Don Bosco: München.

Groot-Wilken, B. (2009). Konzeptionsentwicklung in der KiTa – vorbereiten, planen, durchführen. Freiburg: Herder.

Gropnik, A., Kuhl, P. & Meltzoff, A. (2003). Forschergeist in Windeln. München: Piper.

Grossmann, K. & Grossmann, K. E. (2008). Gut gebunden lernt sich's leichter. Warum sichere Bindungen für Kinder so wichtig sind. Das Leitungsheft – kindergarten heute, 2, S. 4–10.

Grossmann, K. & Grossmann, K. E. (2012). Bindungen. Das Gefüge psychischer Sicherheit (5. vollst. überarb. Auflage). Stuttgart: Klett-Cotta.

Grossmann, K., Grossmann, K. E., Spangler, G., Suess, G. J. & Unzer, L. (1985). Maternal Sensitivity and newborns' orientation responses as related to quality of attachement in northern Germany. In I. Bretherton & E. Waters (Eds.), Growing points in attachment theory and research. Monographs of the Society for Research in Child Development, 50, pp. 233–278.

Grossmann, K. E. & Grossmann, K. (1991). Attachment quality as an organizier of emotional and behavioral responses in a longitudinal perspective. In C. M. Parkes, J. Stevenson-Hinde & P. Marris (Eds.), Attachment across the life cycle (pp. 93–114). London/New York: Tavistock/Routledge.

Grossmann, K. E. & Grossmann, K. (2001). Bindungsqualität und Bindungsrepräsentationen über den Lebenslauf. In G. Röper, C. von Hagen & G. Noam (Hrsg.), Entwicklung und Risiko. Perspektiven einer klinischen Entwicklungspsychologie (S. 154–168). Stuttgart: Kohlhammer.

Grossmann, K. E., Grossmann, K., Kindler, H., Scheuerer-Englisch, H., Spangler, G., Stöcker, K., Suess, G. J. & Zimmermann, P. (2003). Die Bindungstheorie: Modell, entwicklungspsychologische Forschung und Ergebnisse. In H. Keller (Hrsg.), Handbuch der Kleinkindforschung (S. 223–283). Bern u. a.: Huber.

Gunnar, M. R., Broderson, L., Nachmias, M., Buss, K. & Rigatuso, J. (1996). Stress reactivity and attachment security. Developmental Psychobiology, 29, pp. 191–204.

Gutknecht, D. (2015). Bildung in der Kinderkrippe. Wege zur professionellen Responsivität (2. Auflage). Stuttgart: Kohlhammer.

Haberkorn, R. (1994). Altersgemischte Gruppen – Eine Organisationsform mit vielen Chancen und der Aufforderung zu neuen Antworten. In Deutsches Jugendinstitut (Hrsg.), Orte für Kinder. Auf der Suche nach neuen Wegen in der Kinderbetreuung (S. 129–148). München: Deutsches Jugendinstitut.

Hannover, B. (2000). Development of the self in gendered contexts. In Th. Eckes & H. M. Trautner (Eds.), The developmental social psychology of gender (pp. 177–206). Hillsdale, NJ: Erlbaum.

Hans, L. S., Bernstein, V. & Sims, B. E. (2000). Change and continuity in ambivalent attachment relationships. In P. M. Crittenden & A. H. Claussen (Eds.), The organization of attachment relationships. Maturation, culture and context (pp. 277–299). New York: Cambridge University Press.

Hédervári-Heller, É. (2008). Die Bindungstheorie. In J. Maywald & B. Schön (Hrsg.), Krippen. Wie frühe Betreuung gelingt. Fundierter Rat zu einem umstrittenen Thema (S. 65–73). Weinheim und Basel: Beltz.

Hédervári-Heller, É. (2011). Emotionen und Bindungen bei Kleinkindern. Entwicklung verstehen und Störungen behandeln. Weinheim: Juventa.

Hédervári-Heller, É. (2012). Wie viel Öffnung vertragen Kinder unter drei? Eine Orientierung für Leiterinnen. Das Leitungsheft – kindergarten heute, 1, S. 4–9.

Hees, S. (2006). Konzeption und Konzeptionsentwicklung. Studienbuch 12 zum Bildungs- und Sozialmanagement. Remagen: ibus.

Höhn, K. (2016a). Eingewöhnung und Übergang in Krippe und Kita gestalten. Handreichung. Freiburg: Herder.

Höhn, K. (2016b). Eingewöhnungsdokumentation für den Neuanfang in Krippe und Kita. Freiburg: Herder.

Höhn, K. (2016c). Übergangsdokumentation für den internen Übergang von der Krippe in die Kita. Freiburg: Herder.

Hollmann, E. & Benstetter, S. (2001). In Sieben Schritten zur Konzeption. Ein Arbeitsbuch. Wie Kindertageseinrichtungen ihr Profil entwickeln. Seelze: Kallmeyer.

Hörmann, K. (2014). Die Entwicklung der Fachkraft-Kind-Beziehung. Verfügbar unter http: //www.kita-fachtexte.de/uploads/media/KiTaFT_hoermann_2014.pdf (Zugriff am 03.09.2016).

Howes, C., Galinsky, E. & Kontos, S. (1998). Child care caregiver sensitivity and attachment. Social Development, 7, pp. 25–36.

Hüther, G. (2004). Die Bedeutung sozialer Erfahrungen für die Strukturierung des menschlichen Gehirns. Welche sozialen Beziehungen brauchen Schüler und Lehrer? Zeitschrift für Pädagogik, 4, S. 487–495.

Isabella, R. A. (1993). Origins of attachment: Maternal interactive behavior across the first year. Child development, 64, pp. 605–621.

Jungmann, T., Adamaszek, K. & Kolanowski, M. (2008). Prävention, die in der Schwangerschaft beginnt – Das Modellprojekt »Pro Kind« und Familienhebammen in Niedersachsen und Bremen: Kooperation statt Konkurrenz. Hebammenforum, 1, S. 25–28.

Jungmann, T., Kurtz, V. & Brand, T. (2008). Das Modellprojekt »Pro Kind« – Eine Verortung in der Landschaft früher Hilfen. Frühförderung Interdisziplinär, 2, S. 67–78.

Jungmann, T. & Reichenbach, C. (2009). Bindungstheorie und pädagogisches Handeln. Ein Praxisleitfaden. Dortmund: Borgmann Media.

Kagan, J. Kearsley, R. & Zelazo, P. (1980). Infancy. Its place in human development. Cambridge, Mass.: Harward University Press.

Kasüschke, D. (2010). Krippenkinder in Interaktion mit anderen Kindern – Lernen und Spielen in altersgemischten Gruppen. In W. Weegmann & C. Kammerlander (Hrsg.), Die Jüngsten in der Kita. Ein Handbuch zur Krippenpädagogik (S. 208–219). Kohlhammer: Stuttgart.

Kercher, A. & Höhn, K. (2009). Zweijährige im Kindergarten. Konzeptionelle und betriebliche Aspekte für Teams und Träger. Kronach: Carl Link.

Kindler, H. & Grossmann, K. (2008). Vater-Kind-Bindung und die Rolle der Väter in den ersten Lebensjahren ihrer Kinder. In L. Ahnert (Hrsg.), Frühe Bindung. Entstehung und Entwicklung (2. aktualisierte Auflage), S. 240–255. München, Basel: Ernst Reinhardt.

Knauf, T. (2005). Konzeption und Konzeptionsentwicklung. Verfügbar unter http: //www.kindergartenpaedagogik.de/1361.html (Zugriff am 30.09.2016).

Knauf, T., Düx, G. & Schlüter, D. (2007). Handbuch pädagogische Ansätze. Praxisorientierte Konzeptions- und Qualitätsentwicklung in Kindertageseinrichtungen. Berlin u. a.: Cornelsen.

Krenz, A. (2008). Konzeptionsentwicklung in Kindertagesstätten – professionell, konkret, qualitätsorientiert. Troisdorf: Bildungsverlag EINS.

Kriz, J. (1999). Systemtheorie für Psychotherapeuten, Psychologen und Mediziner. Eine Einführung. Wien: UTB/Facultas.

Laewen, H.-J. (1989): Nichtlineare Effekte einer Beteiligung von Eltern am Eingewöhnungsprozess von Krippenkindern: die Qualität der Mutter-Kind-Bindung als vermittelnder Faktor. Psychologie in Erziehung und Unterricht, 2, S. 102–108.

Laewen, H.-J. & Andres, B. (Hrsg.) (2002). Forscher, Künstler, Konstrukteure. Werkstattbuch zum Bildungsauftrag von Kindertageseinrichtungen (3. Auflage). Weinheim, Basel: Beltz.

Laewen, H.-J., Andres, B. & Hédervári, É. (2006). Ohne Eltern geht es nicht: Die Eingewöhnung von Kindern in Krippen und Tagespflegestellen (4. Auflage). Berlin: Cornelsen.

Laewen, H.-J., Andres, B. & Hédervári, É. (2011). Die ersten Tage – ein Modell für die Gestaltung der Eingewöhnungssituation von Kindern in Krippen (7. Auflage). Berlin: Cornelsen.

Ländermonitor frühkindliche Bildungssysteme (2016). Personalausstattung in Kitas. Verfügbar unter www.laendermonitor.de (Zugriff am 13.09.2016).

Landeshauptstadt München (LHM), Sozialreferat (Hrsg.) (1994). Modellprojekt Frühförderung von Kleinstkindern durch Unterstützung junger Familien bei der Erziehungsaufgabe und durch pädagogische Qualifizierung von Krippen. Abschlussbericht Projektteil C: Zusätzliche Intensivierung der Elternarbeit in der Krippe. München.

Landeshauptstadt München (LHM), Sozialreferat (Hrsg.) (2008). Die pädagogische Rahmenkonzeption für Kinderkrippen der Landeshauptstadt München. Langfassung der Neufassung. München.

Leu, H.-R., Fläming, K., Frankenstein, Y., Koch, S., Pack, I., Schneider, K. & Schweiger, M. (2007). Bildungs- und Lerngeschichten. Bildungsprozesse in früher Kindheit beobachten, dokumentieren und unterstützen. Weimar, Berlin: verlag das netz.

Liegle, L. (2007). Was bringt die erweiterte Altersmischung in Tageseinrichtungen für Kinder? Wunschdenken – Chancen und Risiken – Erfolgsbedingungen. Neue Praxis. Zeitschrift für Sozialarbeit, Sozialpädagogik und Sozialpolitik, 37, 6, S. 585–600.

Lisonbee, J. A., Mize, J., Payine, A. L. & Granger, D. A. (2008), Children's cortisol and the quality of teacher-child relationships. Child Development, 79, pp. 1818–1832.

Maccoby, E. E. (1998). The two sexes: Growing up apart, coming together. Cambridge, MA: Havard University Press.

Main, M. B., Kaplan, N. & Cassidy, J. (1985). Security in infancy, childhood and adulthood: A move to the level of representation. In L. Bretherton & E. Waters (Eds.), Growing points of attachment theory and research. Monographs of the Society for Research in Child Development, 50 (2–3, Serial no. 209), pp. 66–104.

Main, M. & Solomon, J. (1990). Procedures for identifying infants as disorganized/disoriented during the Ainsworth strange situation. In T. M. Greenberg, D. Cicchetti & E. M. Cummings (Eds.), Attachment in the preschool years (pp. 121–160). Chigago: University Press.

Malaguzzi, L. (2002). Das Recht auf Räumlichkeit. In: Reggio Children (Hrsg.), Hundert Sprachen hat das Kind (S. 40). Neuwied, Berlin: Luchterhand.

Moyles, J., Adams, S. & Musgrove, A. (2002). SPEEL. Study of Pedagogical Effectiveness in Early Learning. Research Report No. 363. Norwich: Queen's Printer.

Nentwig-Gesemann, I. (2010). Zur Geschichte der außerfamilialen Betreuung von Kindern unter drei Jahren in Kindertageseinrichtungen. In W. Weegmann & C. Kammerlander (Hrsg.), Die Jüngsten in der Kita. Ein Handbuch zur Krippenpädagogik (S. 24–35). Stuttgart: Kohlhammer.

Nentwig-Gesemann, I., Fröhlich-Gildhoff, K., Harms, H. & Richter, S. (2011). Professionelle Haltung – Identität der Fachkraft für die Arbeit mit Kindern in den ersten Lebensjahren. Eine Expertise der Weiterbildungsinitiative Frühpädagogische Fachkräfte (WiFF). München: Deutsches Jugendinstitut.

NICHD Early Child Care Research Network (1997). The effects of infant child care on infant-mother attachment security: Results of the NICHD Study of Early Child Care. Child Development, 68, pp. 860–879.

NICHD Early Child Care Research Network (1999). Child outcomes when child care centers meet recommended standards of quality. American Journal of Public Health, 89, pp. 1072–1077.

NICHD Early Child Care Research Network (2000a). Characteristics and quality of child care for toddlers and preschoolers. Applied Developmental Science, 4, pp. 116–135.

NICHD Early Child Care Research Network (2000b). The relation of child care to cognitive and language development. Child Development, 71, pp. 960–980.

NICHD Early Child Care Research Network (2001). Nonmaternal care and family factors in early development: An overview of the NICHD Study of Early Child Care. Journal of Applied Developmental Psychology, 22, pp. 457–492.

NICHD Early Child Care Research Network (2002). Childcare structure – process – outcome: Direct and indirect effects of child care quality on young children's development. Psychological Science, 13, pp. 199–206.

NICHD Early Childcare Research Network (2003a): Does quality of child care affect child outcomes at age 4 1/2? Developmental Psychology, 39, pp. 451–469.

NICHD Early Childcare Research Network (2003b). Does amount of time spent in child care predict socioemotional adjustment during the transition to kindergarten? Child Development, 74 (4), pp. 976–1005.

Nied, F., Niesel, R., Haug-Schnabel, G., Wertfein, M. & Bensel, J. (2011). Kinder in den ersten drei Lebensjahren in altersgemischten Gruppen. Anforderungen an frühpädagogische Fachkräfte. Eine Expertise der Weiterbildungsinitiative Frühpädagogische Fachkräfte (WiFF). Verfügbar unter http://www.weiterbildungsinitiative.de/uploads/media/Expertise_Nied.pdf (Zugriff am 30.09.2016).

Niesel, R. & Wertfein, M. (2010). Wie die erweiterte Altersmischung gelingen kann. In: F. Becker-Stoll, J. Berkic & B. Kalicki (Hrsg.), Bildungsqualität für Kinder in den ersten drei Jahren (S. 149–158). Berlin: Cornelsen.

Nyström, I. (1992). Åldersblandade eller åldershomogena grupper i förskolan. Bericht Nr. 11 des Instituts für Pädagogik. Universität Göteborg: Göteborg.

Olds, D., Henderson, C. R., Kitzman, H. J., Eckenrode, J. J., Cole, R. E. & Tatelbaum, R. C. (1999). Prenatal and infancy home visitation by nurses: Recent findings. The Future of Children, 9, pp. 44–63.

Olds, D., Kitzman, H. J., Cole, R. E., Robinson, J., Sidora, K., Luckey, D. W., Henderson, C. R., Hanks, C., Bondy, J. & Holmberg, J. (2004). Effects of nurse home-visiting on maternal life-course and child development: age 6 follow-up results of a randomized trial. Pediatrics, 114 (4), pp. 1550–1559.

Papoušek, H. & Papoušek, M. (1999). Symbolbildung, Emotionsregulation und soziale Interaktion. In M. Holodynski & W. Friedlmeier (Hrsg.), Emotionale Entwicklung: Funktion, Regulation und soziokultureller Kontext von Emotionen (S. 135–155). Heidelberg, Berlin: Spektrum.

Papoušek, H., Papoušek, M. & Giese, R. (1986). Neue wissenschaftliche Ansätze zum Verständnis der Mutter-Kind-Beziehung. In J. Storck (Hrsg.), Zur Psychologie und Psychopathologie des Säuglings – neue Ergebnisse in der psychoanalytischen Reflexion (S. 53–71). Stuttgart-Bad Cannstatt: Frommann-Holzboog.

Park, K. A. & Waters, E. (1989). Security of attachment and preschool friendship. Child Development, 60, pp. 1076–1081.

Pascal, C. & Bertram, T. (2003). Erfassung des Erzieherverhaltens in pädagogischen Situationen – eine Skala für die kollegiale Beobachtung. (Deutsche Bearbeitung von M. Ulich & T. Mayr). KiTa spezial, 1, S. 4–8.

Petermann, U., Petermann, F. & Koglin, U. (2008). Entwicklungsbeobachtung und -dokumentation. Eine Arbeitshilfe für pädagogische Fachkräfte in Krippen und Kindergärten. Berlin: Cornelsen.

Pikler, E. & Tardos, A. (2013). Miteinander vertraut werden. Wie wir mit Babys und kleinen Kindern gut umgehen. Ein Ratgeber für junge Eltern. Hrsg. von L. Valentin & L. Valentin. Freiburg, Basel, Wien: Herder.

Pramling, I. (1998). Die Qualität der Kinderbetreuung aus schwedischer Sicht. In: W. E. Fthenakis & M. R. Textor (Hrsg.), Qualität von Kinderbetreuung: Konzepte, Forschungsergebnisse, internationaler Vergleich (S. 219–230). Weinheim: Beltz.

Prengel, A. (2006). Pädagogik der Vielfalt – Verschiedenheit und Gleichberechtigung in Interkultureller, Feministischer und Integrativer Pädagogik (3. Auflage). Wiesbaden: VS.

Ragozin, A. S. (1980). Attachment behaviour of day-care children: naturalistic and laboratory observations. Child Development, 51, pp. 409–415.

Rauh, H. (1998). Frühe Kindheit. In R. Oerter & L. Montada (Hrsg.), Entwicklungspsychologie (4., korrigierte Auflage, S. 167–248). Weinheim: Beltz PVU.

Rauh, H. (2002). Vorgeburtliche Entwicklung und Frühe Kindheit. In R. Oerter & L. Montada (Hrsg.), Entwicklungspsychologie (5., vollständig überarbeitete Auflage, S. 131-208). Weinheim: Beltz PVU.

Rauh, H. (2008). Vorgeburtliche Entwicklung und Frühe Kindheit. In: R. Oerter & L. Montada (Hrsg.), Entwicklungspsychologie (6., vollständig überarbeitete Auflage, S. 149–224). Weinheim, Basel: Beltz PVU.

Rauh, H., Dillmann, S., Müller, B. & Ziegenhain, U. (1995). Anfänge der Persönlichkeitsentwicklung in der frühen Kindheit. In A. Kruse & R. Schmitz-Scherzer (Hrsg.), Psychologie des Lebenslaufs. Festschrift für Hans Thomae zum 80. Geburtstag. Darmstadt: Steinkopff.

Rauh, H., Ziegenhain, U., Müller, B. & Wijnroks, L. (2000). Stability and change in infant-mother attachment in the second year of life: Relations to parenting quality and varying degrees of daycare experience. In P. M. Crittenden & A. H. Claussen, (Eds.), The organization of attachment relationships. Maturation, culture and context (pp. 251–276). New York: Cambridge University Press.

Regel, G. (2006). Plädoyer für eine offene Pädagogik der Achtsamkeit. Zur Zukunft des offenen Kindergartens. Schenefeld: EBV.

Remsperger, R. (2011). Sensitive Responsivität. Zur Qualität pädagogischen Handelns im Kindergarten. Wiesbaden: VS.

Rhoades, K. A. (2008). Children's response to interparental conflict: A meta-analysis of their associations with child adjustment. Child Development, 79, pp. 1942–1956.

Rinaldi, C. (2006). In Dialogue with Reggio Emilia. London, New York: Routledge.

Robertson, J. & Robertson, J. (1975). Reaktionen kleiner Kinder auf kurzfristige Trennung von der Mutter im Lichte neuer Beobachtungen. Psyche, 29, S. 626–664.

Rogers, C. R. (1961). On Becoming a Person. A Therapist's View of Psychotherapy. Deutsche Fassung (2016). Entwicklung der Persönlichkeit (20. Auflage). Stuttgart: Ernst Klett.

Roßbach, H.-G. (2005). Effekte qualitativ guter Betreuung, Bildung und Erziehung im frühen Kindesalter auf Kinder und ihre Familien. In Sachverständigenkommission Zwölfter Kinder- und Jugendbericht (Hrsg.), Bildung, Betreuung und Erziehung von Kindern unter sechs Jahren. Materialien zum Zwölften Kinder- und Jugendbericht (Bd. 1, S. 55-174). München: Deutsches Jugendinstitut.

Roth, X. (2014). Handbuch Elternarbeit. Bildungs- und Erziehungspartnerschaft in der Kita. Freiburg: Herder.
Ruble, D. N. & Martin, C. L. (1998). Gender development. In W. Damon & N. Eisenberg (Eds.), Handbook of Child Psychology (Vol. 3, pp. 933–1016). New York: Wiley & Sons.
SAFE (2016). Informationen zum SAFE®-Mentorentraining. Verfügbar unter http://www.safe-programm.de/Für%20Pädagogische%20Fachkräfte/SAFE®/SAFE®-Ausbildung.html (Zugriff am 03.09.2016).
Sagi, A., van IJzendoorn, M. H., Aviezer, O., Donnel, F., Koren-Karie, N., Joesl, T. & Harel, Y. (1995). Attachments in a multiple-caregiver and multiple-infant environment: The case of the Israeli kibbutzim. Monographs of the Society for Research in Child Development, 60, pp. 71–91.
Schäfer, G. E. (2011). Was ist frühkindliche Bildung? Weinheim, München: Juventa.
Schäfer, G. E. & Alemzadeh, M. (2012). Wahrnehmendes Beobachten. Beobachtung und Dokumentation am Beispiel der Lernwerkstatt Natur. Weimar, Berlin: verlag das netz.
Schlechtweg-Herpich, S. (2014). Jetzt geh ich in den Kindergarten … Entwicklung konzeptioneller Standards für den Übergang von der Krippe in den Kindergarten innerhalb einer Institution (unveröffentlichte Bachelor-Thesis). Nürnberg: Evangelische Hochschule Nürnberg.
Schneider, K. (2008). Zusammen groß werden – Konzepte der Altersmischung (vor dem Schuleintrittsalter). Verfügbar unter http://www.stadt-zuerich.ch/content/dam/stzh/sd/Deutsch/Kinderbetreuung-ML/Publikationen%20und%20Broschueren/Saeuglinge_Text_Schneider.pdf (Zugriff am 30.09.2016).
Sell, S. (2013). Die Finanzierung der Kindertagesbetreuung vom Kopf auf die Füße stellen. Das Modell eines »KiTa-Fonds« zur Verringerung der erheblichen Unter- und Fehlfinanzierung der Kindertagesbetreuung in Deutschland. Remagener Beiträge zur Kinder- und Jugendhilfe 07-2014. Verfügbar unter https://www.bvktp.de/files/2013-10-24_sell_kita-fonds-modell_1_.pdf (Zugriff am 30.10.2016).
Senatsverwaltung für Bildung, Jugend und Wissenschaft (2014). Berliner Bildungsprogramm für Kitas und Kindertagespflege. Aktualisierte Neuauflage. Weimar, Berlin: verlag das netz.
Simó, S., Rauh, H. & Ziegenhain, U. (2000). Mutter-Kind-Interaktionen im Verlaufe der ersten 18 Lebensmonate und Bindungssicherheit am Ende des 2. Lebensjahres. Psychologie in Erziehung und Unterricht, 47, S. 118–139.
Siraj-Blatchford, I., Sylva, K., Muttock, S., Gilden, R. & Bell, D. (2002). Researching Effective Pedagogy in the Early Years. Research Report No. 356. Norwich: Queen's Printer.
Sodian, B. & Thoermer, C. (2006). Theory of Mind. In W. Schneider & B. Sodian (Hrsg.), Enzyklopädie der Psychologie. Serie Entwicklungspsychologie. Band 7: Kognitive Entwicklung. Göttingen: Hogrefe, S. 495–608.
Sommer, A. & Sechtig, J. (2016). Sozio-emotionale Interaktionsqualität. Frühe Bildung, 1, S. 1–9.
Spangler, G., Grossmann, K. E. & Schieche, M. (2002). Psychobiologische Grundlagen der Organisation des Bindungsverhaltenssystems im Kleinkindalter. Psychologie in Erziehung und Unterricht, 49, S. 102–120.
Speidel, N. (2015). Flüchtlingskinder in der Kita. Verfügbar unter https://aktuelles.kita-aktuell.de/fachinfos/themenspezial-fluechtlinge/detail-themenspezial-fluechtlinge/?tx_news_pi1[news]=161&cHash=601fc9f8016e53ae3f9074c77a51b6eb (Zugriff am 30.09.2016).
Spitzer, M. (2009). Lernen. Gehirnforschung und die Schule des Lebens. Heidelberg: Spektrum.
Sroufe, L. A. (1983). Infant-caregiver attachment and patterns of adaption in preschool: The routs of maladaption and competence. In M. Perlmutter (Eds.), Minnesota symposium in child psychology (Vol. 16, pp. 41–81). Hillsdale, NJ: Erlbaum.
Sroufe, L. A., Egeland, B., Carlson, E. A. & Collins, W. A. (2005). The development of the person. The Minnesota study of risk and adaption from birth to adulthood. New York: Guildford Press.
Statisches Bundesamt (2015a). Bruttoinlandsprodukt 2014 für Deutschland. Wiesbaden.

Statistisches Bundesamt (2015b). Statistiken der Kinder- und Jugendhilfe. Ausgaben und Einnahmen 2014. Wiesbaden.

Stephan, C. (1999). Bindungsbeziehung – Spielbeziehung – Kompetenzentwicklung. In G. Spangler & P. Zimmermann (Hrsg.), Die Bindungstheorie: Grundlagen, Forschung und Anwendung (S. 265–280). Stuttgart: Klett-Cotta.

Stern, D. N. (1994). Die Lebenserfahrung des Säuglings. Stuttgart: Klett-Cotta.

Störmer, N. (2009). Lernen in altersgemischten Gruppen in Kindertageseinrichtungen. In U. Heimlich & I. Behr (Hrsg.), Inklusion in der frühen Kindheit. Internationale Perspektiven (S. 115–124). Berlin: Lit.

Strätz, R. & Demandewitz, H. (2007). Beobachten und Dokumentieren in Tageseinrichtungen für Kinder (5., vollständig überarbeitete und aktualisierte Auflage). Berlin, Düsseldorf, Mannheim: Cornelsen.

Strub, U. & Tardos, A. (Hrsg.) (2006). Im Dialog mit dem Säugling und Kleinkind. Berlin: Pikler-Gesellschaft.

Suess, G., Grossmann, K. E. & Sroufe, L. A. (1992). Effects of infant attachment to mother and father quality of adaption in preschool: From dyadic to individual organization of self. International Journal of Behavioral Development, 15, pp. 43–65.

Sundell, K. (1994). Mixed-Age Groups in Swedish Nursery and Compulsory Schools. School Effectiveness and School Improvement, 4, pp. 376–393.

Tardos, A. (2013). Von den Händen der Pflegerin. In E. Pikler & A. Tardos (Hrsg.), Miteinander vertraut werden (S. 94–102). Freiburg, Basel, Wien: Herder.

Textor, M. R. (1996). Konzeptionsentwicklung in Kindertageseinrichtungen. Verfügbar unter http://www.kindergartenpaedagogik.de/17.html (Zugriff am 30.09.2016).

Textor, M. R. (1997). Vor- und Nachteile einer weiten Altersmischung in Kindertageseinrichtungen. Verfügbar unter http://www.kindergartenpaedagogik.de/29.html (Zugriff am 30.09.2016).

Textor, M. R. (2006). Die Zusammenarbeit mit Eltern – Formen und Angebote. In M. R. Textor (Hrsg.), Erziehungs- und Bildungspartnerschaft mit Eltern. Gemeinsam Verantwortung übernehmen. Freiburg: Herder, S. 34–63.

Textor, M. R. (2007). Die Erzieherin-Kind-Beziehung aus Sicht der Forschung. Verfügbar unter http://www.kindergartenpaedagogik.de/1596.html (Zugriff am 30.09.2016).

Tietze, W. (1998). Wie gut sind unsere Kindergärten? Eine Untersuchung zur pädagogischen Qualität in deutschen Kindergärten. Neuwied, Berlin: Luchterhand.

Tietze, W., Bolz, M., Grenner, K., Schlecht, D. & Wellner, B. (2007). Krippen-Skala (KRIPS-R) – Revidierte Fassung. Feststellung und Unterstützung pädagogischer Qualität in Krippen. Berlin, Düsseldorf, Mannheim: Cornelsen.

Tietze, W., Becker-Stoll, F., Bensel, J., Eckhardt, A. G., Haug-Schnabel, G., Kalicki, B. & Leyendecker, B. (Hrsg.) (2013). NUBBEK. Nationale Untersuchung zur Bildung, Betreuung und Erziehung in der frühen Kindheit. Weimar, Berlin: verlag das netz.

Tietze, W., Viernickel, S. (Hrsg.), Dittrich, S., Grenner, K., Hanisch, A. & Marx, J. (2016). Pädagogische Qualität in Tageseinrichtungen für Kinder. Ein Nationaler Kriterienkatalog. Weimar, Berlin: verlag das netz.

Turner, P. J. (1991). Relations between attachment, gender and behavior with peers in preschool. Child Development, 62, pp. 1475–1488.

van den Boom, D. C. (1994). The influence of temperament and mothering on attachment and exploration: An experimental manipulation of sensitive responsiveness among lower-class mothers with irritable infants. Child Development, 66, pp. 1798–1477.

Vandenbussche, E. & Laevers, F. (Hrsg.): Beobachtung und Begleitung von Kindern. Arbeitsbuch zur Leuvener Engagiertheits-Skala (2. überarbeitete und erweiterte deutsche Ausgabe). Erkelenz: Fachschule für Sozialpädagogik.

van Dieken, Ch. (2012). Ganz nah dabei – Eingewöhnung von 0- bis 3-Jährigen in die Kita. Arbeitsmaterial für Teamfortbildung und Elternabend. Berlin: Cornelsen.

van IJzendoorn, M. H. & Kroonenburg, P. M. (1988). Cross-cultural patterns of attachment: A meta-analysis of the Strange Situation. Child Development, 59, pp. 147–156.

van IJzendoorn, M. H., Juffer, F. & Duyvesteyn, M. G. C. (1995). Breaking the intergenerational cycle of insecure attachment: A review of the effects of attachment-based intervention on maternal sensitivity and infant security. Journal of Child Psychology and Psychiatry and Allied Disciplines, 36, pp. 147–156.

Viernickel, S. (2000). Spiel, Streit, Gemeinsamkeit: Einblicke in die soziale Welt der unter Zweijährigen. Landau: Verlag empirische Pädagogik.

Viernickel, S. (2006). Wege zur Erziehungspartnerschaft zwischen Erzieherinnen und Eltern. Frühe Kindheit, 6, S. 24–29

Viernickel, S. (2008). Was ist gute Krippenqualität und wie ist sie zu messen? In J. Maywald & B. Schön (Hrsg.), Krippen. Wie frühe Betreuung gelingt (S. 198–207). Weinheim, Basel: Beltz.

Viernickel, S. (2009a). Erziehungs- und Bildungspartnerschaft. In S. Viernickel (Hrsg.), Beobachtung und Erziehungspartnerschaft (S. 52–63). Berlin: Cornelsen.

Viernickel, S. (2009b). Chancen und Risiken frühkindlicher Betreuung. Wichtige Befunde der NICHD-Studie. Unveröffentlichter Vortrag auf der Fachtagung des Netzwerks Fortbildung – Kinder unter drei vom 22.–24. April 2009.

Viernickel, S. & Völkel, P. (2009). Beobachten und Dokumentieren im pädagogischen Alltag (1. Auflage der vollständigen überarbeiteten und erweiterten Neuausgabe). Freiburg: Herder.

Viernickel, S. & Schwarz, S. (2009). Schlüssel zu guter Bildung, Erziehung und Betreuung. Wissenschaftliche Parameter zur Bestimmung der pädagogischen Fachkraft-Kind-Relation (2. korrigierte Auflage). Verfügbar unter http://www.gew.de/Binaries/Binary47887/expertise_gute_betreuung_web2.pdf (Zugriff am 30.09.2016).

Viernickel, S., Nentwig-Gesemann, I., Harms, H., Richter, S. & Schwarz, S. (2011). Profis für Krippen. Curriculare Bausteine für die Aus- und Weiterbildung frühpädagogischer Fachkräfte. Materialien zur Frühpädagogik (Band 8). Freiburg: FEL.

Vincze, M. (2013). Die Bedeutung der Kooperation in der Pflege. In E. Pikler & A. Tardos (Hrsg.), Miteinander vertraut werden. Freiburg, Basel, Wien: Herder, S. 44–58.

Völkel, P. (1995). Leben und Lernen in altersgemischten Gruppen. Entwicklungspsychologische Aspekte einer neuen Betreuungsform. In L. Krappmann & U. Peukert (Hrsg.), Altersgemischte Gruppen in Kindertagesstätten. Reflexionen und Praxisberichte zu einer neuen Betreuungsform (S. 34–57). Freiburg: Lambertus.

Völkel, P. (2010). Wissenschaftliche Grundlagen der erweiterten Altersmischung. In F. Becker-Stoll, J. Berkic, & B. Kalicki (Hrsg.), Bildungsqualität für Kinder in den ersten drei Lebensjahren (S. 140–149). Berlin: Cornelsen.

von der Beek, A. (2008). Bildungsräume für Kinder von Null bis Drei (4. Auflage). Berlin: verlag das netz.

von der Beek, A., Buck, M. & Rufenach, A. (2007). Kinderräume bilden. Ein Ideenbuch für Raumgestaltung in Kitas (2. Auflage). Berlin: Cornelsen.

von Schlippe, A. & Schweitzer, J. (2016). Lehrbuch der systemischen Therapie und Beratung (2., unveränderte Auflage). Göttingen: Vandenhoeck & Ruprecht.

Weinfield, N. S., Sroufe, S. A. & Egeland, B. (2000). Attachment from infancy to early adulthood in a high-risk sample: Continuity, discontinuity and their correlates. Child Development, 71, pp. 695–702.

Weltzien, S. & Marburger, A. (2008). Das Aufnahmegespräch. So gelingt der Start. TANDEM – Methodenheft zur Eltern- und Familienbildung, 2. Auflage. Freiburg: Herder.

Winner, A. (2015). Das Münchener Eingewöhnungsmodell. Theorie und Praxis der Gestaltung des Übergangs von der Familie in die Kindertagesstätte. Verfügbar unter http: //www.kita-fachtexte.de/uploads/media/KiTaFT_winner_2015.pdf (Zugriff am 28.09.2016).

Winner, A. & Erndt-Doll, E. (2009). Anfang gut? Alles besser! Ein Modell für die Eingewöhnung in Kinderkrippen und anderen Tageseinrichtungen für Kinder. Berlin: verlag das netz.

Wüstenberg, W. & Riemann, I. (2004). Die Kindergartengruppe für Kinder ab einem Jahr öffnen? Eine empirische Studie. Frankfurt a. M.: Fachhochschulverlag.

Wygotski, L. S. (1978). Mind and society: The development of higher psychological processes. Cambridge, MA: Harvard University Press.

Wygotski, L. S. (1987). Ausgewählte Schriften. Band 2: Arbeiten zur psychischen Entwicklung der Persönlichkeit. Köln: Pahl-Rugenstein.

Ziegenhain, U., Fries, M., Bütow, B. & Derksen, B. (2006). Entwicklungspsychologische Beratung für junge Eltern. Grundlagen und Handlungskonzepte für die Jugendhilfe. Weinheim: Juventa.

Ziegenhain, U., Gebauer, S., Ziesel, B., Künster, A. K. & Fegert, J. M. (2010). Lernprogramm Baby-Lesen. Übungsfilme für Hebammen, Kinderärzte, Kinderkrankenschwestern und Sozialberufe. Stuttgart: Hippokrates.

Zimmermann, P., Becker-Stoll, F., Grossmann, K., Grossmann, K. E., Scheuer-Englisch, H. & Wartner, U. (2000). Längsschnittliche Bindungsentwicklung von der frühen Kindheit bis zum Jugendalter. Psychologie in Erziehung und Unterricht, 47, S. 99–117.